文化传播进程中的来华国际学生教育研究

于淼 著

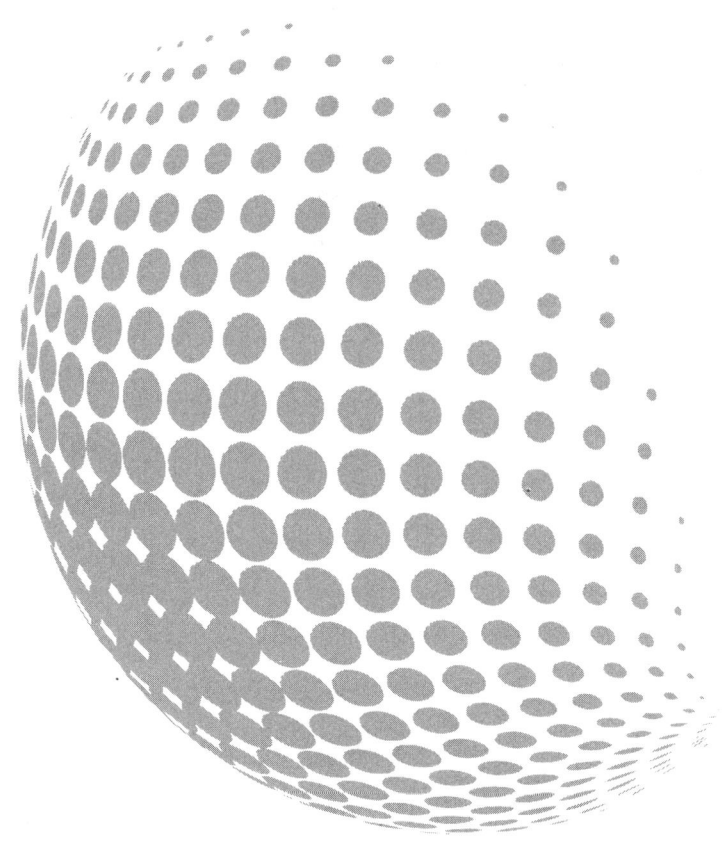

旅游教育出版社
·北京·

对外文化交流（文化贸易）研究基地

首都国际服务贸易与文化贸易研究基地

学术论丛

序 一

语言中包含着民族的历史和文化，语言是文化传承的工具，第二语言教材中必然会涉及目的语国的思想观念、文化传统、价值取向、生活习俗等，这就决定了第二语言教学的跨文化教学属性。这是二语教学界的共识。就汉语二语教学来说，与语言教学相关的文化因素的教学研究，乃至与语言教学不直接相关的中国文化的教学研究都取得了丰硕的成果。这是汉语二语教学"科学体制内"文化内涵及其教学的研究。这样的研究不但将继续下去，而且随着教学实践的深入，也还将更广泛和深入、更系统化和理论化。

任何二语教学，都会或大或小受到国际政治、经济和外交等国际关系的影响，更要受到有关国家外语教育政策等影响；任何二语教学特别是其中的文化教学，都会或主动或被动涉及目的语国的价值观及政治思想、意识形态等敏感问题；任何二语教学的实施主体，都会对目的语文化及相关敏感问题，或明或暗流露出价值判断和好恶倾向。这是二语教学"学科体制外"的文化态度及其教学观念的研究。这样的研究并不多见，但这是二语教学实施不可避免的问题。如二语实施的有关国家和教师，对所教二语特别是文化及所谓敏感问题有其立场与态度，或持传播和弘扬的态度，或选择润物无声的心态和做法，或不问少涉、顺其自然，或默而不语、回而避之。

于淼教授新著的《文化传播进程中的来华国际学生教育研究》，在时代与国际教育、文化与意识形态、交流与价值认同、未来与中外学生、国别与中国认知、课程与实施影响等主题下，对来华国际生的教育问题进行了新思考、新探讨。其主旨性问题是，在目的语环境下来华国际生对中国的了解和认识、对中国文化的体认和态度问题，以及这一过程中当事国（高校）和当事人（教师）的立场、态度和作为问题。如果这一判断基本不错的话，则可以认为，这部新著总体上属于汉语二语教学"体制外"问题的研究成果，所探讨的问题或角度大都是以往业界未曾或很少涉及的，但又都是新时代的当下和未来对来华国际生中文教育必然要触及的一些问题。如此来说，该书所讨论的问题不仅本身有参考价值和启发意义，而且拓展了国际中文教育学科研究的新角度和新领域，颇有开风气之先的引领之功，实属难能可贵。

实际上，所谓学科体制内和体制外的问题，不过是与汉语二语教学亲疏远近的相关问题，而不是一个泾渭分明的问题。前者是公认的学科范畴内的问题，如影响语言理解和运用的文化因素等，后者根本上说也是与汉语二语教学学科的认识和实施相关的问题，只是既往关注和研究不够而已。然而，在世界百年未有之大变局下，在中国以不可逆转的姿态走进世界舞台中央的趋势下，在资讯发达和便捷的信息化时代的当下，作为跨文化的汉语二语教学活动，不可能也不应该成为世外桃源。在上述诸多背景下，特别是国际中文教育发展的新时代，二语教学仅仅是"培养学习者运用目的语进行交际的能力"的观念，受到了前所未有的挑战；培养一个对华持什么样立场和态度的汉语学习者的问题，已然成为业界同仁不能不思考的问题。换言之，二语教育特别是目的语环境下的二语教育，客观上存在"培养什么样的人""拿什么来培养""怎样培养的"的问题。极而言之，我们总不能培养一些操着地道的汉语，但并不了解和理解中国，对中国形象和中国文化没有正面认知，甚至用流利的汉语对中国进行负面解读和传播的"汉语人才"。如此来看，于淼教授这部新著所提出和讨论的所谓学科体制外的一些问题，就不但不"外"，而是国内汉语二语教学界面临的更加紧迫而重要的前沿性课题。这也正是该书价值和意义的一个体现。

通读全书不难看出，"导言、时代与国际教育、文化与意识形态、交流与价值认同（到3.2）"几部分，约占全书近三分之一，总体上可视作全书的理论基础（其中不乏案例性的调查分析）。相关论述内容丰富，古今联系，中外对比，视野开阔，但"形散神不散"，主线是围绕来华国际生的教育问题，并把对这一问题的思考置于宽阔的中外历史文化背景和现实生活与中文教学现状中，把个人的观点置于相关问题的讨论中，并不乏新见。比如，作者认为，既然中华文明的"和而不同"可以给世界带来和谐与和平，那么中华文化的认同与传播也就不仅仅是中国人自己的事情。又如，作者指出，不能认为现在做文化输出为时尚早，我们要从高校做起。高校的国际中文教育不应仅仅是一种语言和文化推广教育，而应该有一个更符合国家发展战略要求的诉求，即在国际交往中塑造良好的中国形象和中国认知。还如，作者主张，教师应怀有坚定的中华文化传播的理想和信念，利用一切机会，将汉语技能教学和中华文化的魅力介绍清楚、讲述明白，始终让各国青年沉浸于文化研讨的氛围中，这种教学既会带来学生汉语能力超越日常交流的成就感，又会反过来刺激他们对自身文化和中华文化的反复思考。诸如此类的鲜明观点，很能给人以启发。

该书后半部分"交流与价值认同（3.3开始）、未来与中外学生、国别与中国认知、课程与实施影响"占全书近三分之二,在相关的主题下主要展示"外国人眼中的中国"。这些案例和故事真实有趣,其中夹杂作者的精要分析和点评。事实上,这些来自在华国际生的"中国调查"和"文化实践"的大量案例,在相当程度上说更是本书的价值所在。其中,作者的相关点拨和分析可以给人以启发和思考,但可能也只是"一家之说"乃至"一面之词"。因为这些案例也许本身就没有唯一正确的答案,或者说是开放性的答案、见仁见智的答案,但价值也正在这里,它们可以给读者留下更广阔的思考空间、更多的答案或更多的启发。具体而言,这些宝贵的案例,可以让汉语教师从中更好地了解"我们中国的形象",更好地认识"我们中国人的言行"及其所体现出的中国文化;更好地了解不同文化背景的国际生对中国和中国人的真实认知,从而在教学实践和师生交往中,更有针对性地与他们对话和沟通。正是在这样有的放矢的交流与互动中,才可能让外国学生更客观和更正面了解中国、中国人和中国文化。进而实现在语言教学和文化互动的过程中,将来华国际生培养成合格的"汉语+"人才,其中的"+"即是对中国、中国人、中国文化的了解、理解乃至认同,从而能够在未来日子里的任何场合正面解读和介绍中国。

总的来看,我认为该书最大的贡献是,把对来华国际生的教育问题的研究推向了一个新的高度;最大的创新是,开拓了国际中文教育"体制外"问题研究的新局面;最大的特点是,想人所未想、言人所未言,对相关问题有立场、有观点,话语中有态度、有温度;最大的学术价值是,不仅可以给业界以启发,更可以把对相关问题的思考和研究引向深入;最大的启发是,体制外的文化介绍、阐释和讨论,不仅是必要的,更是可行的;最值得赞赏的是,作者有视野,有格局,有情怀,有担当,有自信,有引领,令人钦佩。

我与于淼不仅是同行,也是同乡和本科的校友,有着同样的东北人秉性,但他的敢作敢为、勇于创新是我所不及的,而他近年来对来华国际生教育问题的研究和所得更是超出了我的知识范畴。尽管如此,他说:"师兄,我又写了本来华国际生教育问题的书,你得给我写个序!"我却无法拒绝,东北脾气在同乡和校友面前变成了没脾气。当然,我知道他这是抬举我,而且我也知道这是我学习的机会。于是,读过他的大著,开阔了眼界、增长了知识、获得了启迪,并写下以上读后感言,供于淼和读者参考与批评。

李 泉

中国人民大学教授,博士生导师

2022年5月

序 二

当代中国正处于中华民族伟大复兴战略全局和百年未有之大变局的交汇时期,世纪疫情又交织叠加。面对深刻演变的国际格局,高校对来华国际学生的教育也不断变化,面临新的机遇与挑战。来华留学生的培养和教育是高校国际化建设重要的组成部分,国际中文教育已经不是单一的对外汉语教学,更肩负起了国家形象构建和文化传播的功能与使命。

如何培养"知华、友华、助华"的国际化人才,成了国际中文教育的重要命题。除了日臻科学严谨的学科建设、课程设置和专业培养之外,各校都在加大对跨文化教育教学以及社会实践的实施、思考和研究,使外国留学生更加深刻了解中国,理解中国道路。以往留学生汉语过关或专业知识合格即可,现在期待未来他们成为人类命运共同体的参与者、实践者、贡献者,这一教育使命无疑成了国际中文教师文化自觉与自信的标志。

每一个教育主体在培养过程中不仅仅要经过不同课型不同语言等级的磨炼,更需要带领不同国家的留学生进行理解中国的活动和实践,才能最终使他们从中国文化的被动的接受客体转化为主动的传播主体。这个教育过程目前没有现成的教育大纲和课程实施方案,而是要紧跟不断变幻的世界风云,将语言生活赋予认同当代中国的价值观,将日常的中国汉语生活变为世界观与文化多元性演绎的舞台,这需要教师拿出勇气和智慧,在非比寻常的语言教学中探寻出适合中国特色的高等教育国际化新路。

在国际教育语境中,文化传播与文化教育是一体两面,具有"跨文化性或多元文化主义"(interculturality/multiculturalism)。2006年联合国教科文组织表述了关于跨文化教育的三个原则:其一,跨文化教育要顾及每个学习者的文化身份,提供一种在其文化敏感性接受范围内的教育;其二,跨文化教育以实现使每个学习者积极、充分参与社会生活为目的,向他们传授文化知识、培养文化态度和文化技能;其三,跨文化教育为所有的学习者提供学习文化知识、文化态度和文化技能的机会,使他们能够在不同的人群之间,不同的民族、社会、文化和宗教群体以及国家之间相互尊重、相互理解、彼此团结。

从知识的层面,留学生可以学习优秀的中国传统文化和现代生活;但是从世界观和价值观的层面，让多元文化背景的各国青年理解、认同当代中国，这是更具意义、更深层次的教育和文化传播。从这个视角看，国际教育和国际传播已经不分彼此了。

北京第二外国语学院在国际化建设中一直秉承"中外人文交流"使命，以"融中外、兼知行"为办学理念，致力于培养"多语种复语、跨专业复合"、具有家国情怀、国际视野的复合型人才。在学校我分管国际交流，职业生涯中也有一段难忘的留学生教育管理工作经历，也算是汉语国际教育中的一员老兵。汉语学院是北京第二外国语学院专门从事外国留学生汉语教育教学的二级学院，对外汉语教学事业起步于20世纪80年代，在30多年的发展历程中，积累了许多经验和做法，也有许多思考和探索。作为汉语学院院长的于淼教授，熟悉并热爱文化传播，结合汉语国际教育的教学与研究，推出了《文化传播进程中的来华国际学生教育研究》一书，颇有新意，为汉语国际教育带来了别开生面的一股新风，难能可贵。愿于淼教授和他的团队以此为契机，进一步加强汉语国际教育机遇与挑战、教学与实践、交流与传播等方面的研究，百尺竿头更进一步！

郑承军

北京第二外国语学院副院长，教授，博士生导师

2022年3月12日

目 录

0. 导言 1

1. 时代与国际教育 6
   1.1 新时代的国家形象 6
   1.2 国际格局的挑战 10
   1.3 文化传播与国际中文教育 14
   1.4 隐性文化的力量 22
   1.5 高校的使命担当 28
   1.6 来华国际学生的管理 33

2. 文化与意识形态 41
   2.1 文化中的政治 41
   2.2 文化与传媒 44
   2.3 美国教授讲中国文化的启示 47
   2.4 "一带一路"建设中的语言铺路 48
   2.5 来华国际学生的解读 49
   2.6 中国之路的话语阐释 52

3. 交流与价值认同 62
   3.1 文化差异与调适 62
   3.2 打破国籍与种族的隔阂 68
   3.3 国际学生表述案例及分析 71
   3.4 话语传播的反思 88

4. 未来与中外学生 90
4.1 当代中国大学生文化心态 90
4.2 中外学生之间 98
4.3 中国学生眼中的国际学生 99
4.4 国际学生眼中的中国学生 114

5. 国别与中国认知 122
5.1 如此特殊 122
5.2 "后韩流"与"汉风" 123
5.3 韩国来华留学生对中国文化的深层理解 130
5.4 国际学生的调研结果 136

6. 课程与实施影响 155
6.1 国际学生要不要提"思政" 156
6.2 海外孔子学院的教学与课堂 158
6.3 来华留学生的思政界定 165
6.4 留学生教育"三进"工作开启探索 170
6.5 高校来华留学生课程思政建设访谈调研 175
6.6 如何讲好中国之治 190
6.7 如何讲好中国道统 194
6.8 如何讲好国际学生的思政课 198

附录1 北京第二外国语学院2020—2021年度第二学期期末考试试卷（智慧汉语——中国文化解读） 201

附录2 北京第二外国语学院2021—2022年度第一学期期末考试试卷（当代中国话语解读） 202

参考文献 205

后　记 210

0. 导言

中华文明在历史长河中不断演进，中华文化也在不断创新中传承和传播。"中华文化传播"作为历史话语，已经在人类文明史的冲突和融合中经历了几次跌宕起伏：汉民族与北方匈奴的较量就是华夏农耕文明同游牧文明的竞争与冲突；印度佛教在中华文化儒道互补的厚重底色下最终变成了人间禅宗佛教；早期的文化贸易在戈壁中走出了丝绸之路；元、清帝国的铁血武力也没有割断汉语和汉文化的传承；中华文化在世界前几轮全球化竞争中落败于鸦片战争；经历了痛定思痛的新文化运动、抗战中的民族复兴、新民主主义革命与新中国建设、改革开放、国学复兴、新时代文化自信，如今又踏上中华民族伟大复兴的征程，我们再一次加入新一轮的全球化进程中。"一带一路"建设、孔子学院、孔子课堂的曲折发展、抗击全球新冠肺炎疫情和北京第24届冬奥会的成功都诠释了人类命运共同体的大国主张。其实，从中国历史的文明轨迹可以看到，中华文化传播这个命题在历史的任何时期从未中断过，只不过是传播的路径、形态、方式和主客体不同而已。

"中国故事"不是独立于世界的故事，不仅同东方话语和亚洲智慧有深远的命运联系，也同欧美世界如何看待整体亚洲崛起有直接的历史关系。日本被西方认为是"脱亚入欧"的成功范例，"太极虎"韩国的流行文化成为另一种被西方世界认同的标杆和先锋，中国的故事该如何讲述？无论讲述的主体是我们自己还是他者，可能都不能脱离亚洲乃至世界的地缘政治变化和各类、各族群人文资源的重组。

大国博弈的舞台中，中国的政治立场和表现也是世界重点关注中国的一幕大戏，无论是不是"新冷战"都已经成为对各方的一场新考验。我们现在对美国推行的全球秩序和价值观在不断深入地审视和批判，因为这是中国发展建设无法绕过去的问题。美国几十年对中东问题的干预、美式现代化对全球资源的消耗与掠夺等问题，都使我们对美国国家形象要进行科学的重新构建，也包括对欧洲文化在新历史阶段的重新认识。现在从文化自觉的角度看，我们的民众也越发认识到：要讲好我们的故事，也要看清他人的故事。中华文化的认同和传播不只是发生在课堂和大学里，有很多场域需要我们认真准备、广泛发声和精准应对。

如今，在国际竞争与合作中，在民族利益与多元文化共存中，在全球化和"逆全球化"抗衡中，我们又迎来了新的中华文化传播的使命。习近平总书记在国际上已经多次深刻阐释了构建人类命运共同体的思想内涵与实现路径，这其实也是新的历史时期中华文化传播的实现路径，因为优秀的中华文化是构建人类命运共同体的丰厚资源，应当通过各种渠道和方式去传播去弘扬。同历史以往相比，培育和倡导人类命运共同体意识，用中国话语表达中国情感、价值追求和对外立场，就是这场新的中华文化传播的主要内容。

在这场伟大的文化战略中，习近平总书记指出："意识形态工作是党的一项极端重要的工作，是为国家立心、为民族立魂的工作。"做好意识形态工作，事关党的前途命运，事关国家长治久安，事关民族凝聚力和向心力。建设具有强大凝聚力和引领力的社会主义意识形态，使全体人民在理想信念、价值理念、道德观念上紧紧团结在一起，是新时代全党必须担负起的一个战略任务。高校是我们党意识形态工作的前沿阵地，做好高校意识形态工作是全面加强党对教育工作领导的核心任务。为此，高校应增强问题意识，找准做好意识形态工作的着力点。由此，我们发现这个伟大的系统工程中，有一部分主体力量不应该被忽视，那就是来华留学生群体。他们并不是历史上的"远在天涯"的陌生人，而是来华求学的"近在咫尺"的文化接受客体。如何用我们的文化资源和文化力量将他们转化为中华文化传播主体，这早已不是盛唐时代遣唐使的延续，更不是简单的"横看成岭侧成峰"的视角转换，而是新的百年变局和新时代国际教育理念转型与提升的问题。如果说近现代历史中我们的中华文化衰落过，那么新时代再一次给了我们文化复兴的机遇，虽然这一次面对的挑战更为复杂和严峻，但是我们一定要改变过去历史的文化角逐中"打不还手、骂不还口"的被动局面！

在构建人类命运共同体的语境框架下，跨文化传播主客体成功并精准转化的路径，也是我们中华文化走出去的新路径，更是利用知华友华的留学生在其他国家进行高效而真实传播的新路径。身为北京高校的国际中文教育的工作者，在党中央对北京提出了加强"四个中心"建设的时代要求下，要在实践中找到这些路径并实现文化传播的效能，这是契合北京作为文化、教育服务业开放试点城市的新举措，也是北京对外文化服务贸易产业研究的新视野，更是全国高校国际化教育发展理念中的新命题。

无论中华文化传播还是中华文化的跨文化传播是否具有全球视域，这个重要命题都已经进入了中国社会新时代的实践与理论视野。随着我国经济的发展和影响力的不断提升，我们从未如此需要国际社会的理解和认同，但是这种理解和认同又大大区别于以往的东西方文化碰撞和认同。

孙英春等学者曾多次提出跨文化传播的"本土化跨文化研究"进入了一种困境，主要表现在西方的跨文化理论知识范式不足以支撑我们的社会现实和研究需求，但是我们还是在不断地"平移"这些理论。我们自己找不到"本土化跨文化研究"知识的有力体系和话语，只能不断地使用西方学术理论和话语，而即使这样，对新的西方理论又跟踪不足、消化不够。福柯（Foucault）认为知识和权力之间有着密切而广泛的联系，从这个视角看，中国学者自身无形中受到某种西方学术权力的压抑，所以我们的知识传承和创新也在受到抑制，研究中有期待但是始终处于一种受束缚的状态。这其中的原因是非常复杂的，学术语言就是一个直接原因，后发展国家的学术语言因为不是英语而陷入无法完整表达概念与知识的困境。

对于针对来华留学生的中华文化传播这个课题，我们没有以往的知识框架可以运用，对外国青年个体我们找不到合适的学术话语进行理论阐释。仅就"一带一路"沿线国的青年学生来说，英语也并不是他们的母语，他们要一边学习汉语，一边又要面对各种陌生的知识上的逻辑认知学习，而且是我们自己的思维逻辑，这对他们而言是陌生的，是需要体悟的，要在此基础上再去理解我们的文化观念。即使是在课堂教学中简单的知识概念和文化输入，在我们有话语权的情况下也很难把握，实践性的教学操作也让我们这些长期从事汉语国际教育的文化传播者没有规律性的教学体系可遵循。

我们在对来华留学生的文化教育上有很多实践跟不上，甚至在很多培养单位根本没有实践活动，即使有所成效，理论总结又跟不上。来华学生在对中国文化的深层体会上也的确发生过理解和认同，但是发生的场域又达不到传播的效果，以至于很多汉语国际教育的教师眼看着一批来了一批又走的来华留学生，都发出这样的慨叹："如果他们再来，我们是否可以做得更好呢？"有些的确可以有下次，可是有些是第一次来留学也是最后一次，但是他们在国内对中华文化和中国形象的负面传播或误解却会持续下去。从某些方面讲，再也没有比对外汉语教师更有机会做文化的传播者和守护者的了，他们处在跨文化传播的一线，拥有话语权，也近距离直面传播对象，如果错过这种文化传播交往实在遗憾。

今天的中国，已经在各个领域取得了不同于其他国家的发展成绩，也遇到很多新的文化沟通和理解的问题，"知华友华"如此熟知的使命看来又成了新课题。为什么我们取得了这么多成绩之后还在不断地被误解和质疑？有些学者说欧美很多人会始终戴着有色眼镜看我们，就如同我们无法唤醒一个装睡的人。但是来华留学的青年群体不同，他们虽然也会有固有的对中国的刻板印象或错误认知，但是他们毕竟是来了，而且是以学习者的身份，无论是学历生还是短期语言进修，不争的事实是他们身在中国，中国在他们的一段人生中成为宿主国。但是教学困境又不是一个简单的教学问题，这跟我们的教育领域各个层面都有关系。我们曾经以为这将是一个中国文化建设的高潮或中华文化建设的高峰，但是事实却是面对日益丰富的互联网世界的融媒体和自媒体，面对日益发达的通信传媒，世界对我们的了解似乎日益增加，但是曲解和误解依然有增无减，感觉国际朋友越来越难打交道，"非我族类其心必异"的民粹色彩又喧嚣起来。

对本国人我们坚持制度自信文化自信，但是对培养来华国际学生而言却陷入一种窘境。中国人民大学的李泉教授曾反复强调"教师信念"问题，无论是课上还是课下，汉语国际教师应该秉持坚定的教学信念，将自己的教学意志贯彻下去。这个教师信念首先要有理想支持，有教学理念做具体指导，反映在文化教学中，就是一种坚定的中华文化传播的理想和理念，在教学环境中利用一切机会，将汉语技能教学和中华文化的魅力介绍清楚、讲述明白，始终让各国青年沉浸于文化研讨的氛围中。这种教学既能提高学生的汉语能力，也能给学生带来超越日常交流的成就感，又会反过来刺激学生对自身文化和中华文化的反复思考。

当目的语成为文化载体、文化成为目的语表述的主要内容时，语言教学的素养教育功能才能得以体现。这是一种高级汉语教学的课堂追求，如果每个对外汉语教师都有这样的信念，每一个例句、每一个典故和事例阐述都有所指，都饱含教师作为中国教师的人格和理想信念，那么学生自然就会从生存汉语的表达跨越到文化汉语的表达。

在很多教材的编写中，编者都力争将文化趣味和文化渗透编织于课文文本或对话语境中，这种良苦用心也需要教材使用者产生教学共鸣，不遗漏语言点的同时，也不要遗漏文化点，并能按照编写者的文化表达诉求，在课文有限的篇幅之外，完成文化主旨和思想情感的深入阐发。这些思想情感当然是我们中国人的美好价值观与心灵诉求，这里必定含有同世界其他民族的文化共性和道德伦理的相同点，这就首先要做到相通相知，进而再将我们的特质发扬光大。

语言传播在全球化中也会出现语言冲突，如同民族和利益冲突一样。地球村的感觉更为真切，民间的交流互动从微观到中观都有不同的思维和语言碰撞。微观镜头中我们看到快车司机同国际学生的调侃和闲聊，宏大场景中我们看到国际学生在中国共产党历史展览中对我们讲解他们内心的思考。这些话语生活可能都要我们重新去考量。如同李宇明教授提出了语言的"通事"和"通心"功能，我们发现情感共鸣可能比沟通信息更重要，民心相通其实首先要达到情感共鸣。但是另一个科学事实是：语言是人类知识与文化的承载者和阐释者，语言传播就会涉及话语权问题。李宇明对话语权解释得简单明了：说话有人听，有权利说，说了有人信并且帮腔与呼应，再进一步就是找你设置话题。

如前所述，我们要改善西方主宰的"路径依赖"。中国建设话语权不能一蹴而就，而是一个渐进而漫长的过程。在汉语国际教育领域，广大教师就是有话语权的。但是让外国留学生帮我们讲故事给他们的同胞听，这些我们做得不够，我们的教学效率并不高，只是教人家汉语，但是目的仅仅是教人家会说汉语，不愿意费心让他们把我们的故事讲好。

在本书的写作中，一些"身边统计学"并非只是个人的视角，很多汉语国际教育从业者的"个人感性统计"都有很大的一致性，不能说没有科学客观性，因为真实和深入，比表层的数据统计可能更有说服力。"身边统计学"的优势就是直接解读了数据背后的问题。

外国来华学生接触中国社会和中国朋友的现实必要有哪些？他们是否需要熟练的人情世故和日常文化，这也是一个心理动机问题。受到主管教育部门的关照也是比较重要的资源，这也决定了来华留学生的文化心理需求。

中华文化传播的目的是什么？是让国外青年更了解我们，更认同并喜欢我们的文化。

我想文化传播的过程应该承载着一个目的，那就是育人，是全方位育人。培育人才才是大学的功能，不能把国际学生当成特殊的观光客群体。我们要尊重他们每一个个体，因为有一天，也许是很多年以后的某一天，他们终究会说："中国，我去过，也生活过，那是一个很好的国家。"

1. 时代与国际教育

虽然现在是全球化时代，但是中华文化传播离实质性的文化传播和输出还有一定的距离，我们还处在被理解、被接受、被认同的过程，事实证明这是一个漫长而微妙的过程。

2020年的新冠肺炎疫情就暴露出了国际社会在不同国家和民众之间所呈现的偏见，这里有人性和素养问题，也有一些固化的意识形态领域中的恶毒刻板印象。历史上对中华文化的偏见从来就没有错过沉渣泛起的机会。之前对我们众多人口的恐惧、对华人吃苦耐劳的抹黑、对中国科技企业崛起的打压从来就不缺借口。越是在这样的国际环境中，我们越要坚持文化自信，既要怀着中华文化传播的使命，又要不断地争取被理解和被认同。在华留学生是中国社会生活的亲历者，虽然他们主要生活在校园中，但是离主流文化并不远，他们会感受中国的社会文化，也会按照自己的文化认知去进行重新编码解读。

1.1 新时代的国家形象

继2008年北京奥运会后，2022年的北京冬季奥运会已经成为北京文化传播的新名片，首都北京的形象与中国国家形象的传播都取得了更大进展。现在我们对于中国文化的经济生产力、消费力以及北京对世界文化的消费与吸纳力都已经有了更清晰的认知。

工业生产使文化的哲学意义在消退，使文化成为商品消费，而不再像传统社会中变成精神成就让人去追求。在教育层面，但凡一些教育或文化资源都会成为市场中建立商业机构的动力或冲动，比如教授儿童阅读的资源或方法也能很快促成一个教育机构的诞生，再用互联网去传播销售，最终使这些资源失去了文化本真的意义。这种蜕变直接高效地把文化资源变成商品交换，资本的逻辑会变成文化传播的法则，使具有传播价值的文化变成商业样态去消费。

生产和文化本来在社会中都有重要地位，但将生产和文化相结合，变成"文化生产"后，文化的独立意义就会很快消失，人们对文化的顶礼膜拜转为对生产效能的崇拜，这就导致经济和文化之间的本末倒置。①

在人的深层精神维度中可以找到文化模式的映射。文化模式可以超越政治和经济体制，用一种精神力量去影响或左右人的行为。但是我们目前大众的文化模式却显露出危险性，在媒体传播的改造下，娱乐文化的冲击力日益变强，致使我们的业余时间都成了看别人专业表演和"制造表演"的时间，这是对整个民族文化创造力的一种严重侵蚀。普通人的才智正在被摧毁，在极权下缺乏自由精神是一种文化困境，如果大多数人受技术压迫，不懂技术的人成了无用阶级，进而只能去消费别人制造出来的商业文化，这也是另一种文化困境，因为我们不希望看到人性在技术的塑造下变得苍白或单一。

中国的高等教育也有陷入塔西佗陷阱的危险。我们的民众对高等教育的改革成效始终不满意，教育公信力有下降的趋势。中产阶层的子女去国外留学就是一个有力证明。我们的高校教育培养有时表现出短视，有时是过于功利，只注重解决现实中的短期问题，使高等教育和基础教育的改革总是滞后于民众要求，导致民众普遍认为欧美高等教育一定优于国内大学，再加上中介机构在网络的宣传，民众缺乏理性分析，就出现了"你怎么做我都不信"的一种教育塔西佗陷阱。

刘擎（2020）在《2019西方思想年度述评》中梳理了一些观点，"地球村"可能应该说是"地球城"，人们普遍感受着各种冲突和离散，脱钩（decoupling）和中美关系的蜕变都成为年度热词，"受不了你却离不开你"（can't live with you but can't live without you），这些都提醒着这个世界为达成共识所付出的代价和艰辛。②

弗格森（Niall Ferguson）说第二次冷战已经开始了，他预期这次冷战可能比"以前更冷"。很多学者都认为中国的崛起打破了世界单极格局，注定会导致新的竞争与冲突。遏制中国发展已经成为美国两党和政客的共识，我们也看到了美国外交界、智库和学术界的偏见与不友好的用心。同样，我们虽然可以谅解互联网中中国网民的民族主义与反美话语的高亢声音，但是也无不担忧这在中美民间外交中会产生负面作用。北京冬奥会期间中韩网民在短道速滑项目中的口水战并不是简单地逞一时之快，而是都认为伤害了彼此的玻璃心。民间外交的空间在"政治正确"面前是否被压缩？美国已经不再是来华留学的主要生源国。如果未来十年世界虽然不稳定但是依然是"共存"的命运共同体，那么世界青年来华留学就更具非凡意义了。

英国虽然离开了欧盟，但是欧盟也不是我们想象的正在成为政治边缘，谁也不想在全球竞争中消失，更不想丢掉曾经被无数人赞美的"欧洲精神"，文化的"欧洲中心论"在很多层面上对民众的影响仍然存在。英国的抽身离去的确造成了 Divide Damage Diminish 的3D影响，但是这不妨碍欧洲的一些民粹兴起，在很多地缘政治嬗变中，民族主义似乎

---

① 陈开举. 后现代文化娱乐化批判[M]. 北京：知识产权出版社，2018：序言.
② 刘擎. 2019西方思想年度述评（上篇·世界变局）[EB/OL]. 2020-02-03. https://baijiahao.baidu.com/s?id=1657482344929305887&wfr=spider&for=pc.

有胜出的可能性，而民主政治似乎无力消解这种民族主义的盛行。且不论美国对欧洲事务的安全保障和两者之间的微妙关系，就目前我们的气候危机和全球生态危机日益严重来看，我们的下一代将如何面对各种隐患和不安？我们一边看着法国电影《家园》中我们的生态危机步步紧逼，一边为全球经济不振和青年就业竞争感到焦虑。在这样的时代背景下面对来华的国际学生，我们的教学就不能再以语言技能教育为主了。

中国古人说的"合久必分，分久必合"可能后半句才是语义焦点。只要人类在这样的趋势中不断碰撞与融合，就符合中国文化早期的判断，但是我们在很多国际争端中并未出现"分久必合"或"分久必和"，俄乌冲突给国际格局和全球文化心理情感又蒙上阴影。面对这种大的迷思连政治家都深陷其中，可能也是人文学家难以破解的，从这个角度看，从自身国家和民族发展的角度看，中华文化传承是中华民族自身的使命。

既然我们认为中华文明的"和而不同"可以给世界带来和平和和谐，那么中华文化的认同与传播也不是中国人自己的事情，让世界民众认识中国同中国民众要很好地认识世界是一样重要的，这样看对来华留学生的中华文化传播就配得上"重量级"词汇，也的确是艰巨工作，我们也不能认为现在做文化输出为时尚早，我们要从高校做起，高校的国际化发展要解决这样的艰巨课题。

人工智能时代的新人文精神应该如何培养，人的主体性在技术面前如何发挥出来，这要求全人类要有普遍的意志，某一个民族国家内部在自身的发展中也要对这个普遍的意志有自己在信息伦理上的贡献。有些学者已经在探讨信息源代码开放的问题，这等于重新讨论人、机器和技术之间的伦理问题。数字技术正改变传统市场的人才竞争态势，如何让科技巨头把"开源"（open resource）作为一种资源共享也是我们要考虑的。在新的科技时代，人际间的友好信任和合作方式正在被新的社交媒体所改变，社会个体的独立和自由解放又有了新的意义，这些话题在《文化纵横》中的很多论文中都被密集地研讨着。面对工具理性主义，我们开始担心文科专业的"无用（useless）阶级"的"好人"将如何获得尊重和尊严，是否会出现无用阶级的一群人羡慕另一群掌握数字技术和数字资源的源代码开发者？人们现在特别在意国家之间、不同民族之间的各种文化差异，但是越是在意越让我们感到困惑，高等教育中新文科的建设到底要如何冲出重围？因为谁也不想看到一个现象发生，那就是在技术时代 AI 和科技才是人们的共同语言，我们的精神家园和文化食粮最终成为空话。

社会前进的方向到底受科技发展的影响有多深远，过去的历史可能不能说明未来的情况，因为历史上科技对人类进步施加的影响大多是正向的和向上的，但是现在我们真的感觉到人文思想和科技之间正在失去平衡，科技已经能裹挟人文的发展。数字鸿沟（digital divide）早在 2015 年就出现了，正在改变着诸多社会元素：性别、种族、阶层和人文特征等，人类渐渐从应用大数据转向屈从于大数据，我们人文精神的前进方向正在被科技所左右。

离开这些困局谈中华文化传播就显得有些狭隘，我们要拿出证据证明，我们的文化能很好地化解科技和人文之间的紧张关系，中国的高等教育在自己的文化土壤中能培育出科技和人文相结合的硕果。

国家形象是国家软实力中的最高外在表象。这种形象是在国际互动活动中产生的，有"他塑"和"自塑"性，这是很多学者研究的共识。国家形象是国家之间基于互动而建构的相互的身份认同，是国际话语建构的结果。如蒙象飞（2017）所言，我们如何在国际社会中创造一种"共有观念"，使中国文化符号的现代性建构找到一种明确的方向，这是我们要急于突破的问题，这个问题解决了，我们的"求同存异"等很多中国话语才能被国际社会所理解。①

国家形象和国家实力有时并不成正比。国民形象的塑造也是国家形象的重要内核。在历史上中国人的感性形象问题在西方人眼中比较复杂，在日常交往中似乎感觉不到什么，但是在新的时代环境中国民形象也应该得到提升，这关系到国民素质。同感性形象相对的是一种刻板印象中的理性感知。蒙象飞认为在公共外交等层面大多营造的是理性形象，包括文艺表演等文化交流活动；而国际民间交往的社会生活中会产生各种感性形象。国际形象中的理性和感性层面会交织进行。在一段时期内，在华留学生眼中还会出现中国部分民众"随地吐痰""加塞排队""大声喧哗"等公德缺失现象，但是中国人在国际化进程中民间交往所呈现的温情高雅的情境也是层出不穷，后者的涌现和积极传播虽不能完全替代前者，但是我们相信这种温暖美好的中国人的感性形象会在各种媒体中呈现出来。

国家形象的构建当然会成为国际教育的新诉求。现在我们的国际教育在构建国家形象的过程中理应成为教育成效的一个重要因素。2020年全球疫情初始阶段的一批返回母国的来华留学生对中国的防疫政策应该是最有体会的，因为他们本身经历了高校各个部门的联动防疫过程，回到母国后又切身感受到不同的防疫举措，对不同国家的政府决策有了一定的体会。尤其是全国各个高校对留在校园内的国际学生几乎采取一致的有效心理干预手段和实践行动，帮助绝大部分学生渡过了情绪低潮甚至疫情障碍阶段。这是一个留学个体同国家政策互动的缩影，可以看作国际教育中文化和国家形象教育的一个实践过程。高校的国际中文教育不应仅仅是一种语言和文化推广教育，而应该有一个更符合国家发展战略要求的诉求，即在国际交往中塑造良好的中国形象和中国认知。

从明朝万历年间利玛窦等人对中国的热情赞颂到鸦片战争时的极度贬损和丑化中国，仅仅是半个世纪。而后在为赢得民族解放和独立的反法西斯战争中，"红色中国"又成为一次西方认识中国的正面高潮。斯诺的《红星照耀中国》、白修德的《中国的惊雷》和贝尔登的《中国震撼世界》等著作也在整个西方世界带来积极影响。冷战时期，新中国在保家卫国的抗美援朝斗争胜利后又积极建设国家，在"文化大革命"前获得了一个良好的形

---

① 蒙象飞.中国国家形象与文化符号传播［M］.北京：五洲传播出版社，2017：50–55.

象。但是"文化大革命"毕竟给全球留下了一个在当时很难改变的负面中国的形象，以至于现在"文革"现象还在很多国家的中国文化解读课程中成为给大学生讲解的重要内容，被认为是人类文明史上少有的大灾难之一。当时真实的中国的确在一段历史时期令世界困惑。保家卫国的抗美援朝、对越自卫反击战的保护国家主权和领土完整以及稳定东南亚和平的战争正义色彩被西方抹杀，被西方宣传成是中国做出的"不可信任"的"不确定"行为，把"共产主义中国"认定为具有侵略性、支持世界各地革命运动的最大力量，甚至比苏联更危险。如今我们在自身日益强大的电影工业支持下可以创作出《长津湖》这样的优秀爱国影片，并在北美公映，这也是一种国家形象的重塑，不仅仅是对西方的历史谬误进行反击，也是用我们的国家软实力在国内外强调我们曾经赢得的战争正义。

当代中国的国际形象一直在莫名的"被美化"和"极度贬损"中被构建着。1978年邓小平访美又使中国形象开始得到良好认同。据各类调查，1985年71%的美国民众对中国持有积极印象。当然这种良好印象是"俯看"下形成的，他们更有一种幻想，预期中国开始做西方的"乖学生"和"好学生"。"中国将成为第一个放弃马克思主义，接受资本主义甚至可能实行民主改革的共产党国家"。但是现在他们知道了，这的确是一种幻觉，继而又抛出"中国威胁论"。20世纪90年代，亨廷顿又断言儒家文明和伊斯兰文明是西方文明的天敌，这种论断又进一步强化了"中国威胁论"。①

以上的论断性描述在蒙象飞等学者的论述中已经成为历史总结的常识性梳理。不说启蒙时代的西方对中国的赞誉，仅从现代和当代来看，中国的国家形象在西方民众中积累出的历史痕迹很难擦除，也很难否认来华留学生也受各自国家和父辈人的影响，在整体对中国的文化认知中是带有以上的历史印记来到中国的。

1.2 国际格局的挑战

世界各大经济体在竞争中自保，客观地加速了去全球化进程。国家安全、自由贸易和全球化正产生新的冲突。疫情的发生动摇了各国之间对国际合作的信赖，最大的问题并不是全球供应链的中断。新冠肺炎疫情对国际政治经济格局产生了深刻的影响，贸易战和疫情的双重压力下，中美两个大国的关系降至谷底。我们担心的还是中国的知识准备仍然远远落后于欧美等发达国家。中国的文化贸易和文化产业竞争力还极其贫弱，同美国相比我们的产业发展并不完备，虽然我们的国际形象的好感度在上升，但是我们在国际传播的通道和途径还是太少。

现在的世界交往除了贸易交往之外，其他活动都可以在本质上归为文化的交往，和平共处五项原则和"亲、诚、惠、容"的外交话语其实就是文化交往的基本态度和原则，但

---

① 李智.中国国家形象：全球传播时代建构主义的解读[M].北京：新华出版社，2011：81-82.

是我们还宣讲得不够，从外交角度讲有政治色彩，但是从国际间的人际交往看，这种国与国的交往本质就是不同文化的互通和交流。在华留学生通过亲身的社会交往去感受中国的当代文化。整个社会氛围需要民间和官方共同培养，这种国家层面的"大外交"和民间的"小交往"都需要去着手培养。

但是大多数社会民间的个体或某些群体、阶层在总体上可能对一个国家的形象认知会产生差异。不同教育层次和社会背景的人群对一个国家的形象认知有趋同性，但是了解的深度和广度又各不相同，这也是我们在看各种网络评论中出现对同一事件中的国家的评价"公说公有理、婆说婆有理"的现象。反之，即使在对自己国家的形象认知上，不同群体或同一群体内部也是有差异的。来华留学生同在中国，对中国形象的个性化认知也是千差万别的。

世俗与宗教、美国化的持续影响和各国种族主义的兴起、国家政治经济与文化娱乐本身的魅力交织在一起，形成了文化传播的复杂态势，文化的主流态势依然存在，但是多元性和传播的竞争性也越来越明显。毋庸讳言，世界各地的文化仍然摆脱不了美国文化的影响。所以即使在"后美国"时代，美国的世界娱乐主流文化地位还是很难撼动的。但是文化的多元化的急剧涌现、国与国之间交流的频繁会远远超出我们的想象，每个地区都在进行软实力的竞争，每个国家都在与美国交流、与世界交流，曾经的文化格局和主流文化产品都会被调整。

欧洲的主流文化变得越来越多元，以捷克为例，他们不与匈牙利人交谈，也不跟德国人和波兰人进行交流；比利时也有这样的倾向，对其他欧洲国家的电影和音乐越来越不认同，共同阅读和欣赏的文化艺术很少，但是要求分裂的团体却日益增多。在这样的一盘散沙或四分五裂的背景下，美国电影和娱乐文化却成为主流文化。很多欧洲精英认为，欧洲人应该成为"手工业者"来抗衡美国的工业化。

再以非洲为例，在我们的常识里似乎非洲的娱乐明星一般要经过在伦敦和巴黎的包装才能提高档次，欧洲的伦敦和巴黎成了非洲娱乐文化传播的中转站，这不仅仅是音乐制作公司的水平问题，也有非洲动荡的政治局势和复杂的国际关系等因素，在非洲本土搞一场巡回演出也是困难重重。非洲文化传播的版图同传统的殖民主义遗留的地理分布紧密相关。随着互联网的发展和英语的流行，非洲的新兴文化正在打破巴黎为中转站的法语文化的束缚，尼日利亚等国同好莱坞的合作就是例证。

也有欧洲的文化人士注意到了中国在非洲的文化传播是伴随着经济投资进行的。有些非洲地域被称为"中国非洲"，上千家中国企业和50万以上的中国员工以及中国架设的无线网络和光纤，都在潜移默化地发挥着文化的影响力。中国的内容产品虽然较弱，但是硬件建设之后就会有软件的影响力，中国也计划在非洲进行影视和新闻方面的投资。这些都是全球化语境给世界文化平衡和传媒之间的竞争带来的市场格局的新调整。

如同中东的阿拉伯国家、欧亚之间的土耳其，都在利用资本和政治理想制造自己的主流文化。印度的一些文化娱乐巨头也有自己的战略眼光，很多人都有类似的共识：印度有接近中国的14亿人口，有一定的资金也有自己的运营经验。中国和印度合起来的人口占世界三分之一，印度也希望在政治、经济和文化领域发挥"核心"作用。印度的电影不仅仅是为了赚钱，更重要的是体现印度的价值理念，正如法国资深媒体记者马特尔对印度信实娱乐公司的总裁进行采访时记录的后者所言："我深信我们必将取得成功，世界必将对我们予以重视。"

有人说世界文化大战已经爆发了，因为中国、印度、巴西、埃及、墨西哥、俄罗斯等国家在娱乐和信息的产量也随着经济的增加在增加，这就是新兴国家的文化崛起。面对美国的娱乐文化和欧洲的传统文化，这些新兴国家的内容产品开始发挥举足轻重的作用，世界银行、国际货币基金组织和联合国教科文组织也很难用准确的数据去描述这一切。但是伴随着"文明的冲突"的论调，谁也不会再忽视全球化语境下的各种文化集团和文明群体的奋力竞争。

关于文化贸易和内容产品的贸易竞争还没有完整的统计，但是毋庸置疑的是，美国向世界各地出口的内容产品约占世界出口总额的50%，加上墨西哥和加拿大，整个北美可能占总额的60%，而欧盟的实力正在衰落，日本、中国、韩国、俄罗斯和澳大利亚虽然位居其后，也都在发展创意产业，但是在文化贸易中还不能视为重要国际力量，欧盟和人口大国中国都还无法与美国抗衡。美国的文化产品是标准化的多元化制造，传播非常高效，既不是完全独创的，也不是美国化的，这到底是商业模式还是价值观与文化霸权的战略，可能一时间还不能完整界定。但是美国文化的模式却在大行其道。新兴国家的文化崛起也会给美国进入其内部制作文化产品的机会，因为互联网的数字技术和无国界传播，将会以一种新的动态力量去发展。这其中欧洲文化可能不会轻易地退出传统舞台，中国的文化内容产品的传播可能比我们预期的要快，美式娱乐可能衰落或更为强大。这些时代背景我们在来华留学教育中要时刻加以考虑，因为国际教育同这些文化的发展和时代语境息息相关。

中国移动支付技术已经成为中国的品牌，惠及全球超过10亿人。中国的市场和经济活力还有很多这样的"品牌故事"，但是尽管如此，我们在国际组织中的话语权仍然处于相对软弱的地位，对国际事务的影响力还是达不到我们的预期。这些都是我们阐述中国立场和智慧的客观环境的障碍。如果新的一代青年认为他们不需要中国或不是特别需要中国声音和中国智慧方案，那么我们的中华文化传播也会寸步难行。这里不存在反向逻辑，即世界了解和认同了中华文化才能接受中国话语和中国方案。

中国现在是第二大经济体、最大贸易国，中国有机会书写国际规则，但是这些语境我们在国际学生的培养和招生宣传中要巧妙地体现，要避免类似"孔子学院"运作过程中造成的误解。

中美之间的摩擦也从不同角度唤醒了我们国民的反省意识，我们要上好这样的国际关系课，在这种已经形成的课程中中国人也要"自修"，因为从美国对华的态度中我们看到了自己发展的成就和信心。高铁、微信、网购等不知不觉已经被世界刮目相看，这也使我们认识到本国人民的创造力和市场活力。在2018年的教学中，我们这些教师自己都没意识到这些经济生活是我们的成就，反而是来华留学生反反复复地提及，他们在写作、在口语表达中不断传递艳羡之情，我们才意识到，原来这些悄然而至的经济生活确实吸引了他们。

一般国家的高校校园文化无法与美国比肩。美国大学校园拥有2300间戏剧和音乐专业教室、700座艺术博物馆或专业艺术品陈列室、2000家书店和345间摇滚音乐厅、300所大学电台以及300多家独立音乐唱片公司，这一切为文化创新产业和互动营造了良好的文化氛围，并培养了无数大众艺术人才和年轻的消费群体。

美国不只是一个国家，而且是一个多元性文化聚集的世界。还是以文化娱乐市场经营为例，一方面，美国的多厅影院模式已经遍布全球，这是美国电影商业运作创造出的一种文化生活方式，全世界的年轻人都已经接受，即使在市场与时代的不断变化下，这种模式的底层逻辑还在各国被复制。另一方面，由于欧洲近年缺乏对大众文化、娱乐业、创意产业、文化市场以及多种族多样性文化的足够重视，其大众娱乐产业已经停滞不前。20世纪下半叶开始，美国在娱乐业和电影市场上不断处于垄断地位。但是我们也要看到乐观的一面，如今来自经济高速发展的包括中国、印度、巴西、韩国等新兴国家的挑战也已经浮出水面，虽然在市场份额上还无法撼动美国的地位，但是这种大众文化和娱乐文化的自觉在全球已经蔓延开来。

中美关系也是中国人心中的症结，有的学者说研究方法出现了问题，有的说视角出了问题，应该将整个美国官僚体系和各个层面的人物影响都纳入研究。问题的本质是中美关系质变的界定，是美国遏制中国的崛起，并意识到仅凭一国之力难以做到并进而联合多方实力打压中国。郑永年等学者指出，中美关系发生实质性变化是在2010年，中国在制造业增加值这个重要指标上超过了美国，并在2013年成为世界最大货物贸易大国。随之而来的是2015至2017年间中美贸易战前期已经在合作态势上降了一个层级。日本和英国的研究中心预测至2028年中国经济总量将超过美国，可美国不可能接受这样的结果，如果真如预期所料，美国民众的心灵可能会遭到"重创"，再加上新冠肺炎疫情加重了彼此间的不信任，中国经济的进一步发展不会引起欧美国家的掌声鼓励和艳羡。

中国崛起是一种文明崛起，不是一种历史上的民族崛起或国家崛起。我们的富强并不具有侵略性，而是一种共赢模式。我们的民主也是有哲学传统的，是"民为邦本，本固邦宁"，是天生就具有对君权的制约功能，这也是我们最朴素的民主表达。在这个基础上去解读我们的社会主义核心价值观，使来华留学生产生一种自觉认同或践行的意愿，是我们进行文化传播的一个逻辑前提。很多来华留学生将中国人在大局面前秉持步调一致、牺牲小我的自由看作不民主的外化表现，这是非常错误的认知，而我们在很多语境中却找不到解释的有力理由或恰当准确的转译，但是随着中外人文交往的日益增加，我们遇到的话语权缺失和解释尴尬的窘境会不断得到改善。对新冠肺炎疫情的成功阻隔与防疫的卓越表现以及冬奥"一起向未来"的完美诠释，就是我们近年来通过中华文明的积淀和政治能力所创造的自我宣言。

福柯的话语权力理论成为国际关系中的权力分配理论的经典。我们在崛起的过程中，中国的国际话语权力还不强大，我们还时常"挨骂"，这种现状还不好解决。比如新冠肺炎疫情中的美国《华尔街日报》事件，在这样的时代还有人公然辱骂中国人是"东亚病夫"，而且是在主流媒体上，在震惊之余我们也知道国际话语权和国家形象等领域中，中国还有很多功课要做。比如华语信息载体的信息量仅有全球信息量的5%，就连我们的主流媒体也是在大量地使用CNN等美国媒体的新闻画面。我们的媒体传播意识和手段在进步，但是还要提速。

国家形象在对外传播中具有功能性，而对内也会起到民族凝聚的功能，从某种意义上说，"他者"的国际形象固然重要，但是"自我认定"的国家形象也有重要的意义。"和平发展"的国家形象并不具有说服力和特殊性，没有显著的中国标识或识别度，世界上很多国家都认为自己是"和平发展"的国家。有学者说最有战略传播意义的中国国家形象是"维护和平，求同存异，负责任"的大国，这命题本身没有错误，但是这个命题缺乏个性，不易论证。

在现实生活中，一些中国人身上的江湖气和圆滑世故给来华留学生很多负面印象，他们认为很难找到中国人的民主生活方式。而在课堂教学中，对于"和谐"这样的话语我们又没有重点说明和阐述，这就使留学生无法理解"和谐"是我们的社会制度的本质属性。

在2020年的新冠肺炎疫情防控期间，北京高校对留学生提出了不要返京不要返校的要求，并加上了如果不守纪律会影响奖学金的发放等规定，这在以前会引起留学生的反感，但是事实上全体留学生都服从了这样的行政管理，大多数人都说中国政府协调与组织社会的能力是最好的，这就是对我们制度的一种高度认同。中国目前虽然还没有实力让他国承认我们社会制度的优越性，但是来华留学生对中国政府的表现和执政能力同来华前的刻板印象相比，都呈现正向转变。

1.3 文化传播与国际中文教育

语言交流是构建人类命运共同体重要的渠道，语言是促进交往、增进理解的重要工具，是人与人、国与国沟通心灵、密切友谊、互融互通的必要桥梁。国际中文教育也是我们正在从事的和平友好事业。借助语言这个工具"建造桥梁"，才能把各国人民创造的灿烂文化、人类共同的宝贵财富发扬光大，因为语言交流是个体间进行交际的最重要手段。这关系到国际中文教育的学科建设与文化传播。

汉语走向世界是正在发展的趋势，也是中国文化国际价值的体现。截至目前，全球

180多个国家和地区开展了国际中文教育，70多个国家将中文纳入国民教育体系。即使在新冠肺炎疫情带来的不利影响下，在党和政府的大力支持和引导下，在学界和教学单位的不断努力下，我们利用互联网技术使国际中文教育在线上教学中不断延伸，也使中文成为中外文化交流的基础通道。在此过程中虽然我们一直受到英语的影响，但是在国际中文教师的持续努力下，中文成了中国和各国青年友好交流的一条重要纽带。构建人类命运共同体需要语言去铺路搭桥。

"国际中文教育"处于提质、转型的关键期，是具有事业与学科"双重属性"的大教育问题。

我们在创造自己的文化传播历史，有继承有发展，包括政治条件、经济条件和精神文化条件。随着中国国际地位的不断提升，如今世界比任何时候都需要中文，这给中文走向世界带来了绝好的发展机遇，但是如何能使中文稳步健康地走向世界却是一个大命题。

国际中文教育的学科发展与中国改革开放同步进行，经历了一个美好的发展时期，这股时代的脉动也培养了一大批国内外教授汉语和研究汉语的人才。要让外国人讲好中国故事，这比我们给外国人讲中国故事效果要好。著名史学家朱维铮教授曾有一个很好的隐喻，我们中国人坐在房间里告诉窗户外面的人我们房间里的每一个细节，但是我们无法告诉外面的人房间所处的位置，这一点只有房间外面的人才能告诉我们。

本土汉语教师在教学中比我们更了解当地学生的心理和学习重难点，比我们更善于进行对比教育，能更有效地引导学生学习汉语，获得更好的教学效果。而且本土教师可以信手拈来地举出与对象国国情、当地风土人情相关的例子，而且这些例子是根据教材内容同中国相关的，这个能力中国教师是望尘莫及的，这种转码和转译的能力中国教师是不具备的。

陆俭明先生认为在中文走向世界时我们要做好四件事。第一件事是国际中文教育必须坚持以汉语言文字教学为核心，特别是要抓好汉语书面语教学。所教外语的语言文字教学是核心，文化教学、真善美的教育都是伴随性的。英语能走遍全世界，中文距离这个目标还有很远的距离要走。只有让越来越多的汉语学习者成为汉学家、翻译人才，才能缩短这个距离。而真正使中华文化走向世界融入国际多元文化大家庭中，让国外民众了解中华文化，就得靠学习、掌握好了汉语书面语的汉学家、中文翻译人才和本土中文教师。第二件事是花大力抓紧做好培养本土中文教师的工作。如果各国没有一定数量的高质量中文教师队伍，当代中文走向世界就会落空。本土化的汉语教师队伍为了生存和生活，自己就会向本国政府提出加强中文教育的要求，这是使汉语教学进入对象国的国民基础教育体系的一个重要的助推力量，也是国际中文走向世界的一个重要条件。第三件事是以科研引航，做好中文教材编写工作。当前汉语教材不适合国外学习，学生爱看爱学、老师好用的汉语教材还相当缺乏。第四件事是做好孔子学院的定位和建设工作，使孔子学院成为世人普遍欢迎的、促进国外中文语言教学和中外文化合作交流的具有正能量的文化机构。在这一点上陆俭明先生提出是否要修改孔子学院章程的严峻问题。

国际中文教育以学科形式如何在高校生存？国际中文教育中的很多骨干教师也有生涯规划的焦虑，"双一流"等相继出台的国家战略对高校人才培养与学科建设提出了更高的要求。没有学术引领这个学科在高校很难生存，没有基础的人才培养——汉语国际教育专业硕士的持续发展，也不能保证学科建设的社会功能需求。宁继鸣认为国际中文教育一方面是事业，另一方面是学科，两条航线如何在高校的发展决策中得以体现，在主流学术航道中如何彰显这个事业的重要性，也是这70年发展历程中我们首次遇到的问题。事业很重要，但是学科建设很难进入学术评价体系，这项事业只能在高校中进行，不可能有另外的国家层面的机构再给国际中文设立阵地。

在新时代按照党和国家的战略需求，新形势下加强和改进国际传播工作的重要性日益提升，这个学科要为构建人类命运共同体做出积极贡献，要构建中国话语和中国叙事体系，用中国理论来阐释中国实践，从这个宏观层面看，国际中文教育又是高校国际化发展中重要的力量。

王力先生曾说"对外汉语教学是一门科学"，汉语教学的方法研究与教学模式研究、汉语作为第二语言习得研究、现代教育技术及其在教学中的应用等研究发展迅速，方兴未艾。赵金铭先生提出中文作为第二语言教学是一个跨中国语言文学、教育学、心理学和教育测量统计学等的特色交叉学科，在学术界的学科地位无须提升也不能矮化。国际中文教学的内容是最重要的，我们构建的中国语言文字知识应该服务于汉语语音、词汇、语法和篇章教学的科学体系，换言之，就是教了这些知识，就会使学习者通过自身认知将这些知识转化成他们的语言交际能力。最近基于多视角的汉语第二语言习得研究蓬勃开展，包括社会文化理论视角的加入，这些不同的角度开辟了汉语学习研究的新局面，也推动了对汉语文化教学的思考，带动了很多文化课程的开展，当然这些文化课程在很多高校的教学单位还是以辅助汉语技能训练的角色出现。

国际中文教师的培养与培训研究一直在持续，包括汉语国际教育专业硕士学位的创建都为中华文化走出去提供了文化人才资源。国际汉语教师的知识结构、教学组织与适应能力、跨文化交际能力都有待完善和深化，这是当下亟待解决的问题，因为文化教学的定位还需要思考。

从2005年以来，对国际中文教育中的文化教学研究从井喷式逐渐趋于平稳。很多研究者更加自觉地将文化教学与国际中文教育挂钩。在教育实践中发现了不同文化资源在教学中的运用，很多教师积极探索传统节日文化、饮食文化、民俗文化和地域文化等某一类文化资源在文化教学中的应用价值和可行性。2014年赵金铭教授对交际文化进行了比较全面的阐释，明确提出学习语言就是掌握一种文化；领悟和体味中国文化是一个渐进的过程；对汉语和中国文化的基本认识是跨文化交际的前提；对自己文化的自信是跨文化交际的动力。研究发展至此，从平等尊重、多元共生到文化自信、文化自觉，不仅体现了跨文化交际的发展，也体现出整个中华民族对自身文化地位的反思。

目前对文化教学的哲学基础研究不够，对文化教学的大纲研究并没有进入实质性研究阶段，关于文化教学的实证性研究较少。文化教学的话语态度和价值取向等问题要在教学实践中不断总结。

文化教学能不能实现文化传播？来华留学生教育是伴随汉语学习同步开展还是从汉语教学课程体系中独立出来，可能这是值得我们思考的问题。有些国际中文教师在成长过程中根据自己的学科特长逐渐发展出文化教学或语言技能教学，有人说我适合教语言不适合教文化，有人则说我更善于文化讲解，不适合初中级语言教学，这样听起来似乎有一定合理性，但是这并不是科学的分化。

汉语的认知和习得是需要专门的留学时间来获得的，到底应该多长时间才能更高效地完成汉语书面语和学术语言的学习？那么文化教学是不是只能嵌入语言教学中？有很多学者认为文化教学一定是伴随性的，要润物无声，那种文化教学是要素和模块式教学，不能解决文化的多元性或专题性问题。在语言教学中解决中华文化发展逻辑的问题当然不易，让语言教学背起文化传播的任务又让语言教师难以承受，只有极其高明和优秀的教师才能完成这样的任务。

历史、文学、哲学和思想史当然不是国际中文教育在学科层面的任务，只是有交叉，但是我们如何将这些大专题化为中文教学的内容，降低语域便于教学操作，同时又没有将其简单化，这是我们突破语言难关讲好中国故事的重要路径。这些文化教学到底是国际中文教育体系中的支撑部分还是伴随性的辅助或延展部分，可能要结合当前国际教育发展的紧迫形势来定位。

语言教学必然涉及文化观念和文化内容，我们针对文化教学的定位和原则以及文化教学的策略与方法等展开了热烈的讨论。有学者认为一些文化教学同语言教学有些游离，认为文化是语言教学的背景，但不是语言教学的主体，目前世界第二语言教学中目的语文化已经置于一个更宏大的背景中，呈现全球化和多元性的趋势，学习者在母语文化和异质文化的交流与碰撞中自然会不断体验与领悟，文化不再作为学习的对象。这个观点强调的是在汉语学习中学习者会自然而然地领悟到中华文化。汉语时间空间的表达和文化词语的深层含义以及汉语语法的结构、汉字强烈的表意特点，都体现了中文教学中的文化教学。

也有另外的观点认为，文化仅仅靠语言教学来体现是远远不够的，所有语言交际的目的不都是解决日常交流和生存体验，交际的宗旨必然指向文化观念的交流与文明互鉴，从而理解目的语文化又成了语言教学的目的。文化教学本来就是语言教学学科内涵所必备，是一体两面。但是我们去哪里设立独立的文化传授的课程呢？所以我们可以说教学内容是明线而语言是暗线，这和学科界定时的语境又不一样，学科界定要求把语言教学和掌握汉语汉字作为主要任务。

在一个语言环境里不让人家讲母语是很霸道的事情，但是总用母语思维也是一个不能迁就的问题。我们的奖学金要取得教育成效，教学成本不能白白投入，要想有产出，就得有教学举措和文化实践跟上。

英语的使用给我们带来了很多的语言压力，使我们很多专业不得不用全英或双语授课，这样我们的语言主权和教育主权都在受到挤压。英语在不断挤压其他语言的空间，也直接损害了文化的多样性。英语已经产生了"语言滤网"作用。

汉语的独立性和多彩的互联网生活使我们没有处于信息边缘，但是如果强势科技信息都用英语传播，那么我们其实就处于信息不平等的边缘。

汉语和汉字的诗性与独特性在初级语言技能阶段就应该被传递，不知道我们的汉语国际教育硕士在同留学生互动时是怎么传递的。有的同学给留学生放电视剧《西游记》片段，这种效果值得研究。

我们本国公民的语言素养还要提高，在第二语言方阵中还要不断地学习，对本国的方言也要正确对待。

来华留学生也是正在成长的年轻人，他们的人生观和价值观的改变发生在留学目的国。这些个体的成长因素构成复杂，具有原生文化的既定生存方式。在中国北京的成长环境中，几乎所有个体都没有改变其自身价值观念的留学准备。他们的留学目的和预期心理准备中都没有准备在中国接受改变的，这些改变包括知识认知、道德修养与自身素养。而我们的高校教育在近几年才开始关注来华留学生素质结构改变的可能性。我们的汉语教学和高校的其他专业教育，都对他们进行了心智结构的假定和预设。

来华预科教育中教师的大部分精力不是放在语言教学上，而是在预科学生的学习策略和意志情感方面的教育上，这其中的根源就是留学生也是学生，也需要成长指导。

以《发展汉语高级综合（上）》一篇课文《三个丽友》为例，教师要做的铺垫教学就非常繁杂，但是也可以分出语言教学层次和文化解读层次，继而再进行语言和文化的升华表达。语言层面上要解读"丽友"，何为美丽女性？学生固然明白是美丽的心灵，但是这种美丽的灵魂是在什么生活场景中显露出来的？在西藏可可西里的无人区，一批年轻的养路工人将自己的青春和生命奉献给了这片荒凉的土地，很多人是子承父业，几十年守护着公路，寂寞无言是他们的生活写照。当年轻的女记者随领导来慰问时，一个年轻的小伙子悄悄地递上了一个纸条，要求"拥抱一下"女记者。同是养路工出身的老局长感到有些为难。但是女记者最后战胜了羞怯，用一个大方的拥抱传递了美好纯洁的温情。国际学生在这样的课文中不仅了解了中国西部的人文地理，也被中国人的美好情感所感动。

课堂教学是一个文化传播的绝佳场所，教师几乎完全拥有话语权，这种话语权在师生共同协商的基础上，给予双方充分的、平等的表达机会，目的是使学生进入文化表达情境，而不是强迫灌输。教师按照自己的教学设计，在没有其他环境因素干扰的情况下可以科学合理地安排时段进行文化解读。许多有教学经验的教师都会按照教学目的设计引人入胜的教学步骤，使学生的语言思维最终跟随教师达到理解的胜境。

当中外师生共同面对一个中国大众文化习俗或日常行为时，可能感受会有所不同，评判的标准也会有差异。高铁上，经常有这样的现象，两个老人轮番照顾一个哭闹不停的孩子，各种安慰爱抚，夹杂歌声和大声的恫吓，他们可以旁若无人地连续这样"工作"六七个小时，好像这是他们的专列一样，我们无人敢管，因为这是天经地义、顺理成章的隔代爱抚。但是其他乘客就要忍受这样的行为吗？其实这里隐藏着一种价值观。同样在高铁上，我们的乘客还没有学会基本的公德礼貌，任由自己的手机或平板电脑播放电视剧和歌曲。后者可能有人干预提醒，而前者却好像不敢有人去提醒。面对这样的情况，我们的国际学生如何看待中国人的素养呢？坐在世界上最好的高铁上却面对这样的民众，我们觉得汗颜，但是有时候外国留学生却觉得正常，也许他们会认为中国人本来就是这样的。

在通常的文化考察和实践中，如果把这个过程当作一个人际交往和文化环境共生的问题来考察，就会发现很多现象。在一个文化考察团队中，学生的关注点往往跟我们预期的不同，比如在博物馆或名胜古迹，学生对文字说明感兴趣的程度远远不如感官刺激，也就是说理性思考较弱。在一个环境中，如何能够使所有信息产生反馈心理机制，这可能是一个复杂的心理认知问题。对曾经看过的文物的认识要通过师生之间深入的交谈才能获得深化，似乎师生的人际交往和个人谈话成为这个认知系统中的重要因素。新的文化生成要素又变成新的心智信息并对学习主体产生影响，这一定是一个综合因素叠加的结果，甚至包括文化生成的艺术或特有氛围。在这个过程中，教师如果呈现出文化强势或任何让学生反感的态度，都会引起学生的情感过滤或屏蔽。国际中文教育是一种心智教育，困难程度会超过对本民族年轻人的文化教育。

中华文化的价值观念就是由中国传统文化抽象而来的具有鲜明中国特色的道德准则、具有品德教育功能的中国元素。周恩来总理曾经说过："学习上严格要求，认真帮助；政治上积极影响，不强加于人；生活上适当照顾，严肃管理。"用中国老师的微笑来让世界看到中国的微笑，用汉语教学打造一个温暖积极的中国形象。

习近平总书记指出："教师做的是传播知识、传播思想、传播真理的工作，是塑造灵魂、塑造生命、塑造人的工作。教师不能只做传授书本知识的教书匠，而要成为塑造学生品格、品行、品位的'大先生'。"对外汉语教师更不能只做小老师。

对中国学生我们知道不能培养吃着我们的饭却砸我们的锅的学生，对国际学生更应如此。这不仅是教育任务，也是政治任务。政治思想建设是生命线。

我们很多时候是不了解国际学生，也不愿意去了解。这其中了解的必要是什么？课程教育是盐，不能用猛力，否则会齁人；但是不放"盐"，语言教学的味道和意义就没有了。彭静璇的古筝演奏主要在街头，民间是大雅传播的基础，我们在这方面的中华技艺展示还远远不够。用真正的艺术去感染人，这是需要高深的艺术积淀的，不是简单的某一种才艺的突出展示。

别人看到我们沐浴在中华文化中能够和谐幸福地生活，这本身就是一种传播。对传播的理解要重新打开维度,让对方知道我们生活得好,这是"共情"。

国际学生对抽象的道德文化和精神价值可能需要很长时间的体悟和感知,但是对工业文化却可以直接体验到,我们的高铁、5G品牌和制造强国战略都是在现代生活中焕发勃勃生机的传播对象。

我们也没有细致地分析过貌似跟我们文化相对的西方文化情感。德国人霍尔格·莱纳斯写的《男人五十》中就有这样的描写,"只要父母在,我们就一直是孩子,尽管已经年过半百……突然间失去父母,不再有父母站在背后,现在只剩下自己,除此以外,我们还要做下一代人的后盾并接替父母去照顾一切。这就是生活,无比自然。我们或许从许多年前,便肩负了日常生活中的责任,这也是人间自然的不争之理"。这些同我们中国人的价值观念和伦理操守是何等相近![1]

世界公民意识能不能成为来华留学生品德素养教育的依托?世界公民意识也强调了在多元文化环境下形成自我超越,用知识教育、能力教育、态度与价值观教育、行动教育等四个层面去教育学生承担公民责任,这固然符合全人教育理念,但是在京留学生和在美、在欧留学生毕竟不同,任何地域的国际学生都离不开当下生存学习的文化土壤。宿主国的道德资源和价值观念不能不成为其有意无意进行思考和反思的对象。各国的教学载体和知识目标不同,但是这种世界公民意识如何从具体的文化土壤中升华出来,这是中国汉语国际教育的从业者要思考的。国际公德的基本内容是尊重、诚信、互助、慈善、感恩、平等、公平、正义和法治,但是这些精神概念的内涵如何在生活中跳脱出来,进入个体的反省认知系统,这是我们要找到的途径。

中国近些年的媒体改革是如何进行的,我们很难描述清楚。在技术层面上我们可以在专业人士之间解释,但是在普通民众交往中却难以解释,为什么在中国 YouTube 和脸书要翻墙才能用,中国到底在"怕"什么?这对中国学生而言的确不好说明。

我们没有纯粹按照市场商业逻辑运行媒体,我们没有私人的电台和报纸,社会对信息的要求不是随意满足的,这也是我们主流意识形态的规制功能在发挥作用。也有国外学者认为媒体改革增强了中国共产党的执政能力,并没有看到互联网文化放开后政治自由化的趋势。在一些大的事件面前,中国政府和网民在互联网世界中的互动是良性的,各自都在进退之间把握得很好,不是一种零和博弈:政府管得死网民就没有了言论自由;反之,网民充分表达各自意愿就导致了政治生态紊乱。

中国政府很好地承担了网络文化的设计者和引领者角色,而媒体也知道挑战中国的媒体规制与审查制度不如跟国家进行良好的合作,这不仅仅是利益和利润的事情,也是媒体的公共道德责任的自觉体现。

互联网可以跨越边界传播真相和消息,而发布者的政治立场和观点也是非常多元和复

---

[1] 莱纳斯. 男人五十 [M]. 姜乙,译. 北京:新星出版社,2008:25.

杂的,但是并不是造成政府和社会之间有敌意的死对头。中国政府在处理规范网络安全和舆情自由之间的平衡问题上还是很成熟的,这是我们切身的体会,我们的生活没有因为缺少 YouTube 和脸书就和世界脱轨。一些影音软件不符合中国的互联网审查规定,一些恐怖主义、暴力、色情短片的消极社会影响已经是既成事实,即使在美国和英国也会在高校等区域受到限制,我们当然不能随意或不负责任地让这类传播媒介在华落地。我们的官方媒体在对外宣传上是积极利用这些媒介的,"春晚"等节目就很好地利用了这些传媒手段。所以,中国是否允许这些网站进入中国跟言论自由与否毫无关系,但是极易触犯主流价值观和公共道德的危险我们是一定要预防的,何况不只中国一个国家,其他一些国家对信息随意传播也不可能采取纵容态度。

娱乐和愉悦是不同的,娱乐本身如同人类游戏的天性,我们是无法阻止的,寓教于乐也是通行的。娱乐虽然不是一种精神升华,但是总会促使人类活动向娱乐化去转化,让人类尽可能地去用娱乐的方式接受一些事物,从这个角度讲,娱乐化并非是一种退化。每到新年晚会,各高校的留学生节目成为关注的焦点,总能吸引在校很多学生去观看。除了跨文化魅力的吸引,我们总能惊喜地发现留学生会将一些严肃或沉重的话题用娱乐化的方式呈现出来,比如教师上课的情形、学生之间讨论文化的场景等。久而久之,娱乐被接受之后,很多文化现象就成为一种高度的文化自觉。

在华留学生中有很多人能熟练使用微信"朋友圈"功能和"抖音"等视频播放软件,也很自然地乐在其中,至于一些人对用不上"脸书"等软件耿耿于怀,完全可以公开地大大方方地告诉他们我们的理由。中国主流文化的整合能力非常强,我们不可能在互联网领域听之任之地看其发展,那也是不负责任的表现。任何国家的民间和中下层民意该如何表达,也是政治教育和网民自我成长的重要选题。互联网领域的自由问题不是什么民主问题,任何政府都有责任去塑造网络生活。这个过程不是对抗。以我们抗击新冠肺炎疫情为例,有少数谣言传播者并没有造成很大的社会危害,这就是已经形成的主流意识和绝大多数民众在互联网生活中的成熟和自律规范出来的结果,民众表现出了跟党和政府同心同德,以理性和非凡的勇气与牺牲精神赢得防疫战斗的胜利。互联网在对民心、政府的协调中表达了整体向上的精神和力量,这是一种新的政治自由,是国家和社会的双赢。一些高校也组织了留学生在公众号上传达他们跟中国站在一起抗击病毒的决心和信心,这对中外青年充分感受中国的互联网文化都是一次很好的经历。

不可否认,信息技术有破坏社会交流和发展的能力,也有歪曲正常交往形态的负面作用,但是来华留学生所接触的中国高校大学生有能力和技术获取数字信息资源。真正平等的互联网交流和讨论,也是良好人际交往的开始,来华留学生很快也可以感受到,在中国的互联网生态是健康发展的,我们在享受网络生活,在这一领域我们不是封闭的和偏执的,中国社会跟国际是相通相连的。

1.4 隐性文化的力量

2018年开始，北京第二外国语学院的首都对外文化贸易研究基地开始关注在京留学生转化为中华文化传播主体的路径研究，借助北京的文化定位和文化资源优势，希望在京留学生的文化教育成为规范的操作，也将中华文化传播转变为一项主要任务。但是由于我们的跨文化传播研究起步较晚，加之我们在文化传播方面的弱势，使高校对在京留学生教育只能专注于语言教学和一般的跨文化生存教育，无暇将在华国际学生转化为中华文化传播的主体，在这方面我们"自觉"较晚，"担当"更迟。在京留学生是首都文化传播重要的主体力量，这支"走进来"的文化受众如果能成功转化为传播主体，对北京的"国际交往中心"建设将起到重要推动作用。

中国正走在民族复兴的路上，在全球化视域下，伴随着中华文化走出去和人类命运共同体的建设日益紧迫，另一个命题进入我们的高等教育视野，那就是对外文化贸易中，无论是市场培育还是消费培养，都离不开"人"的因素。人是文化认同并进行文化消费的最终主体，我们的文化贸易离开了文化消费主体的培养，就无法谈及文化贸易的进行。如何在文化自信和文化传播的视域下，充分利用在京留学生的教育培养平台，使之成为未来中国文化贸易的隐性消费主体和隐性市场开拓者，是一个紧要的研究任务。

首先来看留学生作为文化贸易的隐性力量的样态分析。

对外文化贸易的促成因素有很多，除市场直接营销行为以及贸易政策等合作谈判的显性行为之外，消费主体的培养和文化市场的形成等内隐因素可以统称为隐性力量。由于文化贸易不同于日常经济消费，我们很难确定哪些人群会成为未来消费主体或客户，而这些以人为主体的隐性力量却是促成文化贸易的主要力量。

从客户消费角度或引领消费的角度上看，可以将来华留学生界定为一种"样态"，之所以用"样态"而不是"形态"，是借用康德哲学逻辑理论中的一种新范畴，表明可能与不可能、偶然与必然存在的一种价值判断，也可以理解为一种尚未确定的形态。"样态"具有实体状态，也具有抽象的客观存在。在本类研究中，我们对近年的中国文化贸易的发展趋势和壁垒都做了大量的分析，对未来策略也做了各种考量，但是还没有进行将留学生国际培养同未来的文化贸易发展联系起来的研究。

根据教育部的统计数据，2018年，在全国高等院校中学习的留学生共有49万名，连续两年内，规模增长率都超过了10%。在各类留学生中，学历生有25万人，所占比重为52%，同比增长率为15.04%，首次超过非学历生。硕士和博士研究生的总数约为8万人，增长率为19%。"一带一路"沿线国家来我国学习的留学生规模达到31.72万人，在总人数中占的比重为64.85%，增长率为11.58%，大于各个国家的平均增长率。来自"一带一路"国家的留学生中，获得中国政府奖学金的人数达到5.86万人，在总人数中占据11.97%的比重。获得中国政府奖学金的留学生中，学历生占88.02%，其中硕士研究生和博士研究生一共占 69.57%，相比 2016 年增长 20.06%。2019 年"一带一路"沿线国家来京留学生人数占 50%。他们具有"双文化"或"多文化"背景，是真正的具有国际视野的复合型人才，他们了解双方市场结构、消费者偏好和商业规范，对降低当地居民对中国文化产品的"文化壁垒"和"摩擦成本"会起到积极作用。但是这些作用会表现在文化消费的各个环节上，按量化统计很难说明在具体的贸易环节中有多少贡献率，但是通过实证我们可以看出这些积极作用的显现。

如果没有潜在消费主体的隐性推动，在文化贸易市场中每个国家的文化符号和知名品牌就难以发挥作用。近年对中国文化符号海外传播研究的总体归纳是：中华文化符号整体国际影响力不强，海外民众认知覆盖率低，除长城外，所有中国文化符号的民众认知度不超过 50%，北京大学、清华大学在德国的认知率不到 1%；中华文化符号在不同国家认知率差异较大，主要集中在长城、太极图、龙、汉语、武术和中国菜，其他则相当有限。总体上看，我们的文化符号在助推中国企业进行海外投资的进程中，在展现"和谐"的国家形象影响力方面远远不够，致使企业得不到本国文化资源的支持。

我们的文化能提炼成文化符号的并不多，中华文化大都积淀为历史思想，在文化消费市场上并无突破性的文化产品。来华留学生如果能将在中国养成的文化消费带回本国，并保持持续消费，便是未来文化贸易的生力军。以中国文化符号传播最广的书法为例。迄今为止，文化贸易中的书法文化链还没有铺就，以书法文化传播不可谓不久，但是即使这样我们还没有形成一个海外的消费市场。书法文化消费还需要持续打造，内里是连续的汉字审美和中华艺术修养课程，外接是各种书法和汉字比赛，使留学生从讲述主体变为消费和传播主体。以河南安阳的汉字国际比赛为例，地方政府将文旅结合上升到一个综合高度，每年请世界知名汉学家、国内著名教育家和来华留学生共同设计和打造一个国际汉字盛会，从"讲汉字"的比赛到智库等平台论坛，再到工艺美术的创意设计，都是有的放矢地要将汉字推向国际。这是"重装打造"，未来其衍生的文化贸易附属品肯定不只是"汉字消费"。贸易行为不是我们文化传播的宗旨，但是如果没有文化贸易伴随，文化交流也必将是虚幻的，因为没有文化市场的赋能，这些文化交流都会成为偶然的样态，不会持久。

其次，要认识到我们的对外文化贸易缺乏民间隐性力量的推动。

中国文化贸易发展正逐渐向"一带一路"沿线国家偏移，对这些国家的文化领域进行多层次、多领域的合作发展，也成为中国文化产品和服务进入新兴文化市场、探索文化市场潜力的重要路径。"一带一路"建设对我国海外文化市场开拓提供了契机，有利于我们突破"文化围城"。近五年来，25 个沿线国家与中国贸易往来不断扩大，已经成为我国最大贸易伙伴群。2017 年 5 月，原文化部下发《文化部办公厅关于征集 2018 年"一带一路"文化贸易重点项目的通知》，"一带一路"沿线国家的文化投资和基础设施建设、数字文化产业营销推广、文化创意和设计产业营销推广、演艺工艺美术文化旅游等产业营销推广、文化装备营销推广、文化贸易人才培训、对外文化贸易服务平台建设七大领域成为政府推动下中国对外文化贸易发展的核心发展领域。这些营销推广虽然有了政策驱动和政府支持，但是依然缺乏富有活力的民间资本参与。

这种民间隐性力量在留学生身上可以表现为以下三种形式。

第一是留学生可以参与文化企业的工作，并成为文化生活的消费者。

从文化贸易未来发展的角度细分来华留学生群体，有两类人群值得我们持续关注。一类是学成归国后到当地的孔子学院和孔子课堂从事汉语推广和教育的留学生，一类是在华从事艺术、文化专业学习的人。前者在孔子学院的语言和文化教学工作直接反哺于中国文化贸易的民间市场；后者在专业领域成为贸易消费市场的精英引导者。据教育部官方统计，从2000年至2009年这十年间，在华留学生艺术和文化专业学生总计为15 000人，从2010年至2019年这十年间据不完全统计，增长人数应为150%，即近十年已接近4万人。在北京的中国美术学院、中央美院均有艺术汉语课程和中国画专业课程体系建设。这4万人中不包括从事影视专业、中国民族音乐和戏曲表演专业的学生，可见，来华留学生艺术人才的培养也是中国对外文化贸易发展的生力军。根据2017年中国对外文化贸易海外投资达198.6亿美元推算，迄今应该达到了200亿美元的规模。2019年，我国企业在全球90个国家设立各类文化产业企业应该达到1000家。安徽出版集团在波兰设立了出版公司，北京求是园文化传播有限公司在格鲁吉亚投资成立了出版社，这些都是有市场挖掘能力的先行者，他们的企业急需来华留学生回到本国后加入其中。

以常规的文化贸易产品如动漫、游戏、版权和影视剧为例，这些都需要大量的市场受众，并需要一部分精英消费人群的指引。来华留学生在未来就会转化为我们海外文化市场的精英人群。他们的忠诚度和情感是经过留学生活培养起来的，他们比一般消费者更懂得文化产品的内涵和衍生意义，是最好的文化商品中介和"生活代理商"。

在消费群体的培养中，我们对来华留学生已经进行了长线的投资。以茶叶为例，茶叶并非文化产品，是文化行为附带的边际产品。大部分留学生都有茶文化的体验课程，都有品茶买茶的文化生活经历，他们也是"卖茶"的最好广告代理。他们并非一般的游客，因为一般游客不具备文化产品"代购"能力，而他们在华生活的经验是从感性内化为理性的。

海外华人是我们海外文化市场有力的消费者，在中国文化产品消费上，未来的来华留学生群体也应该不亚于海外华人。我们缺乏专门的国际文化市场开发和营销的国际人才，以前依靠华人分布较广的美国和西欧地区，现在随着"一带一路"建设推进，中国培养的当地留学生可以成为该国国力资源和创新能力的储备，进而优化我们的海外文化贸易投资环境。

第二是留学生成为隐性力量促进OFDI（Outword Foreign Direct Investment，外向型直接投资）呈正向发展。

生产要素在国际间的流动是经济全球化的显著特征，近几年有学者开始关注人力资本在国际教育之间的培养问题。如何推动外商直接投资FDI（Foreign Direct Investment）的发展成为研究课题。来华留学生教育可以成为中国OFDI的新增长点和可持续发展的推动力。有案例研究表明，非洲40国有留学经历的最高领导人对其留学国家OFDI有明显促进作用。研究结果显示，留学生回本国后对投资母国向其所在国的OFDI产生巨大的推动作用，发现他们在投资母国留学期间建立和培植的社会网络在其回国后仍然活跃。有学者运用数学计量模型来设定，用固定效应模式来测算来华留学教育的变量是否对OFDI有正向影响。在设定的方程式中，加入来华留学生变量后，方程能更好地解释中国对外投资规模增长的原因。诚然，公式计算显示来华留学生规模过小时，来华留学生的网络效应难以形成，这是可以理解的。而且很多"一带一路"国家的留学生回国后的反哺效应还有一定的时间滞后性。无论该机制在公式中是否有效，来华留学的教育培养对文化贸易的影响都一定是正向的，也是从当今开始要引起重视的重要因素。研究显示，用提高中国政府奖学金的政策来推动OFDI的效应并不好，最佳路径是国际留学生的自发流入，过多的人为干预并不会产生预期效果。所以我们还要加大首都的文化中心建设力度，使未来的国际人才能够真正心怀向往与憧憬，被中国的魅力所吸引，而并非为短期的功利留学收益而来。

第三是这种隐性力量表现为一种文化的中介或中间人。

经纪人就是这样一种文化的中介或中间人，在文化产品贸易出口中发挥了相当重要的作用。我们的历史文化形成了文化精神和历史积淀，但是当代创新文化产品要想开拓国际市场，必须在未来有相当数量中西文化的摆渡者和经纪人，他们深谙跨文化传播并富有智慧。这个中间人的培养需要过程，而后备军无疑是来华留学生，他们未来要成为中国文化产品的消费者、创造者、摆渡者、经纪人。我们的文化产品在宣传推广上依然是短板，销售力量极其薄弱，把握不住消费机遇。目前这个文化中介群体虽然没有形成，但是有一部分来华留学生已经有了这方面的意识。

在京留学生的文化视野普遍比中国地方院校的留学生要开阔一些。在教学中我们接触到一些从事文化贸易的留学生的案例。如俄罗斯留学生阿丽莎，专业为汉语国际教育硕士，在北京从事短暂的生物制药推广后，开始尝试中国电视剧海外俄语配音的工作。依靠纯熟的汉语，对俄罗斯的配音演员进行情感和文化的讲解，然后使他们给中国影视剧的配音更有艺术感染力。波兰留学生傅珠丽，在京从事波兰和中国的电影与舞台艺术的交流工作，借助使馆的资源和自己的汉语优势，从活动翻译做起，再加之对中波两国的舞台剧市场都熟悉，先后引进过波兰舞剧进京，也介绍过北京的文艺团体赴波兰演出。在调研中，她说："三年中，我感觉到中国开始对一些像波兰的小国的艺术感兴趣，中波交流项目比较多，但是不是常态。每年都有一些波兰音乐队还有交响乐队来，每年一个或者两个大学都会有波兰电影艺术家来讲课等。我们波兰文化中心和大使馆每个学期大概有十来个年轻人来工作或者进行翻译实习。"这样的个案我们很难搜集，但是从她们的留学和工作经历来看，的确是直接参与并从事了中外文化贸易，但是同时也说明，北京所搭载的文化贸易平台还缺乏大量的类似人才，来华留学生的实习实践可以在这方面下功夫。

出版中介机构的发展水平是出版市场繁荣的重要指标，国内市场需要大量的专业出版中介人才，海外市场更是如此。2008年开始，《于丹〈论语〉心得》在海外发行时，中华书局就聘请了专业的海外中介代理公司;《狼图腾》的策划、《尘埃落定》的出版，都是当代中国文化向西方市场传播的成功案例，其中出版中介和经纪人起到了很大的推波助澜的作用。

中国传统文化中的造型艺术在海外的传播已经积累了一定的经验，从"送出去"到现在的"卖出去"，文化中介在其中起到了传媒介绍和艺术批评引荐的作用。艺术中介和艺术中介体制已经成为艺术文化传播的主体，同海外客户之间能形成互动主体的只有艺术中介群体。艺术中介所写的传播文章是文化市场推广的最佳广告。在艺术品外展中，海外华人是传统客户，但是回国的来华留学生群体日益增多，随着他们在本国内的社会地位和经济条件逐渐提高，他们在中国留学期间所受的中国文化教育开始逐渐起到社会扩散效应。近5年来"一带一路"沿线国家共有50万留学生来中国学习汉语，他们突破了汉语的语言障碍，又熟知中国青年的时尚特点，对海外中国文化商品的市场价值是最了解的。

消费的社会属性和意义满足了我们人类的各种需求，文化消费也是一种文化生产性活动，是注重社会参与的体验活动。如果来华留学生不能带动中国未来的文化贸易市场，那我们的文化不可能走出去，因为市场和消费是文化传播的"两只脚"。

那么我们如何培养这种隐性力量？

在文化贸易人才培养上，很多学者都提出了要注重专业人才培养，支持鼓励双方企业和院校交流互访，形成人员定期交流机制。依托高等院校，建立并完善文化贸易专业构架及文化贸易课程体系，打破以语言为主的专业格局，对翻译和跨文化人才的培养输送实现精准投放，实现文化贸易人才孵化。对国际学生的培养更要注意人才培养的升级，从语言学习逐渐向这类实践型专业发展。这些研究都为我们国际学生的培养打开了新空间，让我们看到了中华文化国际传播的进程中从贸易到投资领域、从教育到文化交流等各个层面的综合协作。这是一个刚刚开始的系统工程，因为人才的培养是一个事物发展体系的最高架构，必然能带动整个文化贸易产业的升级发展。

来华留学生将构成未来的服务交流平台创立的重要力量，但是我们的对外文化贸易对策上远没有关注到留学生群体。对外文化传播是促成文化贸易的前提，也是最有成效的第一结果，虽然不是最终目的，但是传播如果带动了文化贸易，那就是最成功的传播。

我们不断地意识到我们的文化贸易缺少前沿人才，而目前的来华留学生群体就是最好的人才储备，在人才队伍建设上是素质最好的一批。

"一带一路"倡议实施后，有学者研究表明，教育交流促进了我国对外直接投资，孔子学院对中国直接投资的促进作用不再显著，而来华留学生的促进作用变得更大，尤其是与相对落后国家的教育交流。对来华留学生的培养缓解了非正式贸易壁垒对经济活动的负面影响，减少了投资成本，在文化贸易方面也就等于减少了"文化折扣"。在以往的经济贸易中，华人网络对中国外商直接投资起到了积极作用，在中外之间建立了信任网络通道，减少了跨文化障碍。2015年后，我们的高等教育为"一带一路"政策落地提供了人才方面的支持，教育部国家留学基金管理委员会加大了对"一带一路"建设国家生源的奖学金投放力度，以期这些国家的来华留学生可以成为未来本土化中外交往的人才。巩雪、熊峰（2018）针对来华留学生与我国对外投资效应之间的关系进行了研究，并提出来华留学生可以形成良好的社会资源的观点。还有学者将来华留学生作为社会流动要素进行解释和观测，例如，魏浩、陈开军（2015）将来华留学生作为国际流动人才，用中国省份面板数据分析了来华留学生流入对中国出口贸易的增长影响，提出国家之间的教育交流活动可以有效地促进双方经济贸易活动的进行，降低贸易活动的成本。谷媛媛等（2017）将"一带一路"沿线国家作为研究对象，对来华留学生与我国对外投资活动之间的关系进行分析，得出结论：来华留学生对于我国对外投资活动有显著的促进作用，但是促进作用显著的程度受来华留学生母国与中国之间的距离影响。岳敏（2018）基于中国在44个沿线国的投资数据，通过格兰杰因果检验得出来华学生数量的增长对中国在东道国的直接投资推动作用显著，且要过大概两年时间彰显这一作用。目前我们没有发现首都对外文化贸易的增长同在京留学生之间的关联研究，但是以往的上述研究在学理上奠定了我们的研究基础。

北京语言大学设有书法本科专业，并于2018年成立了中国书法国际传播院，充分利用了汉语国际教育的各种资源和优势，在文化传播上下大力气。这可以说是文化贸易在人才培养上最切实的一步。

从2016年开始，教育部和孔子学院总部推出"孔子新汉学博士"培养计划，从"语言、文字和艺术"人文专业来分成8类，共计100个课题研究，旨在培养未来高端人文类人才。从明清时期的文学艺术到中国佛教绘画，从中国流行文化到电影和当代文学艺术，已有近700名高端人才在所选择的课题领域取得研究成果，这些人才组成了我们文化贸易发展的重要人才库。

中国文化中心从2014年的18个，到现今已发展到近50个，这些文化中心在世界各地提供中国文化艺术信息服务，开展文化交流活动，向世界人民展现了当代中国人的艺术文化生活。

中国文化贸易的主要商品多集中在附加价值较低的传统文化产品领域，而以知识密集型或技术密集型为主的文化产品与服务领域内，其核心产品与服务的份额较小，且核心文化产品和服务的贸易竞争力非常弱。孔子学院只是国际文化交流中的一个获得官方支持的行为，不可能支撑起海外中国文化的巨大市场，有学者认为孔子学院在海外文化贸易中有重要作用，要将孔院模式变成战略发展模型，这是言过其实的，也是方向上的错误。孔子学院对汉语和中国文化传播有一定促进作用，但是不能夸大其功能，更不能将其视为中国软实力的指标。我们的重点还是要培育真正的民间文化认同，这才是未来对外文化贸易发展的最佳土壤。而来华留学生的培养才是形成文化双向、均衡交流和传播的新格局的新推力。我们的来华留学生教育在规模上还要扩大，在管理模式上还有很多变革的工作要做，这些都会对我们文化的开放体系做出有益探索。只有文化由里向外地发展，文化产业才能外溢，这是我们文化贸易的真正活力所在。

中国在"一带一路"沿线国家的直接投资项目主要分布在电力工程、交通运输以及通信工程等基础设施领域，因此，相比之下经济发展水平较低的东道国对中国的直接投资有着更大的需求。但是目前还没有测算中国在对外文化贸易方面的模型公式，因为文化贸易产品的交易本身界定就非常宽泛，影响因素可能比基础设施的投资和交易更为隐蔽和复杂。

我们是文化货物贸易大国，却是文化服务贸易小国。"走出去"的平台、渠道和路径都不通畅，这个瓶颈也要借助来华留学生的力量。我们的中介机制也不发达，而且面临人才风险和人文风险，这些也是面对"一带一路"国家的文化贸易产生变量的重要因素。

近年来，诸多学者开始关注到人才的跨国流动对经济贸易产生的一系列影响。来华留学教育是有效缩短政治距离和文化距离的和平举措，在后金融危机时代，依靠未来民间人才的交往来消解这些贸易摩擦和负效应，是我们对外文化贸易要着力解决的问题。我们希望越来越多的来华留学生回国后会使我们的海外投资与文化贸易环境变得更有利，用人缘的力量克服地域差异和文化差异。在京留学生教育是中国来华留学生教育的前沿，对国际学生的人才培养在中华文化传播上要下大力气，而高校应有意识、有方向、有责任使他们成为未来首都对外文化贸易的隐性力量，在该领域，在京留学生培养应该成为全国来华留学生教育的先锋。

1.5 高校的使命担当

2018年8月27日，教育部等三部委联合发布《关于高等学校加快"双一流"建设的指导意见》，提出"双一流"建设应"拓展学科育人功能"，我们的来华留学生教育在育人功能上是极其不足的。拿什么来教育来华学生？对中国本民族学生的教育我们有健全的思政课体系，而对于来华留学生我们的育人教育资源还没有定位好。

在京留学生的地域人文资源在中国具有代表性，各个高校在文化实践教育的探索也日趋深入，但是离我们理想的教学成效还相差甚远。比如，一些留学生到了研究生阶段还有弃考的现象，而且连招呼都不打，请假的基本意识都没有，拿着奖学金却对中国高等教育毫无尊重，对这种情形我们是没有心理预设的。这些学生在自己国家绝对不敢这样轻率地做出违反校规的行为，但是在中国很多人就给自己选择了另一条成长之路，摒弃周围的文化环境，只按照人性的最基本感觉或最轻松原则去处理事情。

而我们的教师也相应地分成了两类，一类听之任之，认为自己只负责教学；另一类则尽心尽力，认识到了学生学能的欠缺是心智素养的问题，在不断地用自己的人文关怀和中华文化的大道去感染学生。

我们依然存在没有充分利用好课堂教学的问题。我们的教学内容还比较单一，对目前中国的发展和我们要做的、要解决的事情和任务没有诠释清楚，对中国文化在各个场域的宣传和讲解力度还不够，当然有些正面的事物国际学生已经亲身体验到了。他们在课堂之外或互联网消息中可以解读中国社会的发展，可以感知到中国在全球治理中如何在发挥作用。来华留学生群体之所以重要，是因为他们本身认为中国在世界未来发展中是重要的，对于这样的群体我们的课堂教学如果只局限于语言生活的日常交际学习，那就是对文化传播资源的最大浪费。

中华文化传播的语境受到一定限制，这也跟我们的人文环境有关。消费主义席卷全球，工具理性主义和消费文化在高校校园中早已出现，这些气息在学生的人际交往和师生关系中也开始弥漫。从中国大学生的订餐文化现象看，购买不必要的服务的消费心理和提前消费等文化均不是我们所倡导的道德标准。但是我们又不能苛求市场，市场逻辑和商业服务体系中提供这种服务似乎没有什么不对，即花钱购买服务是顺理成章的。可是反观这种消费生活所隐含的生活准则，我们发现消费文化已经改变了校园文化。我们不是抵制校园消费，但是订购像奶茶、咖啡等外卖是不是一种过度消费？很多学生为了打游戏已经没有去食堂吃饭的时间了，如果高校允许外卖进入校园，学生们就会在宿舍门口等，进而在房间等着外卖送到他们的电脑前。这种消费所传递的文化只能是低水准的商业便捷，跟我们的大学精神并不符合。何况中国大学校园中的一些过度消费群体已经引起了嫉妒和仇视，这和校园外的社会炫富如出一辙。

中华文化传播的命题要坚定地做下去，可能这个词过于"重量级"，甚至给我们带来了一些憧憬，但是如何在实践中去实现，也要靠每一个高校教师的意志力。以往这种文化传播的重任都被认为是属于高校从事汉语国际教育的教师或管理人员的职责，但是现在由于各个专业的来华学历留学生正日益增多，很多管理专业、商学院和MBA以及理工科专业的留学生也越来越多。这些来华学生一般没有汉语基础，英语的学术语言也并未都过关，直接就在这些院系跟中国学生进行趋同化管理，教学语言为英语，他们所面对的跨文化适应困境要远远多于汉语言专业的来华留学生。而相对应的是，由于没有专门的汉语课程，他们缺少专业的汉语教师的关心，这些院系的辅导员或任课教师往往不像对外汉语教师有更多更人性化的留学生管理经验。这种局面也说明，对来华留学生进行文化传播教育不仅仅是对外汉语教师的职责，目前也成了很多高校非汉语言专业教师的使命。每个高校教师的跨文化能力和潜力都面临着新的国际教育的挑战。

我们不要强加于人，但是如果发生文化冲突要如何解决？现有的校规和纪律制定能不能涵盖各种事件的处理，这是我们要着手解决的。每个冲突的背后都会涉及国格和具体人格尊严，面对中外师生矛盾的激化，我们不能简单地用奖学金的取缔来解决这类问题。

将来华留学生进行中外趋同化管理，这个原则的规定并不明确。有人说趋同化管理可以使外国留学生跟中国学生一起建章立制，行为准则就可以明确地提出。但是国际学生毕竟是外国人，首先国际学生的语言障碍就形成了宣传教育的天然屏障，那么简单地附上对方语言翻译就可以了吗？也不尽然。趋同化管理首先就不尊重国际学生在语言上的缺陷，忽略了语言生活对个体生活世界的支撑作用。其次，每个来华学生的心智结构都受母国的影响，其性情有共同性也有个性化特质，我们对中国学生的要求在很多具体的解读中都不适合指向国际学生。在当下，趋同化管理模式要谨慎操作，还要有更多个性化的政策管理去指向特定目标。

我们目前对中华文化传播的具体纲领、目标和内容方式都没有确定下来，世界公民意识教育能否是一个有力抓手还得靠实践去验证，但是应该去实施。现在的研究很多都无法深入下去。表现在两个方面，一是理论探索避重就轻；二是实践问题只说方向，不说具体操作。从教师的角度来讲，对来华学生的教育也要有韧性和耐心。韧性是指教师不怕受挫，克服消极从教心理和事不关己的知识传授型教学心态；耐心是指要有"深耕细作"的精神。我们很多针对国际学生的文化教学实践都经不起推敲，成效上也经不起验收检验。

教师对所有生源国文化都要有比较精确的文化把握，这需要一定教学时间的考验和自我培养。不同于本国教师面对本国学生，国际学生教师自身的跨文化能力和意识不是仅仅通过知识培训就可以完成的。即使在知识和教学意识上是成熟的，其本人具有真正的平等和尊重他国学生的精神也是至关重要的必备素养。只有具备良好跨文化交际素养的教师才能教出未来我们国际社会中的朋友和人脉资源。

我们的价值观和社会理想可能很难让全球普遍理解和认同，但是对来华学生来说我们是有教育机会的。在我们找到合适的、准确的话语来表述我们的"中国价值"和"当代中国核心价值"时，我们需要一批成熟的师资去讲述。

西方盛行的新自由主义在中国演变成了一种 GDP 主义。随着各级政府的经济建设的功利发展，中国社会的各个微观层面也浸染了货币化和商品化的气息，在绩效模式的影响下，这种气息也广泛地进入了教育领域，尤其是高校的教育科研领域也有了消费主义倾向。人文精神和学术的发展可能跟绩效统计或消费主义有些远，但是在当下却直接或间接地对中国高校的师生产生了影响。从社会学上讲，这里有个简单的逻辑发展，同美国的新自由主义发展类似，GDP 主义在中国对经济建设的贡献不可否认，但是也同样造成了对中国社会刚刚形成的脆弱的中产阶级的伤害和打击。找到高薪工作或进入中国体制内保护的稳定职业，或解决一线城市住房问题以免沦为"房奴"和"孩奴"，这些心理诉求成为高校大学生求学和专业选择的功利性人生任务，这对高校精神和人才培养的目标达成都形成了暗流影响。

如果有健全的社会保障机制与政策可以缓冲资本市场带来的竞争后果，可能对高校的人文精神有所保护。但是我们的社会福利还没有达到发达国家的水平，那么我们的中华人文精神在这一代人身上就要发挥社会的整合作用，无论是我们的课程思政还是文化教育，都应该减少青年学生的焦虑和乖戾之气。鸡汤文化不是传统文化，也形成不了公共道德和价值标准。如何让每个人感受到美好和谐并自觉地在文化自律上尽到公民责任，而不是法律严压，这是一个很难解决的终极问题。中国社会同任何高速发展的经济社会一样，也存在失序的危险。我们的社会生活中已经出现越来越多的错位的镜像，这是警示，也提醒我们要避免陷入"中等收入陷阱"。我们的国民教育、就业和医疗保障等社会功能也面临着考验。这些都不仅仅指向政治，也指向了我们文化的生命力。

汉语教学的实质是"国际理解教育"，"理解"是"教育"的前提，将教育融入理解当中，使课上课下教育转化成"国际社会情感的沟通"。①无论是我们讲故事让对方听懂，还是他们来演绎我们的故事，首先要汉语过关。中国传统和当代文化如何浸润融合在教材的文本中，一直是大命题，需要教师掌握文化和文本之间的奥妙。

外语教学与研究出版社在 2021 年举办了一次中华优秀传统文化素养与思政育人能力提升研修班，笔者和组织者做了一次"学前自评与学习需求"调研。整体情况如下：研修班学员来自全国 53 所院校，约 100 位一线教师。其中，70% 为外语教师，教授课程为大学外语和对外汉语教学的各占一半；其余 30% 的学员教师学科背景比较多样，教授的课程包括翻译、德语、日语、马来语、高等数学、审计、中外服饰、大学语文、跨文化交际、中国文化概论（英）、英语畅谈中国文化、英语趣谈中国文化等。本期研修班主题是"中华优秀传统文化素养与思政育人能力提升"。对已报名的学员进行了学前调研，收到有效问卷 75 份，调研结果整理如下。

调研想了解教师在将中华优秀传统文化融入课程教学过程中遇到的主要困难，访谈和文字结果大体如下：

（1）教师自身文化知识储备不够，尚为教学新手，缺乏文化讲解入门的基本训练，由于知识储备单薄，感觉无从下手；对中华文化中的特有概念、术语的表达和理解不够坚实，哲学和教育学的知识结合不足，自身对中华文化了解掌握不够、缺乏系统性了解。

（2）想提升自己的教育教学方法，不知道怎么把中华文化融入课程教学，很难寻找到二者的契合点；如何用更有效的教学模式让学生有趣、有料、有获地学习。

（3）如何将优秀传统文化和课程专业教学内容更好地进行衔接，捕捉中华优秀传统文化与英语课程教学的有机结合点，有效融入，有机融入，不落痕迹；对思政元素把握不准确。

（4）中华传统文化博大精深，主要的融入点有哪些？千课一面，大家融入的点很相似，没有完全领悟内在关联，融入什么内容能和教材相辅相成。

---

① 2021 年 11 月商务出版社举办的国际中文教育论坛中陆俭明引胡范铸语。

（5）缺乏好的教材、教学资源不足、相关信息化资源和平台较少、教学材料不足、课程教材不配套。

（6）尤其是在面对西方文化时，如何对比中国传统文化；传统文化如何用英语顺畅教授，且让学生顺畅表达？对于小语种科目来讲，是应该寻求两种语言之中共通的思政部分，还是应该通过对外语的学习，来反思我们曾经学过的中华传统文化中的精华？比如对中华优秀思想的传扬，这一点是否也算是将思政教育融入课堂呢？

（7）如何分配课堂时间？融入以后，可能占用课时，无法完成原定教学任务，课程对应性及课时时长不够、课堂时间怎么合理分配，在有限的课时内讲授中国文化的精髓的功力不足。

（8）如何解决与学生互动的问题？学生共鸣少，如何用学生的语言方式有趣融入并互动，如何在兼顾理论深度和课程需求以及教学目标的同时，更生动自然；教学步骤的设计方面如何适合青年大学生的特点。如何设计有效教学活动以调动学生兴趣，将思政与当前时事及学生需求有效地结合？

若将以上调研再简化归纳，那就是不知己不知彼，既不了解自己的文化也看不透西方文明的逻辑；不了解学生也不了解自己该如何面对学生；不了解教学规律也不清楚教学目标。

我们又将调研推动了一步，面对这些困难，教师作为文化传播主体如何解决上述问题？整理教师们的建议和方法如下：

（1）就教师如何提升对中华优秀传统文化内涵和精髓的解读能力，希望专家指导并给出一些建议，同时介绍一些优秀的传统文化与英语课程。

（2）希望专家讲授传统文化与现代文化的对比；传统文化与西方文化的对比；怎样使传统文化与现代社会联系起来，让学生在学习的过程中建立正确的价值观。

（3）希望专家指导时融入具体的途径和办法，如何真正做到润物细无声；多了解优秀教师将中华文化融入英语教学的案例；有效地将中华优秀传统文化融入外语思政课程，建设相关思政或美育类慕课课程。

（4）希望从国家层面整合和建设较为全面、高质量的中华优秀传统文化信息资源库，以便教师选择教学内容和进行教学设计；资源库应包括系统化的、立体化的、多模态的文化资源，具有操作性的、步骤清晰的教学方法，易于模仿的课堂示范，比如教学用中英双语视频资料课件、案例等。

（5）专家建议如何面向留学生进行有深度有探索性的而非过于表面肤浅的文化教学，尤其介绍已经实践过的教学案例相关文本资源并附带相关文字、音频视频资料的素材与示范；如何查找线上免费资源推荐并提供具体的教学设计和教案分析。

从以上收集的教师们的解决策略来看，无论是外语教师还是汉语国际教育的教师大都是"希望专家给出建议"，并希望找到资源库或案例，甚至要求给出教学步骤分析和范例解读。这些都是简单的拿来主义,没有通过实践教学摸索出的经验和尝试的路径,反映出当前很多一线教师对中华文化传播有教学自觉但是无从下手的困境。在我们眼中,外语教师和汉语国际教育的教师们应该是最熟悉跨文化交际领域的,对中外文化对比应该比其他专业教师更具有独特的教学理解,如果他们都束手无策或只等待现成的案例库建设完成,那可以想象其他专业教师所遇困难到何种程度。

在这个新时代或"百年之变局"中梳理中国文化是一个重大命题。哪些传统文化值得梳理?中国人的审美、价值、道德和智慧是如何反映在社会生活中的?国人自身可能感受不到,但是国际教育的力量是巨大的,可以起到人际传播的作用,全体国民都应该认识到国际教育跟我们发展的利益关系。

有人说中国整体的人文社会学的时代已经到来。甘阳认为,中国必须在坚持中国现代社会主义文化传统和中国古典文明传统的基础上,才能发展出自己的文化自由,坚持中国现代社会主义文化传统是坚持中国古典文明传统的前提和条件,这两项同时也是中国软实力发展的资源。审视我们宝贵的传统经验,甘阳梳理出了三条脉络,一是中国的儒家文化传统;二是新民主主义革命和新中国成立后毛泽东时代的民众的平等与参与;三是人民群众在改革开放后对中国社会主义市场经济的信任和对自由美好生活的追求。这其中要注意的是,儒家概念在中国并不是宗教,西方人听起来也很友好,要对国外或来华留学生强调,这是一种深藏中国人灵魂深处的教育机制,建立在生活日常伦理和人情基础上的仁爱系统。这些话语有时候我们自己懂,但是并未进行有效的对外讲解。

本书将在后面章节针对以上问题给出一些案例分析。这些案例都是有益的实践尝试,是教学团队通过自编教材和国际学生的课堂及作业反馈一步步观察得出的经验总结。

1.6 来华国际学生的管理

有些国际学生对当下中国的社会氛围是有感知的,在面对疫情防控等重大社会议题时,也会写出个人的猜测,比如认为冬残奥会结束后入境管理会如何、北京的两会召开等节点对他们的来华留学入境是否有影响等。具体反映在高校的行政管理中,他们也能感受到中国高校的行政管理是自上而下的,有政策的普遍性和特殊性,这当中有执行力高效的一面,也有形式主义的东西。当然这些心态和猜测在一般交际中他们不会表露出来。

很多高校在一些校园文化活动中为了突显国际化色彩,充分给予国际学生亮相和表演的机会,这些策划是可圈可点的。这些活动不仅激励了国际学生参与中国主流文化建设的热情,也强化了他们在中国高校校园文化生活中的存在感,同时也使中国学生未出国门就感受到了异国青年的文化气息。但是操之过急或操之过多,也会带来"疲倦"。一些国际学生也有过类似的抱怨,因为他们能清楚地感受到我们有些活动要明显的"西方脸",冷落了"亚洲面孔"。事后的宣传照片的高光总是有所偏向。对中国师生而言,非洲同学只能表演群舞展示他们固定的审美倾向，而深度的中外学生交流和合作就很少有师生愿意去做。还有另一种极端的，让某些国际学生去生硬地喊出"中国共产党好"，相比他们深情自然地说出"中国梦也是我的梦"来说，前者就显得低俗而让人无法接受。

高校的二级学院面对各个国家的国际学生管理难免用"一刀切"的方式，也会自然地表现出像对中国学生一样的家长式的管理作风，认为这是国际教育趋同化的表现。固然这些操作对一些国家的国际学生很有效，但是一些"发号施令"对另一些国家的学生则无效。有时为了统一管理，会对孔子学院奖学金学生和中国政府奖学金学生提出底线要求，如"不听话"会撤销其奖学金待遇等。目前对这些做法我们还不好评判，因为如果享受中国各个渠道奖学金支持的学生的确在"情理"上要承担受教育者的责任，那么施教者也有权利和权力对其留学生活进行管束。

对于几百人规模的来华学生管理，各高校的留学生自治组织或国际学生学生会的组建情况也千差万别，这同该校的国际学生办公室的管理水平和是否有优秀的管理师资也有很大关系。有的高校充分利用国际学生的主体积极性，帮助和引导建立国际学生会，这些由学校统领学生自治的社团组织可以起到意想不到的成效。国际学生中的学生会主席和核心骨干力量的选举与工作方式很值得我们研究。

院系赋权给学生会并提供资源和政策指导，在中国高校中各个国家留学生之间的跨文化交际和友好合作关系就会有很多表现方式，并进而演化出很多跨文化交际的丰富案例。以本人所在的北京第二外国语学院为例，由于韩国本科生居多，几乎占了85%，而本科生在校时间长，所以学生会成员大多由韩国学生担任，韩国学生内部的学长等级文化在学生会的管理中比较有效，因为文化相近，跟中国辅导员老师沟通也比较好，我们认为这种"国际惯例"会一直持续下去。但是2010年到2012年竟然在竞选中有阿塞拜疆的一对姐妹当选了学生会的主席和副主席，老师们都很好奇这个韩国学生占学生会主流的现象是如何被打破的。出乎意料的是，她们管理得井井有条，这对姐妹因为文化和宗教关系，从来不喝酒，也很少参加韩国学生通常用饮酒来沟通感情的聚餐，但是工作成效却很好。由于她们的语言优势还团结了一批拉美和俄罗斯周边国家的留学生。

由此可见，国际学生的自治组织是各国学生公认的优秀分子，也是亲华友华的代表，院校多给他们搭建平台，并进行有力的引导，在跨文化活动中他们就会起到表率作用。这个"小联合国"的国际间平等互鉴的青年文化交流值得我们持续关注和研究。

我们需要更多的具有突破性的探索式的实践智慧。除了课程体系之外，高校的"做"比"说"更重要。

来华国际学生能否感知到中国的主要社会议题和发展走向？这是我们常常关心的问题。他们大多通过本国的主流互联网媒体对中国的重大国策和经济发展进行解读，同时也会结合自己在中国的所见所闻进行分析，当然这些所见所闻更多的是来自中国学生同他们进行信息交流的机会或场景。中国青年对中国知识精英的解读可能也会传递到外国同学的思考中。高校有组织的各国青年学生对社会问题的研讨会以往较多，现在反而并不多见，对人类共同关心的话题进行磋商的活动近些年也比较少见。我们应该多营造一些这样的讨论环境，也许因为语言障碍或认知偏颇致使这些讨论不能如愿顺利进行，但是这样的教学操作可以促使我们进行充分的观察，对参与活动的中外双方主体而言都将是真实的思想碰撞。

中国历史和国情的复杂性会使很多国际学生迷惑，即使是我们本国青年在接受国情和历史教育时，也会陷入一些对重大问题的迷思：曾经的城乡利益的冲突、住房等公关资源配置问题、婚姻、养老、社保以及教育等传统命题依然存在，不同利益群体的不协调性也是大学生们经常讨论的问题。新时代的中国各级政府正在逐渐摆脱"放、乱、收、死"的魔咒，这些可喜的行政管理变化折射到大学校园中，也是激发青年学生不断向上攀升的动力，这些求学中的奋发精神会传递给在校园中的国际学生。

实际上当下年轻人的"中国社会基本问题"很有可能同60后、70后所认识的基本问题有很大差别。因为生活方式和情感体验的差异，直接导致年轻人对社会问题的思考结果同社会主流或属于精英层面的成熟知识分子的见解有很大不同。本人在一些思政课中也遇到类似困惑。我们正从历史层面梳理改革开放的成就与经验时，学生却认为很无聊，课上问他们都缄口不答，课后个别交流时却说"老师我们要听现在的问题，不是历史的问题"。当时我还觉得啼笑皆非，没有历史的逻辑怎么会正确地思考现实？但是过后我又觉得这个问题很沉重，他们在方法论和逻辑框架上已经跟我们这代人不在同一个语境中了。如果从这个侧影看，Z世代的中国大学生如何跟外国学生谈论我们的社会发展历史，我们是很难得出答案的，我们也很难想象中外大学生之间的交流是如何开展的，这种文化交流不能凭我们的主观经验去判断。

让我们先看看来华留学生对高校管理的一些个人感受和表述。这些都是留学生们用汉语进行的真实表达，本人仅对语料中的明显语病进行修改，尽量保持原文的汉语表达，这样做很大一点是凭借汉语教师对学生中介语的熟悉，了解他们在汉语使用中的偏误习惯。本书后面的案例语料均采取这样的规则，否则就失去了案例真实价值的意义，但有些语料不会指出具体的写作者。

这些语料在不同层面都反映出一个深刻问题，那就是中国高校目前还缺乏对来华留学生的人类学和跨文化的细致研究，实践层面的文化实践操作还是相对较少。我们还缺乏深入人心的理论概念和定义，像"讲好中国故事"这样的宏观而生动的观念性概念还很少。留学生不会这样直接说出这样理性的观点，有些表达也是自己在中国大学环境中的一种跨文化的自我保护，在某些语境下也会采用套话和委婉的交际策略，但是我们还是可以看到很多值得我们思考的文字。

表述1：我觉得大致上中国高校对来华留学生该做的事情已经做得非常好

了。我个人有两个建议:

一是,也许有很多留学生的高校可以选择在圣诞节(12月24日、25日)让留学生停课两天,再利用其他日子补课或考试。因为在西方国家这两天意味着跟亲戚朋友一起庆祝,是很放松和美丽的时刻,会让他们想起很多美好的回忆。如果学校能够给他们这两天休假的话就会使大部分从小到大都庆祝圣诞节和新年的留学生们(所有的西方国家,一些亚洲和欧洲国家)感觉到一种关怀、尊重、体贴和友善,这样的行为会让我们觉得亲切或找到一种归属感,用中国话说是"锦上添花"。

二是,学院和学校的新年晚会不要在临近期末考试或者期末考试同一周举办,因为给参加的学生们带来不便,例如需要拿出读书的时间为活动做准备,同时要上课又要考试。在这三件事情上大家都更重视上课和课后读书准备期末考试,而想参加在当晚表演的学生们压力很大,因为想给观众一个精彩的表演,可是担心因为时间不够充分不能参加或者只能给观众看到一个马马虎虎的表演。所以最好是在12月的前两周举办或者如果一定要在最后两周举办的话起码让学生们第二天不要考试,让他们可以有充分的时间准备节目内容以及有充足的学习时间。

我还希望中国高校对来华留学生有选择科目的权利。因为我想根据专业和学分选择教养科目,但是遗憾的是教养科目不多样,而且无法选择。

另外,希望有与其他学科的中国学生交流或与其他学校学生交流的庆典或活动。在外国学生不熟悉学校课程的情况下,希望学校能举办这些活动。那样的话,就可以和各种各样的学生一起愉快地活动。如果为了让留学生们参加更愉快的学校活动,学校能为他们准备各种活动,就可以创造更好的学校生活,一举两得。

表述2:随着中国改革开放的深入发展,高校留学生教育也蓬勃发展起来。我认为高校为留学生什么方面都考虑到了。我们留学生在中国免费学习,有奖学金,有既好看又免费的宿舍,有很多有意思的科目,能参加各种各样的活动,学校每个学期还会组织我们去各个地方旅游。我认为这样的留学生活再好不过了。但是如果学校外与学校内的活动再多一些的话我会很高兴。

高校平时可以通过各种形式与留学生沟通,如开展座谈、聚餐、组织文化考察之旅等有效形式与留学生进行交流,让留学生在潜移默化中熟知学校的相关规章制度,听从学校的安排,理解学校的管理模式,遵照各类程序办事,从而逐渐适应新环境的生活和学习。我之所以很喜欢参加各种各样的活动,是因为这样的活动会提高我们的汉语水平,还可以学到很多知识。当然这个是我个人的看法,因为可能有些学生只喜欢上课不喜欢参加活动,但是对我来说参加活动是一种享受。通过活动我可以多了解中国文化。

总之,虽然各国同学都努力学习,天天向上,但中国同学这一方面表现得更精彩。上课认真,课外积极参加活动,尊重老师与同学们,帮助求助的同学。另外,在韩国因冠状病毒疫情严重时,中国朋友们非常担心我,他们的温暖心情给了我很大的安慰。东方礼仪之国的中国,我认为人品超群。

表述3:中国已经为来华的留学生们提供了最好的欢迎活动,多亏我刚来北京时学校派来的学生会,对一切感到陌生的我适应北京有很大的帮助。之后学校从注册开始帮助我适应环境,所以在陌生的外国也适应得很好。如果有什么想做的,我想把其他专业的课程作为第二专业。在韩国自己就可以决定第二专业,但遗憾的是在中国不行。如果可能的话,我希望有一堂和中国人在一起的课。

第一,中国大学生在我上学的时候,已经到学校食堂吃饭,或者在买上课需要的用品。看到这些,觉得中国大学生非常勤奋。第二,中国人很会帮助别人。我因找不到学校办公室而徘徊。后来,我遇到了一位女生。当我问她是否认识办公室时,她很乐意地将我送到办公室门口。尽管我所在的位置和办公室的距离有点远,但看到把我送到办公室门口的情景,我非常感动。这种事不止一次了。第三,中国大学生性格活泼开朗。经常可以看到中国大学生放学后在操场上一起充满活力地运动或坐在长椅上聊天的情景。中国大学生的表情和行为看起来非常幸福。我通过中国大学生看到了我想象和梦想中的大学。看到这些,我觉得我们韩国大学生也应该有所变化。与其过于埋头学业,不如像中国大学生一样充实地生活。

表述4:我不知道其他高校的情况,二外奖学金制度很完善,可以减轻留学生的金钱负担。通过学校的一些活动项目,我可以进一步了解中国文化,获得了很多能了解中国文化的机会。所以,我希望有很多活动能帮助留学生接触中国的文化和学习。

中国高校把来华的留学生分为本科生和汉语进修生。本科生跟中国学生一起上课。汉语进修生只跟外国学生一起上课。很多有计划来华留学的人准备留学的资料不足,认为跟中国人一起上课是很容易的,也认为在中国以大学生身份生活的话自己的汉语水平自然上升。这样开始留学,曾几何时,选择本科的留学生发现这样是浪费时间的。因为进入大学时,大部分新学生只有入学的汉语水平和基本语言条件。这样入学,开始上课,他们一点也不会说汉语、不会写、不会听。虽然很多教师知道留学生的这种情况,但是很多教师看不起他们或放弃他们。一般情况下，这种现象发生在留学生流入较多的高校，我认为高校应该加强留学生的汉语本科入学条件，防止这种情况再次发生。

外国留学生到中国学校学习中文之前，要亲身了解中国的文化与历史。目前，为了让外国留学生了解中国，学校提供通过中国历史遗址和文物参观的机会，课程也是为了让外国留学生从各个方面了解中国而设定的。我个人目前对中国高校对外国留学生的处理感到满意。给努力的学生给予符合努力的奖励，这也是学生产生动机的原因。但在中国留学生活中，最让人诧异的部分还是中国高校招收留学生的标准。因为大学门槛低，很多没有竞争力的外国学生都在上学，这不仅对外国学生的影响不好，对中国学生和老师来说也是个损失。对外国人来说，应该稍微严格地维持入学选拔标准，让真正想在中国留学的学生得到更多的实惠。

所以我想说，作为一个正在中国留学的学生，我对为外国留学生提供的教育非常满意。如果说对留学生教育有什么进一步的需要或者是提出一些建议，那么我希望和中国朋友在一起的课程能够增加。我认为，除了上课学习的学问外，如果能够在现场听中国朋友的想法、跟他们一起学习，还可以获得更深入了解中国的机会。

要打开来华留学生教育的新局面，不能简单趋同化管理，也不能特殊照顾，而是更为科学地为其设立专业培养模式。以北京第二外国语学院商学院的13名财会专业的国际学生培养为例，课程设置上可以从专业知识、汉语基础和跨文化专业上去完成，事实证明这些并不困难，但是实际教学中这个单独成班的国际学生群体是非常复杂的小体系。六名津巴布韦学生、五名柬埔寨学生和两名马来西亚华裔学生构成了这个国际商务本科班，教学语言定位于全英授课，似乎免去了汉语教学的"麻烦"，直接使其进入专业学习。为了生活便利和全面了解中国，商学院给他们再开设汉语基础课和中国文化概论，均可以用英文上课，似乎补上了语言和文化的不足。笔者也加入了中国文化概论的教学，在一个学期中也发现了这个班级国际学生的具体问题，并且能说明我们正在上马和即将实施的国际学生培养项目的规律性问题。

第一，生源国决定了学生自身的经济水平，不依靠中国政府或北京市政府奖学金均无法完成在北京的学业；第二，三个生源国对中国文化的认知起点完全不同，津巴布韦学生从汉语到中国文化的感知同马来西亚华裔学生和柬埔寨学生差别很大，他们之间的英文学术水平又不同；第三，三个学生群体的知识素养结构完全不同，对于国际商务专业中的数学和统计学的学习就形成了不小的差距。两名马来西亚学生由于汉语和英语俱佳，很快融入校园生活，而津巴布韦学生很快进入了一种游离状态，其内部六个同学也没有"抱团取暖"，可以感受到他们在校园生活中的孤独和焦虑。

在文化课程的学习中，津巴布韦学生对中国的政治和社会生活普遍感兴趣，准备的问题比较多元，而柬埔寨学生却对中国传统文化和功夫始终带有很高的关注度。但是总体上他们在留学生活中首先感受到的就是学业压力，而来自人际关系的帮助并不多。这里不得不说，来自北欧国家的国际学生很容易获得各种资源支持。

由于是四年学制，可能第一学期他们普遍都会承受跨文化适应和学业本身的压力，但是可以明显感觉到，课程设置之外的辅助系统没有跟上，中外学生之间的互助体系没有建立起来。如果自然发展下去，这个项目的后续情况可能不乐观，但是如果成功实施，该项目的评价体系和培养模式应该可以有很多经验可以总结。但是毫无疑问的是，如果这批学生可以坚持下来，会成为我们国际化教育的坚定的一分子，他们的喜怒哀乐必然伴随着对中国社会生活的理解和认知，这样的学历教育会形成深深的烙印刻在他们青年的成长时期。同时，他们的经历和成长困惑以及取得的成绩对培养单位也是一个绝好的案例。在非汉语言教育的院系中，如何使这样一些生源国的学生快速度过留学困难期达到适应阶段，这是我们全国高校都面临的一个问题。当然很多高校早就开展了这种国际学生的学历教育，不同的专业都有不同的问题，也有很多国家的学生由于基础知识的差距，不得不从科学技术专业转为语言或管理专业，这也是一种退而求其次的选择，这不能说是一种失败，但是值得很多高校总结经验。这当中的文化支撑和中华文化认同是如何渗透到国际学生个体中去的，我们的研究还远远不够，一些共同的瓶颈也不是一般的跨文化知识能够解释的。国际学生在中国高校如何完成国际化教育，需要我们从更多维度去解读。

高校对国际学生的管理现在已经呈现出科学化的多元态势，有很多新的理念和概念需要我们学习。比如心理弹性已经是一个被广泛接受的心理学概念，一般意义是指个体对外界变化的环境所产生的心理及行为上的变化，这个变化状态可以理解为一个伸缩空间，个体在这个伸缩空间中对生理和心理指标进行调控和适应。心理弹性量表可以测试多个人群对不同环境的抗压水平。心理弹性与适应性呈现为一种正相关，即弹性愈大，表明个体对外界环境的调控能力愈强，适应性水平愈高。一个具有较高心理弹性水平的个体，表明其在认知、欲求强度、情绪激活、应激方式以及人格特质等方面的综合品质均达到了对外界环境的最佳匹配、调控与适应，且能够以最有效的途径外化出来。来华国际学生的心理弹性水平如果较高，就表明在逆境中的成长水平和承受压力的适应度较高，对不熟悉的环境变化有深度理解和顺应能力。除了个体人格特征外，社会支持和生活事件对其中国留学生活也会产生较大影响。

高校是最应该建立和完善来华留学生社会支持系统的首选之地，国际学生管理办公室和教学单位以及团委等各个组织机构都可以有效策划中外学生融合和交流活动，提升国际学生的心理弹性水平。近几年各地高校的留学生管理水平显著提升，由教学出发的管理活动或跨文化适应以及中华文化传播活动都呈现出科学性和实效性特点，这同高校对国际学生培养的认知提高有重要关联。

但是中外学生互动的内部研究我们做得还不够，更多地关注于留学生在中国校园内的自我成长，对于人际交往中的中国学生主体的各种变化因素还有待进一步研究。国际学生都会得到学校中国教师和同胞之间的安慰与支持，个别学生也会得到中国朋友的特殊支持。校园环境最重要的主体是中国 90 后和 00 后大学生，将近 4000 万的高校中的中国青年群体在人际交往和民间外交中起到了极其重要的作用，他们的思想观念和行为表现会对留学生产生直接的影响，他们同留学生的私人交往或跨文化友谊也是了解中国社会的重要窗口。这种中外学生之间的交往具有多重效应，是国际学生评价中国价值观、道德伦理、社会风尚和习俗文化的直接案例，是从课堂学习转换到人际真实交往的重要生活场景。中国教师和国际学生的交往具有指导性、功利性和身份管理不平等性，但是中外学生之间的跨文化友谊交往的平等性与人格之间的隐秘影响作用是客观存在的，会对交往主体双方的文化意识与文化品格产生塑造作用。

高校中外学生无形中构筑了一个多元文化交往环境，在课堂之外具有主体选择性和平等性。中国学生的人文素质中的信仰、道德观念以及社会主流意识形态都会通过这种私人交往传递给国际学生，形成多元文化的并存与融合。近几年的一些调查显示，尽管中外学生的学习和生活区域没有分开，但是国际学生和中国大学生的社交圈子仍然相对独立。虽然高校为交友提供了一定的客观条件，但是大部分为"语伴""辅导"等形式，有些是有经济补偿的"一对一"辅导。在交谈中虽然涉猎主题广泛，从个人爱好到政治、经济和未来发展无所不包，但是交谈深度和思想碰撞情况还缺乏观察和调研。笔者经常利用汉语国际教育专业硕士的课堂收集一些深入交往的案例，一些个体案例的归纳总结还是能反映出中外学生在思想领域的共同性和冲突的，也能看出中国汉语国际教育硕士等专业相关学生有文化思考能力和中华文化传播的自觉意识。

我们要允许在留学生管理中有试错空间存在，这毕竟是在一个特殊的崛起的大国中的国际学生管理，再加上我们对各高校的优秀管理经验缺乏交流和总结，对一些推行较好的可以形成教育规律的实践经验重视不够。比如来华学生的专业实践和实习问题就没有得到很好的解决，这些不但跟我们的法律有矛盾，也有国际学生在华实习的很多特殊政策没有理顺的原因，导致很多院校在面对国际化培养环节中最重要的部分时反而没有得力的举措。

2. 文化与意识形态

进入 21 世纪之后，随着中国国力的增强，中国人民开始从上至下地重新审视自身的传统和文化资源，对于"中国道路"和"中国经验"都有一个比较明确的目标，那就是突破以西方为中心的历史叙述和文化叙述，打破"欧洲中心论"的一元文化表述。从电影《厉害了我的国》《战狼2》《流浪地球》《长津湖》等大众文化产品中可以看到人民群众的主体意识在不断强化，看到了民族自信心的增长和人民群众的自豪。但是也有人为此担忧，中国是否正在加剧与西方或外部世界的对抗风险？这些心理变化和现在世界格局的变化，是我们无法回避的文化和意识形态问题。同时，西方社会在利用全球化中的技术冷战和知识冷战环境，有意无意地在"抹黑"中国，这在传媒上就对国际学生有先入为主的影响。

2.1 文化中的政治

文化本身作为一种思想情感载体就承载着意识形态，意识形态是文化现象的本质反映和文化内容的根源。大众认同的精神价值和文化价值才能赋予生活更多的意义，但是大众往往忽略了意识形态同文化之间的关系。很多学者都认为每个人的命运都经受了文化铁锤的锻造，对文化的研究看似很难量化和规律化，但是不可否认，我们对人类文化及其运行、嬗变的研究就是对社会领域的勇敢探索，这种探索在不同的时代都需要我们去践行某种主流价值和精神，在文化这个人类活动领域的研究就是探索我们在特定时代下的自身成长。如果说整个哲学和社会学领域求证真理的过程不会停歇，那么这个过程应该有一个附带产品或附加值，那就是用文化根源来说明特定社会、特定民族的人。这个"说明"背后的逻辑隐藏着该社会和民族的意识形态养成，这个"说明"本身也是一个从历史的历时性和现实的共时性上都说得通的文化逻辑。我们提倡文化自信，就是要全社会和中华民族的群体都信服这个具有独特意识形态支撑的文化逻辑。逻辑和判断相比更具有可行性和实体特征，也更易深入人心。

2020年7月16日《求是》杂志发表了习近平总书记的重要文章《中国共产党领导是中国特色社会主义最本质的特征》。文章明确提出，党是最高政治领导力量。中国特色社会主义有很多特点和特征，但最本质的特征是坚持中国共产党的领导，这同时也是中国最大的国情，这就是中国特色。从这个表述看，这个结论从本质上揭示了新中国发展的根本动力，也就解释了我们的政治文化和意识形态以及主流价值观区别于其他国家的基本特征。这样的论断，对于来华留学教育的话语阐释可以说是振聋发聩的，因为这样一来，我们为国际学生解读中国事情和中国故事时，尤其是新中国的巨大成就时，就有了十分明确的答案，同时在理论逻辑上避免了很多不必要的误解。

在当代中国，中国共产党是我们各项事业领导的核心，没有党的领导，我们的国家和民族不可能取得今天的成就，也不可能有今天的国际地位。是历史和人民选择了中国共产党，只有中国共产党才能担负起这样的政治责任。我们的党也是勇于自我革命的，这是中国共产党的鲜明的品格；我们党有严明的纪律和科学的党内监督机制，有不断净化党内政治生态、纠正各种不正之风的能力；我们党是可以不断自我提高自我革新的，同时始终保持着同人民群众的血肉联系。以上在中国概况课程和各类文化答疑中，都可以适时地提出。以前我们总觉得这些话语不能在课堂或某些场景中大张旗鼓地讲，但是现在我们可以改变话语的风格，在课堂上和文化交流中可以讲出来，因为这些基本内容是我们可以作为文化进行传播的前提。不讲好政治就无法讲好文化，不讲好中国共产党的故事也无法讲清中国故事，尤其对于来华国际学生，我们在国内的各种语境中都可以郑重地讲出这个鲜明逻辑来。

国际话语权的增强当然有利于文化传播，但是话语权是国家"软实力"的要素，国家"软实力"的形成是一个漫长的建构过程，不但国家"硬实力"要持续增强，还需要很多外部机遇和外交环境才能体现出我们的文化话语权。目前我们要面对的是中国与世界文化贸易的逆差问题，不仅语言问题，相关的图书版权贸易逆差也是相当之大，这样看文化上的话语权就缺少受众和传播者。

很多学者也一直想找到中国自身实践的经验和概念来突破西方的现代化话语体系，但是有一个不争的事实摆在面前：我们很多方面还在借鉴西方已有的经验和措施，而且社会主义的市场经济在很多方面同国际社会趋同。从第二次世界大战之后看，西方所奠定的一系列秩序观念还在深深影响着人们的知识观念结构。我们在这种历史积淀下来的不利因素中如何找到话语的突破口，就成了一个很大的课题。

全球史观是突破各自民族历史视角的重要转换，但是全球史视野毕竟要同全球化相匹配。我们对外界宣讲，中国的政治实践适合于中国，但是这些实践对外界来讲是不是可以借鉴的经验？我们的政治实践和民间的大众文化或是传统文化资源对世界文明是不是可以补充的人文资源？这些可能我们应该给自己一个明确的答案。中国的觉醒和文化自觉够不够充分和深刻，可能也时刻伴随着这类问题的检验。

2. 文化与意识形态

大国实力之间的转移和国际经济秩序发展产生变化时，生产力发展也需要调整，总的国际秩序会随着资本技术和劳动力的变化进行动态调整，各国都会有一定的政治问题出现，但是独自面对经济危机的时代可能早已过去，因为外部因素越发显得重要。海外市场的扩张和国际资本流入是中国战略上的主要机遇，面对外部冲击，我们要办好自己的事情，将小康的建设成就树立成世界的榜样，这是我们在外部能够给自己争取的最好声誉。来华留学生也关注到了中国的脱贫攻坚对世界而言是一堂很有说服力的公开课，能将一亿人带出绝对贫困，还有什么政治问题可以难倒这么强大的执政党和政府呢？所以我们要自信，我们的政治道路没有问题！

人的社会性行为和世界观与人生观均是在特定的价值观念和信念体系支撑下完成塑造的，而这种价值观念和人生信念是特定民族与社会意识形态的组成部分。社会个体在生存和生活中固然不会判断自己的行为是来源于何种意识形态，但是却易于自觉将自己的成长和品格归因于某种熟知的文化语境或文化人文气息。

文化的最终成果是社会个体的人格塑造，换言之，人归根结底是由文化塑造的，当然人也创造新的文化，这个互动的过程伴随整个某种类型文明的演变。中华文化传播对我们自身来讲是一个宏大的时代命题，对中华民族内部个体来说要通过切身的生活与生命体验来获得对中华文化最深层的认同；而对于当下中国的外部世界而言，更是一个从误解到了解再到理解的过程，人对价值观念的认同是一种最高层次的精神认同，这个过程很难达到"说服"他者的目的。就如同我们开始为国际中文教育立下一个宏大目标："知华、友华、爱华"，"知华"不易，"友华"更难，"爱华"更是难上加难，现在我们改为"知华、友华、助华"更为妥帖。

受各种历史原因和社会经济的多重影响，中国形象塑造的过程不是一个简单的人为想象和自说自话，文化从某种意义上讲是很难"传播"的，除了我们自己去传播，这个媒介和中间人应该是从接受客体转化为传播主体的传播者和讲述者。民族气质并不是天生的，要通过一定高度的文化活动才能呈现出来，大众文化所呈现的生活场景在日常范围内可以说明该民族的习俗和文化价值取向，但是有时并不会准确指向意识形态内部。所以说，文化传播关联着意识形态的解读，至少在文化讲解过程中离不开意识形态的阐释。

张梅、刘爱军等学者（2011）指出，作为个体的人进入社会化的过程和自我人格塑造的过程是同步的。通过与他人互动，获得社会身份的独特性，再将这种个体身份独特性融入社会共性中去。自我意识、自我身份的形成都离不开社会化，这种融入会依靠一种规范，而所谓规范性就是要有社会普遍认同的主导价值观，是带有民族文化特征和历史文化相结合的一种社会规范。这些带有自我意识和文化个性的个体融合为一个社会有机整体，该机体分泌的文化气息也可以看成是一种社会意识形态的物化。[①]

---

① 张梅，刘爱军，等.网络文化视域下的意识形态[M].哈尔滨：东北林业大学出版社，2011：60-65.

这种文化气息也是一种气质,并且具有强大的社会性功能,比如整合效益和传播功能,也具有行为矫正的规范功能。换言之,一个民族如果放弃了意识形态的控制权利,就等于放弃了该国家主流文化的生存权利和话语权。

个体需求和社会需要之间总会有矛盾,这种矛盾的调和与平衡就需要社会意识形态去发挥作用。如果矛盾失衡,就会出现反社会行为。个体的要求跟社会整体要求相比会显得"弱势",如果社会需求大于个体需求或个体能力需要满足社会需求时,个体会有压力,并反弹出一种对所谓自由的渴求。一般情况下,社会会通过政府来褒奖那些遵守社会整体需求的个体文化行为,以激励和引领个体走向社会主流规范的方向。

一个社会阶级是如何表达自己的利益诉求的? 也可以看成该阶级用一种主流意识形态的掌控来向社会成员传递一种要求的行为,即什么活动是最符合广大人民群众利益诉求的行为。人的观念体系是如何被认同并在不同阶层和群体中传播出去的,是政治所要解决的首要问题。对于我们而言,马克思主义的理论自信和话语传播在当代中国要如何更好地诠释出来,是做好我们文化自信和理论自信的首要工作,这其中要融合中华优秀传统文化的传承创新,是一个探索的过程。高校的国际学生教育是一块最好的中华文化认同和传播的试金石,让来华留学生讲好中国故事,理解中国的主流意识形态,正是语言专业教学的重要使命。国际中文教育中的文化工作重点可以先不放在传播工作上,而是要放在阐释和解读上,通过语言教学和文化实践工作将留学生的汉语生活转化为中国生活,这种转化就是从一般意义的跨文化适应变成主流意识形态的认知。我们也不能将文化阐释简单归结为文化本身,而不考虑政治和意识形态工作。如果脱离了意识形态的建设和对外讲述,那么我们的核心价值体系就会丢失保证我们和谐社会运转的思想动力,核心价值就会淡出我们的研究视野。

2.2 文化与传媒

文化对人类社会的整合是明显的,但是意识形态对社会的整合却是根本性的。我们对海外的孔子学院和国外国际中文教育不做意识形态输出和宣传是正确的,但是对来华国际学生、对已经生活在我们高等教育社会领域的国际群体而言,应该让其理解我们的主流意识形态。这个文化实践活动不是简单的文化传播和输出,而是一种有意识的文化浸润。这种文化浸润传播活动要结合时代的话语特征,具体说来要结合时代下个体接受文化输入的最有效的途径,这种途径可以是互联网视域下的媒介传播。

早在十年前,国内就有很多相关专业的课题研究者认识到了文化与媒体之间的关联性,这种关联正以前所未有的速度得到加强。文化本身正脱离传统的文化概念,也正在偏离我们以往对文化的生活感受或学术认知,因为文化逐渐进入了一个媒介化时代,文化本身似乎并不重要,重要的是如何被媒介所呈现,尤其是大众传媒或自媒体传播者对文化的呈现态势改变了人们对文化的认知。在这个进程中，主流意识形态的建构和传播也会有新的改变。

网络文化裹挟着日益更新的技术已经突破了传统媒介的限制。一个底层的以往没有话语权的草根也可以通过互联网传播自己的个性和主张，在互联网文化下通过技术和包装手段而成为一种大众文化中的网红，以往的"不可能"在近年都成了"可能"，并滋生出各种大众文化的生存姿态。在这样的分众传播下，主流文化意识形态领域的传播是否还保持着强大的不可置疑的生命力？早在2011年张梅和刘爱军等学者就预见了网络文化对人的异化也是非常严重的，到如今我们教育所面对的工具理性主义的挑战和网络文化"自带流量"的冲击日益严重，中外学生在面对社会生存竞争和未来理想的选择时，他们所产生的问题和困惑都给高等教育提出了很多疑问。

网络的天生使命就是快速传播与分众传播，为了直接迎合人们的感官刺激和直觉体验而采用了跟传统阅读方式反差极大的无差别传播体验。无论是精英文化捍卫者还是大众文化的商业营利者，都充分利用了这种网络传播的本质特征。但是都毋庸置疑地使我们看到了文化传播直接走向了文化层次的低端——"抖音""快手"等平台上滋生了大量的低俗性视频。即使是需要严肃思考的深度阅读也要变成"半小时漫画""漫话""大话""喵星人"等读本，经济学、历史和哲学的视频课程也在解构知识的理性和神圣以最适合大众化的网民的视听习惯，"阅读"已经变成了"浏览"，致使以往需要严肃关注的、具有学术规范与理性思考沉淀的知识文本都要用更大众的网络视频形式去体现。当然这一切都是我们所熟知的又都在接受的表象，其深层的冲击将会对意识形态产生一定的影响，这一切不禁使我们在"速度为王"的时代中陷入一种文化窘境，这种窘境蔓延到娱乐和消费等诸多领域。

人类作为行动主体对于技术方向的认识和政治社会治理的认识也更加复杂，政治结构的变化会使人类的日常生活发生新的变革，这需要全民理性知识的提升，也考验普通民众对外部世界的直观感受和判断。对于中国而言，不仅仅是高校要面对政治意识形态的考验，全民都在参与一场政治实践，全民都要经历一次政治觉醒。从文化自觉到自信，再到政治觉醒和实践，中国人的文化整合是自上而下的，在高校的很多来华留学生也是可以感知到的，这个过程可以通过很多课堂或课题让他们有更多的认识，但是现实情况是很多教师避免谈及这样的学习内容。物质生产形态和政治学都在发生变化，高校的施教主体要有知识的积累更要有自身的突破。

全球性的贫富差距动摇了很多国家文化的逻辑和政治认同，但中国却增强了民族自信心和凝聚力，我们并没有出现全球性的政治共同体危机。我们中国人以前一直是追赶现代化的潮流同世界接轨，所以我们的普通百姓没有认真考虑过全球国际秩序的问题。现在由于中国同世界的联结，每个人都要进行同世界的定位与评价，中国作为新兴市场国家成为制造业的聚集地，改变了南北国家的实力差距，同时也使我们的文化精神和文化产品要接受世界的检验。

市场和文化产品之间似乎有一种无法调和的矛盾。市场上越容易销售的东西，其唯一性和特殊性就越会减少，市场具有摧毁艺术和文化独特性的作用。伪造、仿制和模拟是市场促销的手段。就像有人担心欧洲正在按照迪士尼的标准来打造自己，这在市场上似乎行得通，但是欧洲文化的特殊性和唯一性就会随之减少。把消费品提高成为公司品牌或在美学价值上占据垄断地位的品牌，这成了市场促进消费的文化策略。①

中国的白酒消费经验对中国人来说也是一场美学经历，可能跟欧洲人消费葡萄酒是一样的。如何把区域特征转变为一种具有独特感受的生活方式，这可能是生产者和消费者之间演变出来的文化资本。如何挖掘一些具有潜在价值的文化配置？后疫情时代中国能不能找到原生的人文资源，并最终使这种资源在全球化进程中构筑成一种人文地理，而且能把全球资本活动和文化贸易联结起来。以旅游为例，当代的旅游产业是重要的集体符号，也是资本力量的博弈。每个城市提升自身符号的资本份额，增加有别于其他城市的标志，目的就是给自己的城市增添新的城市景观。

我们还不能忽略时代和岁月积淀下来的集体记忆的问题，因为这些集体记忆似乎都可以被商品化或商业化。2022年的人文大剧《人世间》，就把我们的集体记忆重新梳理了一遍，获得受众的一致好评。

文化创造也会面临一些斗争，比如主流文化在政治辅助下会同不符合审美价值要求的一些大众文化在市场上进行博弈，最终高雅和积极审美情趣的培养一定要战胜低俗。市场经济竞争法则和消费过度的社会背景下，中外青年都面对自我认知解体和重构的危机，中国90后也表现出了明确的自我意识和个性定位，这些角色定位又常常和社会之间出现紧张的关系，也就是我们常说的主体性危机。

人们忽视了现实中的人际交往，陷入了"物"和"消费服务"之中，即使囊中羞涩的大学生也可以购买外卖或快递服务，这就使他们更多地聚焦于消费和货币关系本身，而忘记了这可能是没有必要的消费，或者忘记了劳动和金钱之间的关系。当然人都需要自我表达，而年轻人更需要，但同时他们会有轻易地选择依靠消费来表达的倾向。消费减弱了个体对社会的责任感和公德心，无论是东方还是西方，在市场经济中的消费减弱了对文化的尊重与人类共同责任的承担。人们痛恨网红炫富，但是又找不到社会公益发展过程中的更佳模式。在中外大学生共同面对的消费环境下，文化传播的确是更困难了。

2016年12月31日中国环球电视网CGTN开播，为我们传播自己的话语提供了语言上的客观平台。2017年的达沃斯论坛、"一带一路"国际合作高峰论坛、全球国家领导人的厦门会晤和国际互联网大会，在国际平台和媒体上我们开始注重宣传中国道路和中国经验，主流媒体也注重在北京和上海的一些高校中寻找相关参会国家的在华留学生进行采访

---

① 哈维.叛逆的城市：从城市权利到城市革命[M].叶齐茂，倪晓晖，译，北京：商务印书馆，2014：123-126.

和呼应。不管这些访谈是否成功，以前我们的媒体是很少这样主动去寻找民间资源的，这种积极实践对在华留学生按照我们的议程设置去关注国际问题非常重要。

现在我们感觉到提高话语权和国际间文化传播的人才均不足。在非洲和拉丁美洲如何找到更多懂汉语又在当地有一定影响力的"亲华友华"的本土记者，依然是一些主流媒体要做的具体工作。这些本土记者在当地的明星效应非常重要，那么这些人的候选者极有可能就是现在的在华留学生。

2.3 美国教授讲中国文化的启示

对来华留学生的内心生活状态我们还缺乏更科学细致的观察，也缺少了解，除非对方是跨文化适应的强者。我们很多高校急于将对中国大学生的培养举措应用于他们身上，可能由此才有了中外学生趋同化管理的问题。但是我们忽略了前提，就是中外大学生在我们高校中的求学动机和目的具有较大差异，所以趋同化管理没有效果甚至引起了负面效应，这也是我们急于求成导致的。人文情感是复杂的，对内心的观察更要人性化，他们来中国留学的需求到底是什么，可能不是两张调查问卷能真实反映的。这一切也与不同国家对中国国家形象和高等教育的认同度有关。

外国学生在中国的大学生活是否有自己的责任和人生方向，是否愿意在中国的人文环境里培养自己负责任的能力，可能这也是我们面对不同个体所要了解的。如果他们在我们的校园文化中找不到特定时期的人生寄托和乐趣，就很难形成一种满足而稳定的求学态度。这关系到他们个人的留学经验能否转化为自己的人生财富，这是我们不能回避的问题。

新青年的成长寓言和美学逻辑在主流社会中还能否被不断校正或强化？这也是一个命题。在我们的社会，集体主义是否真的被解构了，还是正在被弱化？年轻人追求个人奋斗和自我价值超越已经成了天经地义的话语，自我实现如果受挫怎么办？陶庆梅等学者指出个体的追求同共同体之间断绝了联系时，个体只能靠自己，并产生"我命由己不由天"的想法。我们每个人在网络中都可以关心和修复我们的民族传统，并借此获得个人的自由。自我意志和自我实现如果脱离了传统寓言或哲学怀抱，都会觉得是一种孤立的反叛。其实小部分中国青年在求学就业受挫、职场打拼失意后，也有一种对体制的无名的怨。自身的责任主体在丧失、在弱化，同时产生蔑视群体规范的行为。我们要的理想的结果是在集体主义的基础上去丰富个体的思想内涵，或者个体的自我追求要有责任意识。要在大的社会系统中建立各自的有涵养性的小共同体。市场竞争的残酷性也使人产生了碎片感，这种碎片化也有一种沮丧感，这需要更好的文化去治愈。

哈佛大学教授迈克尔·普鸣就把"道"视为把握万事万物的新思维，他讲授的"中国古代伦理和政治理论"，是哈佛第三大受欢迎的课程。他对学生说："这门课程可以改变你们的生活。"西方不只在盯着我们的口袋,也在关注我们的脑袋,关注中国智慧,从中寻找解决他们自身问题的答案。

普鸣告诉他的学生,在做人生重大选择时,如果过于审慎和理性,往往会做出错误的决定,因为理性会阻碍你以更为开阔的心态去接纳和实践计划外的可能性。普鸣的学生米切尔(Adam Mitchell)在大二修习了中国哲学课之后,用心思考他自己内心的真实想法,于是放弃了经济学,改学语言学。

"我是谁"的问题是西方哲学的核心问题之一,也是广大青年人常常思考和困惑的问题。因此,西方人常常以为找到真正的自我,才能过上美好的生活。然而,中国哲人却认为,个体在纷繁变化的世界中会受到方方面面的影响和不同方向的牵引,因此自我是不断变化、不断生成的。所以,那种寻找"真实的自我"的努力是徒劳的。中国哲人认为,"真实的自我"往往是人们所陷入的行为模式,而"礼"的作用就在于打破以往的行为模式,不断成就新的自我。这就是孔子所说的"君子不器"。普鸣教授说:"我们一生最终会变成什么样的人,很大程度上取决于如何修养自身。"这些思想对于美国的年轻人来说非常具有启发性。通过学习中国哲学,他们明白了寻找到那个"真实的自我"并不能真正帮助他们成为更好的人,而自我是需要通过不断学习、修养和锻炼而成就的。正所谓"苟日新,日日新,又日新"。儒家思想重视学习和积累,注重实践和修为。值得注意的是,与西方的个体主义不同,儒家思想并不是以"自我"为思考的着眼点和最终目的。成就自我、成就他人、成就天道,三者是合一的。个体只有能够与自然、与他者和谐共处,对社会做出贡献和意义时,才能获得真正的幸福。这种思想对于注重个体的西方思想来说是一种很好的修正。①

2.4 "一带一路"建设中的语言铺路

从国家层面我们取得了对"一带一路"建设的共识,但是作为高校来讲,我们对"一带一路"的智库建设和企业服务才刚刚开始,"一带一路"的故事也刚刚开始。也有学者不赞成在舆情导向上过度宣传"一带一路"建设国同中国之间的文化交流,因为我们的企业在很多国家的基础建设还远远没有到盈利的阶段,很多工程在复杂的政治经济影响下还处于悲喜未知的状态,中国的各级政府在国家政策号召下都很积极,但是企业的参与度尤其是民营企业跟进的程度如何,才是这项举措是否卓有成效的体现。语言和文化可以先行,但是当下的很多实际问题我们还没有解决。王文等学者倡议要做"一带一路"学,但是也有人反对在智库研究上过于投入。而从目前各个高校的"一带一路"留学生来看,几乎全部学生都是中国政府奖学金学生,他们中的一些人通过在本国的"一带一路"基础设

---

① 李慧子.中国哲学课何以在哈佛大学广受欢迎?[EB/OL].2016-04-23.https://www.sohu.com/a/71213054_198184.

施的援建项目开始认识中国，也有一些人是从这些项目的实施中重新认识中国形象。

中国的过剩产能和国家资本要"走出去"，有些国家资本要和"一带一路"国家进行交换。但是如何交换，教育和文化资本可以和基础建设同时进行吗？如果机会合适，可能很多高校要走出去进行教育资源的交换。很多非通用语种的建设和中文教学需求就可以进行交换。但是不能只靠国家汉办和孔子学院总部牵线。在教学实践中我们接触到了很多"一带一路"国家的语言教学负责人，他们积极同我们对接，需要各类师资，尤其是汉语师资。但是他们的薪资相对较低，尽管住宿等其他生活条件比较好，这些项目可能也不适合我方的专业师资派遣和调配，可是我们每年有大量的汉语国际教育专业硕士，他们很多人甚至渴望可以到这样的地区去发挥自己的才智。这种语言和文化方面的人力资源供需不平衡或信息不对称也是一种遗憾，我们希望看到民间的语言和文化资源的活跃交换，才能把"一带一路"建设的故事讲得饱满而丰富。因为"一带一路"不仅仅是我们要走出去，也需要这些国家的经济和人文资源走进来。

美国的霸权逻辑拯救不了全球化资本与政治之间的矛盾，也不能简单地认为中国经验可以取代美国的政治逻辑，但是在我们现有的共建人类命运共同体的主张下，"一带一路"倡议具有新的实践意义，超越了美国和中国的单个国家的利益与经验，充分利用了全球化的经验与文化交汇的多元性与融合性，从"一带一路"的发展中找到全球新秩序的可能性，至少可以找到令我们期待新秩序的希望。这个倡议虽然是从经济贸易合作开始的，但必须调动沿线各国的政治、文化、社会交流的各个层面，否则中国就会陷入新的风险和压力之中。这其中的成果首先是经济合作互利互赢，更重要的是建立人类命运共同体的具体实施。来华留学生的培养在这一系列活动中，是增强年轻人了解互通的最主要途径。

各国在2020年疫情下也逐渐认识到，很多问题成为全球态势，一种成熟的文化心态应是普遍性地看世界，不能是单向度的视角；要想解决问题，也要多元性地考虑多种层面，在复杂问题上采取包容与开放的思维，并非头痛医头脚痛医脚的传统方式。而中国文明的特质在当下是符合这种治理风格的重要资源。中国的发展道路经过多重洗礼，经历了各种荣耀和屈辱，已经不可否认地成为一种成熟的大国道路。中国的"和而不同"与"天下情怀"可以融合东西方特质，汉民族的"大一统"包含一种平等原则的新定义，没有强制的同质化与排他性。①2020年4月以来，包括何平（笔名）等学者在《文化纵横》期刊中多有类似论述。

2.5 来华国际学生的解读

这些理论陈述之后，我们再看看国际学生是如何看待目前中国的发展的，他们怎么解

---

① 对于该主题类论文密集刊载于《文化纵横》2020年第四期至第五期。

读我们的政治和意识形态：

表述5：同中国国庆节最相当的韩国假日是3月1日独立运动纪念日。在这一天，我们人民会表达爱国情感，但是比中国人要简朴一些：人们不是在各地听或者唱爱国歌或者摆国旗。我们国家政府也会举办一个典礼，总统致辞，然后升国旗唱国歌，没有阅兵式。但是在中国，10月1日大家要开电视看升国旗典礼，然后观看隆重的阅兵式等活动。国庆节真有春节似的特别味道。

我认为文化就是人类的身份，没有正确的，也没有错误的，就是让我们每个人独特的因素得到体现。在中国留学刺激了我带着一片好奇心去了解这些差别，从而让我变成一位更包容的人。比如学校让我们参加旅游休闲论坛，这使我对于平谷区、休闲产业等有了更深层次的了解与认知。可是参加大会后，自己认为关于此次活动的知识还不够，如果没有参与这次活动的话，我也不知道平谷区在哪里，也不会了解到这么多关于平谷区的知识。参加这个活动以后，我发现了自己的汉语水平还是很差，因此我仔细搜索了活动的相关信息和知识。参加休闲大会之前，老师一再向我们强调嘱咐的是：上课学习很重要，可是更重要的是抬头看世界，了解中国在如何发展，世界在发生什么变化。我在中国留学期间，这是第一次参加这么大的大会，而且也感受到了参加这样的实践活动可以令我增长见识。

表述6：我来中国之前，虽然在电视或者新闻上看到中国现代的样子，但是那时候我还是觉得中国是比较落后的国家。有人问我是否觉得中国带有侵略性，有对外扩张的意图，并不像表面说的那样"爱好和平"？我来中国前的回答是"对"，从我的视角来说，有些地方有侵略性，通过"一带一路"政策，中国给沿线国家贷款，然后有各种各样的要求，觉得这部分有侵略性；中国政府以保护内需市场为名切断海外网络服务，不能使用Youtube、Facebook、谷歌地图等，所以我认为中国是一个封闭的国家，而且我一直认为中国的市民意识不够，中国的环境不太好。但来到中国以后，我对中国的想法跟以前完全不一样了。中国的发展速度越来越快，是其他国家无法比拟的，我认为中国已经达到发达国家的水平。

中国有其他国家所不具备的优势，面积很大，人也很多，富有创新型的人才也很多，我认为以后中国的样子是我们无法想象的。虽然觉得一党运营国家不太好，但是这也是中国的特色政治文化，各个国家都有自己国家的政治文化。我觉得中国已经可以说是发达国家，虽然沿海城市都很发达，内陆城市比较落后，但从中国的整体GDP来看不能说落后。

表述7：我来中国之前觉得中国是一个落后的国家，人们都很穷，不洗澡，城市的环境也不好。但到中国后我的看法完全变了，中国年轻人的市民意识已经达到了发达国家的水平，很多人会说英语，教育的程度也深。觉得中国人越来越遵守公共秩序，尤其是年轻人。

我自己的想法是共产党本来代表人民，虽然人民不是直接来管理国家而是间接有这个话语的权利。我想中国是爱好和平的，没有一个国家不想着自己人民的利益，这不算具有侵略性，而是现实。目前的中国各个方面已经超越了许多国家。在我看来中国人挺爱自己国家的，在这方面我之前想的和目前想的一样。他们关注自己国家发生的所有事情，支持、培养优秀人才。我觉得在中国人才外流很少发生。我还觉得中国人民都赞成政府的决策，对我来说这意味着政府成功了。如果你的人民对政府满意，不需说更多的。

原来我没想过中国的国际外交，现在我认为中国坚持国与国之间的和谐相处，互相尊重，讲究顺应自然，与自然和世界各国和谐相处。

表述8：我对中国人的精神以及中国文化的认知有了一点变化。在我的国家我看国际媒体，他们的报道给我带来了很多负面影响。来到中国后我发现并不像他们所说的那样。中国有自己的模式，我觉得中国不需要照搬别人的模式。

文化方面我发现中国人特别团结、爱国、孝顺，这给我留下很深的印象。我觉得中国的集体利益比个人的利益还要强，如果两者冲突的话可能个人会服从集体。我了解中国人的民族性特别强，还有一种对祖国的骄傲、对祖国的热情，虽然中国政府对人民的管理很严格，但是他们却热爱祖国。

中国是以政府为主运转的国家，中国的发展速度特别快，我都感到害怕，中国的潜力十分强大。中国喜欢和平，但是喜欢以中国做主的和平，就像目前的美国一样，我不知道这样说你们会不会生气。老百姓之间很平等、公平，但是在政府与老百姓之间，还是政府更有权力。中国正在进行非常强有力的积极的改革。来中国的时间长了，我对中国有了一个基本的了解。我觉得中国越来越愿意表达自己，中国感到更自信了。但是中国的文化里对"黑"这个字的看法令我有点紧张。希望将来我们会有更多机会交流，让你们了解非洲人或黑人。

表述9：其实我现在还不太清楚中国如何发展的问题，但是我觉得任何国家都需要发展，一定要有公平的政策。我觉得中国就有公平的发展环境，我看到很多年轻人准备开始或者已经开始了创新创业。原来对中国政府或者社会没有兴趣，但是通过这个调查我了解了中国。

我认为中国很多人开始遵守公共秩序，这本身就是很大的发展，但是小部分的人不遵守纪律，所以法律需要强化。来到中国后，我的确有了很大的进步，而且也比以前更了解中国的历史与文化。我觉得中国越来越会科技创新，中国变得越来越可靠，而且感到更自信。

中国已进入从发展中国家向发达国家转型的过渡期，至少如果要成为发达国家，很快就会实现。人们不再急着吃饭过日子了，而是热衷于追求乐趣。目前，各类工作岗位处于饱和状态。要想创造工作岗位和追求乐趣兼得，就必须有像平谷一些开发区那样的尝试。

以上 5 段来华留学生的表述没有直接写意识形态和政治问题，但是从各个角度说出了自己的直觉。有些观点很幼稚也带有偏见，但是至少让我们知道他们在思考。这些态度和基本立场使我们有信心，如果在课堂上专门拿出时间同他们进行真正的国情探讨和政治话语解读，一定会有很多共鸣，也会使他们各自散乱的猜测和印象变得更为理性。在后面的课程实践部分，会有当代中国话语解读课程的案例，可以印证一些朴素的对中国道路的认同，并且在此基础上，我们也可以看到国际学生对中国主流意识形态和治国理政有着较为深刻的见解。

2.6 中国之路的话语阐释

阐释中国道路和中国模式不能只讲经济发展的故事，在适当的语境中必须同时讲政治和意识形态。避开政治敏感话题都是相对不同交流语境而言的。正如郑永年所言，中国前些年受 GDP 主义影响严重，造成了很大的社会损失。一个国家的经济发展并不等同于全面的发展，经济发展固然是首要的，但是不能成为唯一内核，更不能代替其他领域的发展，我们对社会和其他领域的发展投入还很不平衡。中国的生态环境治理、就业、职工权益、公共卫生包括道德建设都不能让步于经济发展。世界卫生组织（WHO）对全球 190 多个成员国的卫生总体绩效进行排序，我们被排在 130 多名以后，比埃及、印尼、印度还要落后，医生负担公平性排在 188 位（2000 年），几乎是最后。即使这些年有一定好转，但是只重经济发展、社会建设不平衡的确在国际社会中产生了负面影响，会给人一种"经济猛龙"的感觉。来华留学生也会对此产生刻板印象，会对我们的文化认同产生很大阻隔，也会对我们的国力产生否定性评价。

我们现在的社会空间中留给文化创新的空间还是太少，如广场舞的出现和健康发展，就是一个民众自创的富有中国特色的健身娱乐文化。我们需要强有力的政府，但是也需要生机勃勃的社会，我们的社会生活要充满能自我修复和宽慰心灵的各种活动，而不是单一的"投资"和"消费"模式，否则我们每个人都成了焦虑的陀螺不停地旋转。经济生活不能过度突显，社会内部各种紧张关系也需要由文化来调解，法律和规定不能解决一切问题,也不能总是夸大政治意识形态在社会文化中的作用,要强调政治的根本性,但是在实践过程中要有现实性和群众性,以保证我们的社会秩序能够在文化支撑下有稳定和谐的连续性发展。这些不是理论分析,而是时代和社会氛围时刻能传递出来的,中外学生在同一校园内可以感受到的。

竞争使青年学生普遍陷入时间饥荒(time famine)。每个年轻人都怀着对未来的憧憬,也有恐惧与担忧,最终总要去社会的舞台上拼命竞争,精致地筹划自己的未来,似乎没有闲暇去考虑文化等问题。人们在忙碌的生活中只能用短暂的充满刺激的娱乐或消费去缓解自我紧张。这是一场新的"异化"——物质主义和工具理性主义,一时间我们还无法摆脱。社会的不平等和价值取向的多元化是终极问题,在这种时代气象中我们要让国际学生对中国话语"入脑入心""听得懂想得明白"并产生一定的认同,的确是一个挑战。面对来华国际学生的教育问题,不能仅仅局限于不出问题,不出外事麻烦,看着他们走进又走出,我们都会问:中国大学教育到底能对他们产生怎样的影响?如何改变他们的刻板印象或强化他们对我们的情感?这显然不再是语言教学问题或其他专业学习的问题了。

社会运转的基本动力是满足民众的需求,在民众满足基本的生存需求和经济自足后,就会用文化消费来证明自身的价值。文化传播、消费主义和审美的娱乐化就会影响媒体传播的趋向。瞬时的愉悦体验也成了高端的精神追求,这是以往我们的文化批评非常警惕的苗头,但是现在都成了不可逆转的潮流。中国的大量古装电视剧也拥有庞大的观众群体,这让来华学生感到惊讶。除了抗日神剧外,宫斗和女性命运又都成了一种中国特有的成人童话,就如同当年的武侠功夫电影一样,演绎着中国的人生逻辑。还有林林总总的仿制的和引进的综艺,这些就是我们的主要文化消费吗?显然不是,但是我们所追求的娱乐又是哪些?全民都看《中国诗词大会》也并不意味着我们的文化消费走向了高雅,关键是这些大众文化孕育出的公民人格,是不是新时代国家建设的主要精神力量。无论是个体文化人格还是群体文化人格,都要经受市场经济的考验。我在课堂上讲中国脱贫攻坚话题时,还找出了网红薇娅助力贫困地区电商脱贫的例子,没想到很快她就因为偷税漏税成为负面网红形象,这些都是发展进程中的正常现象,本不应该大惊小怪,但是他们在网络社会引发的思考和价值走向又无不牵动着每个年轻网民的神经。中国在发展,社会健康的主流价值和精神才是人们前进的内驱力,而不是为了攫取物质财富。

流行音乐正被各类"天团"演绎成对视觉和听觉的感官体验的各种强力冲击,其表演形式早已超过了传统音乐表现的范式,这也是流行文化的一种演进和发展。但是娱乐和审美毕竟是两种话语体系,无论草根还是精英如何消费娱乐文化,都不能否认审美是一种教育活动。因为社会生活不能以"享受"为主流,大众需要得到提升和受教育的生活。在这样的社会文化现实中,中外青年同处于中国高校的教育环境中,在文化消费和选择上我们会面对过去不曾有过的局面,也要在这些前提下使中华文化的审美倾向被来华留学生所感知,我们不能使年轻人脱离这个文化消费环境。看着中外学生在课余时间都沉浸在自己的耳机所营造的手机音乐中，我们的文化传播工作可能会进入另一种思考：我们是提供优秀音乐产品，还是制造更好的手机供其享用？

在很多选秀或综艺节目中，主持人竭力在保持文化的高雅性，使其在传播价值上占据一定的高度，就如同孟非主持的节目《非诚勿扰》，似乎含有鼓励年轻人追求真善美的价值标准，以免使节目成为成人的滑稽戏或闹剧。恋爱观和审美观在一定层面都是检验年轻人心智的试金石，我们如果冷静地分析一个个"牵手"或"灭灯"的案例，也会从中离析出中国传统文化影响下的家庭教育同当代社会生活之间的融合与冲突。这种用电视节目展现社会婚恋的方方面面不能说不真实，主持人和嘉宾之间的讨论也都归向于一种正统的审美价值取向和世界观，也给社会奉献了诸如"宁愿在宝马车里哭也不愿在自行车上笑"等尖锐话题的讨论。这些节目所营造的社会文化氛围是大众文化真正关注的，还是编导组设计出来的哗众取宠博得收视率的噱头，可能很难找到正确的答案。但是这就是我们的大众文化的现实，人们在这些文化表演或现实呈现中要找到理性的价值判断从而推动文化健康发展，这也是文化传播者的社会责任感。2020年抗击疫情的医护人员中，很多都是90后的年轻护士，她们的英勇表现和恪尽职守的敬业精神同《非诚勿扰》的青年男女可能是同一个群体，也可能是截然不同的两类人。是什么样的国家凝聚力和社会主流价值观念使中国年轻人保持着中华优秀文化的济世精神奋勇向前？从这个角度看，我们的文化价值还很健康，我们所拥有的文化模式在危机到来时还有强大的社会统合力量。

商业文化和后工业文化的复制性与快速消费的习俗，是任何国家都要面对的事实。在这个符号消费的社会，知识经济所创造的生活方式就是便于文化符号在更多更深的层面参与我们的精神生活。我们审视文化发展时总会提出历史性的问题，如果前一时代的高雅文化不能维持延续，是不是这种文化所拥护的生活观念也就过时了？人类精神的本质就是不断地超越，并不是为了历史的延续，我们需要在这个充满生机的时代涌现出更多元的中国色彩和文化成果，能使我们突破消费主义的冲击，能对未来的发展给予民众自信和希望，能创造出为世界青年所向往的审美情境，这才是中华文化传播所需要的土壤。

有些文化产品已经没有明显的国别特征，如BIGBANG的歌曲是各种语言和音乐风格的混合体；"三国游戏"的母题来自中国，但是已经国际化。某种民族的特质被弱化，日本动漫的人物并非是日本人，韩国的K-POP也是文化的杂糅，金城武的国源问题就更难界定了。虽然审美的倾向可以隐藏国家和民族问题，但是也会在特定条件下凸显出来。粉丝团体的形成和发展在网络空间的特性我们还在观察，饭圈文化跟主流文化之间如何博弈我们还未可知。

现在的中国高校大学生是90后与00后，普遍是从物质生活富足的童年和少年时代走到现在，同西方20世纪60年代后期的青年成才有一定的相似性。面对社会的多元发展，人的精神返归自我，"我命由我不由天"的反叛精神被认可，想超越现实的强烈表达同被社会异化的心灵束缚之间构成了现在年轻人文化生活的空间。这一代大学生有时会服从社会要求，但是也受个人成长的欲望的支配，有反传统的倾向。

消费主义的直接弊端就是使人只关注日常生活的享受而丧失高远的精神追求，只愿被动接受而丧失主动创造，也会使年轻人愿意屈从于现实而不能批判和改变现实。正如清华大学陈煜波教授说：中国是在没有完全走完工业化、城镇化、农业现代化的条件下迎来了信息化。中国迎来了数字经济的拐点，国家需要培养数据人才，5G时代和人工智能正在深刻影响中国，数据成了关键生产要素之一。从这个时代背景看，中国高校在建设"双一流"的态势下，新的技术专业和人才培养建设过程中有着复杂的国情，在现实和未来的育人过程中，我们要面对很多新的挑战。在这样的背景下考察中华文化传播的命题，可能才是全面的视角。

中国城市人文生活正经历着从世俗文化、市井文化向士人文化的转变，每个城市的士人文化应该成为市井文化的风向标，不能都被市井文化所垄断和碾轧。以一些书屋和小众书店的经营来看，可以看出传统文化和高雅文化追求中新的审美需求已经沉淀下来，并巧妙地通过市场需求给市民带来新的文化需求。

新的全球化和新技术的确促成了新的不平等，这是传统资本主义发展史和社会所不能解释的。但是"优绩主义"也让人怀疑。刘擎曾提到马科维茨（Daniel Markovits）的《优绩主义的陷阱》（*The Meritocracy Trap*），该书的确引起了广泛的关注和讨论，提出了自由优绩制导致资本主义不被信任的问题，教育公平也成了伪命题。我们按照这个逻辑去思考，有尊严的工作或理想的工作越来越缺失，这也导致一系列文化和政治问题，资本主义世界所造成的社会分裂和国家各阶层之间的怨恨就是一种印证。但是这些情况在我们现在的社会主义制度中也是存在的，青年学生的就业问题就是一个严峻的社会问题。

大众文化也会表现出极端民族主义和民粹主义，当然也含有资本的逻辑，和时尚消费会挂起钩来，这些都具有全球性和同质化表现。每个年轻人都在自媒体前忙碌，用手机处理外界事务，中外学生之间的人际交往也在这种文化中变得浅和淡，很难在一系列持续性的社交中感受对方的人格与品质。第一反应常常是是否受到尊重，对方是否礼貌，或者对方的颜值是否足够吸引人，这些表层的人际交往变成了手机和电脑之间的"机际"交往。

美国学者尼尔·波兹曼（Neil Postman）在《娱乐至死》中早已提出对后工业时代文化精神的枯萎的担忧。多数文化传播以娱乐来定义或建构现实，隐喻的价值必须依靠媒体来实现，或由短小刺激的短视频来完成内容的填充。语言表达也在退化和降级，"婴儿化"和反智亚文化成为个性标签与荣耀。"抖音"等APP以大量几十秒的视频占据众多人的眼球，仿佛刷抖音就是在浏览整个世界的大众情感和信息，这同传统阅读感受到的文化情怀大相径庭。也许短视频也可以传递深层的情怀，但是因为其目的为吸引注意力必然使视频格调转向媚俗。集体无意识的传播所产生的廉价文化自然会快速弥漫，也会消解掉严肃和高雅的文化传播。

中国文明和西方文明在政治理念上存在一定的差异，演绎出了不同的政府和经济治理的独特关系。中国的治理文明从来没有认为经济是一个独立发展领域。中国的党建文化已经构成现代中国发展的推力，我们从"党政分开"到"党政一体化"再到"以党领政"，这套独特的政治话语也要在适当时候传播给国际学生。

我们避免用看似最民主的方式造成了最不民主的结果，比如采用"公投"这种倒退的政治手段来决定重大议题，中国政府没有这种不负责任的表现。

党权是中国政治权力的来源和根本，因为中国共产党是使命型政党，不是普通的西方话语中的政党，是中国发展和中国政治故事的独特产物，中国共产党致力于推动人的全面发展、社会全面发展，这比共产主义思想更加具体。

政治的根本是制度，制度决定了政治行为。党的十九大就是制度解读，而外国学生对我们的政治制度是很难理解的。但是青年学生是世界的未来，我们不能让这种情况继续下去，制度讲解应该成为国际学生通识课的一个重要部分。

我们政府的高效工作很多是来源于我们的制度，但是我们面对外国留学生要对中国社会进行解读时，很多人就自己失语或禁言。来华留学生对中国政治制度和政治生活不熟悉，这的确是我们传播文化的一只拦路虎，也是一个顽疾，大多数来华学生对我们的政治制度和民主建设抱有刻板印象和偏见。那针对于此顽疾，我们能不能专门针对政治和意识形态话语进行专门的讲解，以此来破解他们眼中的中国"政治专制"和"政治功利"。以前我们很少能实事求是地讲解我们的政治，其实我们不必粉饰或刻意美化，只要心平气和地讲解我们的国情和基本政治制度，讲好深化改革时期我们遇到的问题和取得的成绩，就会得到理解和认同。但是如果避开不讲，就失去了话语权和教育机会。

由于美国意识形态标准简单划一而且色彩强烈，中美之间已经不可否认地进入了意识形态的竞争。中国的发展方向越不符合美国的期待，政治制度和意识形态的负面影响就越会显现出来。很多新的领域也会出现意识形态竞争。

话语的对等转换也非常重要，美国人喜欢用"自由"，而我们则发明了"人民"一词。这些都可以在课堂上给来华留学生解读，也一定非常有意义。再比如，儒家对中国经济的维护和发展起到了很大的作用，中国的很多社会危机和社会问题都是儒家文化传统给解决的，政府固然重要，但是政府不是万能的，儒家文化的社会整合机制一直在中国发挥着作用。

2020年疫情防控在全球领域内也考验了西方自负的心态，这也使西方为中心的自信有所消退。中美贸易冲突和疫情在客观上都促使世界在反省，这有助于建立全球新的秩序，也有助于西方理解中国的文化逻辑和治理理念。众多来华留学生有留在北京没有回国的，他们跟中国人民一起经历了防疫考验，而回国的留学生也不同程度地有所对比和体验，这些感同身受都使他们重新思考中外在文化和政治治理上的不同。这个时代中文化体验是具有价值的理性成长的资源，来华留学群体是我们要进行转化的主体力量之一，因为这个力量是不断成长的，在世界未来的治理中，他们应跟中国站在同一立场上分析和解决问题。

文明的特殊性在于会在历史的某一时刻对政治、经济有一定的影响，也容易使人群按照自己的标准去要求其他族类的文明。一些美国人录制的一些心里话也说明：We know nothing about you（我们对你们一无所知），but we need not to know（但是我们不需要知道），因为我们很舒服，你们都想成为"我们"，所以我们无须了解你们。2020年4月17日，"美国老张"上传了"美国民众怎么看中国"的视频，人民日报等主流新媒体都进行了转载。视频中说：我们美国人知道长城，但是并不知道长城的历史；知道中国是制造业中的巨头并影响着我们的生活；知道姚明、林书豪和中国功夫；我们对唐人街的生活很好奇，但依然不知道你们的日常生活。中国人的卧室什么样？周末做什么？美国老张也提出了一种"人之常情"，那就是美国人没必要跟不同文化的人进行接触而自找麻烦。在这个互联网时代，年轻人应该有能力创造出了解各种文化的舞台，来改变这种"不需要自找麻烦"的心态。

在哲学视角下，中华文明具有与不同文明深度对话的品质，我们要找到在世界舞台共同存在的根源和互通的生活理想，有利他主义的自觉的善意。这看似简单，但是要在实践领域去实现，否则这些简单而伟大的命题都会变成失落和沮丧。来华留学教育就是这些愿望的起点。

欧美国家也开始关注到中国对软实力的追求，希拉里早在2011年就说过中国和俄罗斯都在利用英语网络进行对外文化传播。但是西方政客很少真正倾听我们对主流文化的阐释。向西方解释中国并为自身辩护从而消除误解，也许是在很长一段时间里我们要做的工作。中国一些官方主流媒体已经过渡到了商业集团，在遵循市场扩张的逻辑，很多学者认为国家媒体向全球扩张既是商业选择，更是国家使命。

我们的精英和普通民众对文化的情感和理性判断在提升，有了渴望跟世界对话的要求。在这个背景下，中国的民族主义是复杂的、多维度的，一些人针对西方的霸权主义和种族歧视缺乏理性的思索。消费主义使中国的中产阶级更将生活向往投向西方。这就要求中国媒体需要展现不同阶层都能安居乐业的生活场景。在此基础上，中国还要抓住"儒家+社会主义"的特色，并向国际年轻人说明，马克思主义是中国社会主义的本质。这些理论可以在各类文化理论课中进行适度讲解和渗透。

追逐私利的精神也是一种力量，已经很难找到什么可以约束这种力量，再加上当今物质利益的充沛，现代人一般都是图利心态。人群日益分散和多元，这对政治制度和日常生活的确产生了影响，但是归根结底，我们可以欣慰的是民间日常文化也许是我们精神和文化重建家园的基地，而我们阐释我们民间世俗文化的能力还可以再挖掘。中国人观照自然万物均是从人的情感和精神出发，自然在中国人眼中是有情感和灵魂的宇宙。共生共存的人际理念、重和谐反偏激、温馨的济世信仰都是我们特有的精神心态，这些对现代文明可以进行一番弥补。

孔子说"放利而行，则多怨"，只靠市场和私人资本不行。中国转型的经济问题和社会问题要不要跟国际学生一起分析？其实我们不讲他们自己也会带着固有的知识范式和认知去分析。

中国农村的问题和乡镇建设不仅仅是道德建设，而且是后工业时代下的新经济空间，是一种精神的象征，农村或乡镇是否还是我们涵养人、养育人的故土？传统乡绅的积善修德及普通百姓的人际交往是有巨大的价值的。民族本身就是想象和塑造出来的政治共同体。民族性文化和一般的交际语言可以伴生，也可以有很大的隔离，汉语毕竟不是英语，不是工具性语言，这就很难让学习者在学习之初就做好对文化学习的准备。

社会主义不是国家资本主义，我们的党和政府在不断改善民生、精准扶贫。但是国际社会的敌对情绪很多是对我们制度的先天的偏见。其实政治认同是当今世界年轻人之间认同的首要问题，"政见不合"很难建立真正的交往。在世界的公共利益当中每个人都是受益者和相关者。中国的崛起不是同世界竞争，更不是同世界其他国家争夺资源，而是为未来世界提供一种新的方案，为世界增添一个新的体制。这也是郑永年先生反复提及的。

来华学生很少能说清楚中国的发展优势和建设成就，这的确是令人遗憾的。但是他们为什么还是来到中国，其实也是一些跟中国相关的合力促成的。我相信近几年的来华留学生已经感受到了，中国政治的强大主体是中国共产党，只有中国共产党能够保障稳定的国家治理的稳定和持续发展，以前我们在民间交流和课堂教学中避免谈及政治，以后我们可以把这种当代中国和未来中国发展的政治保障当作主要的中国故事讲出来。

近年很多来华留学生也观察到，中国的国家治理介入生产的能力是有效的。从形式上看是一个庞大的官僚体系来组织生产和经济，但是这种人为干预和主导过程远胜过市场主导的分工体系，中国各级政府是有政治理想的，这样才能摆脱商业逻辑去建立新的信用体制。

其实，当代中国有一个非常重要的故事是非讲不可的，那就是中国共产党和共产党人的故事。我们在课堂上如果不敢讲，那也很难指望在其他场合能讲好。新中国简史或当代中国的故事中，共产党的故事应该是最核心最浓墨重彩的一笔，我们为什么不敢讲，是怕讲不好还是怕国际学生不爱听？我想是源于我们尝试得少，或者没有专门去做一种课程尝试。外国人不理解中国共产党自身所形成的一整套文化，包括它的历史由来和中国道路选择的必然性，更不理解我们的实践和话语体系。在人类历史上，中国共产党是最强调文化与道德建设的政党，中国共产党从《论共产党员的修养》开始，就确立了一个党员为一种崇高事业献身的道德自律和建设标准。今天的中国各级政府领导人和各条战线的普通党员，都在用自己对事业的信念和崇高的献身精神做着身边的工作，我们应该让国际学生了解到中国社会是如何运转的,我们的执政党是如何抓好各项事业的。对国内群众我们可以用一种声情并茂的方式让普通大众了解到党是如何执政的,以情感性的话语来弥合政治与民众之间的距离。面对国际学生,我们更不能回避。无论高校课堂或民间都应该利用新途径或新的网络渠道,以创新的表达方式来与年轻人沟通。这种新的政治故事可能需要好好摸索。

在国际中文教育的文化课堂上,我们不能复古更不能排外。有的老师将《弟子规》变成初中级汉语阅读教材,我想这样的选题可能很难处理,需要看学生的反馈和教师如何将教材与自己对传统道德的理解讲述出来,这样的课堂值得我们去好好探究。既然有这样的教材也有这样的课程,那么就一定会有经验教训供我们参考。"以古人之规矩,开自己之生面",这不是简单的教学理念,真正需要很多教师去实践。

以北京高校为例,从事国际中文教育的教师应该时刻跟上国家战略,了解北京作为首都在中国社会经济发展中的地位。近两年有些议题我们也可以在课堂上提出来,引起国际学生的关注,因为这是北京,有很多地方高校不具备的地域优势。比如,北京"两区"建设是全球疫情冲击下的未来经济的谋篇布局,是否可以对文化事业产生辐射?建设国家服务业扩大开放综合示范区和中国(北京)自由贸易试验区,是对数字经济和数字资源的一种全新整合,要落地一批国际性、引领性、突破性项目,北京智能城市管理设施和服务业开放政策也同时融入,必然对文化贸易和文化创新产业产生间接拉动作用,这些在经济领域的突破性建设如何在文化领域产生外溢效应值得期待。以北京朝阳区为例,金盏国际合作服务区在未来要打造成服务贸易示范区和国际组织集聚区;奥运功能区要打造为高标准国际交往功能承载区;一些老旧厂房转型为文化产业园,构建出文化产业领域改革创新体系。这些区域的建设会逐步改变国内外对北京的功能区域的陈旧认知,一些新的文化地标和文化栖息地也会衍生出来。北京很多高校的国际学生对这些文化产业园是有感性体验的,他们在闲暇时是有机会观光游览的。

北京城市副中心的建设中,通州台湖演艺小镇已经做了一些尝试,台湖会展贸易中心、国家大剧院舞美艺术中心和双益发文创园都在初步形成文化产业生态。台湖的建设规划以打造人才高地、青年人才社区的孵化基地为目标,区位优势是紧邻环球主题公园和北京经济技术开发区,希望这个"舞台上的世界"能成为北京真正的文化建设风景线,使北京焕发出传统文化、经典艺术与现代文化产业融合的魅力。我们曾组织国际学生去参观台湖演艺小镇,他们对这些文化基地的意义虽然理解不到我们的高度,但是他们真切地看到了北京是将传统文化和现代化发展巧妙融合的国际都市。

北京对传统文化资源从"十一五"到"十三五"期间一直在不断开发和整合创新,在文化创意产业中取得了很大成绩,文创产业和服务贸易增加值比重在全市地区生产总值中都在不断提升。来华国际学生的文化实践和"感知中国、感知北京"等系列活动也要跟上新时代北京的发展变化。

国际中文教师不是政治学者，但是至少在课堂上应该有政治学者的气派。前几年影响较大的中外学者对话有过几次，以张维为对话斯蒂格利茨为例，其中很多议题也是我们国际中文教育中必备的政治语料。我们现在开始关注政治理论、社会力量和资本力量的平衡，但是市场力量和大企业的力量正在钳制民选，这种现象在发达资本主义国家会发生，资本的力量会利用财富打破这种平衡，但是在中国却不会发生。很多外国人会说：在美国我能公开批评特朗普总统，其他美国人也可以批评，如果没有媒体自由，特朗普早把信息管控起来了，无法使人知道真相，而这个世界上很多国家如果像在美国一样公开批评国家领导人是骗子、撒谎者，那么他可能早就进监狱了。所以迄今为止自由媒体是美国的一个优势，至少还保持着开放态度，如果没有这种公开自由的批评精神或批判元素，或许可能会取得一种共识，但是这种共识可能会支持错误的决策。那么对待这样的回答我们怎么应对？我们也看到了美国法治社会的僵化和教条以及烦冗，法治框架很难撼动，比如控枪法案的修订是非常艰难的。斯蒂格利茨当时回答张维为的是：任何一个头脑正常的人不会允许我们拿着AK47在街上闲逛，那么你可能会问，当初立宪者的原初旨意是什么。但是当初没有这种情况，以前社会上层大多是前工业时代的奴隶主。特朗普让美国人认识到了美国宪法的弱点，也看到了参议院助纣为虐，一个人就可以制造那么大的破坏，所以大家都在呼吁进行民主改革。①

疫情是中国政治对全世界的公开课，马丁·雅克也说这体现了中国的国家政府和社会之间的紧密联系，是符合社会的整体利益的，中国共产党有9000多万党员，很显然是中国人民的脊梁。威权主义不能简单地描述中国，这样会把中国描述为一个专制的等级国家。中国已经发生了翻天覆地的变化，通过民调人民对政府的满意度非常高，中国共产党就是中国社会转型的缔造者。马丁·雅克也承认并非西方民主政治可以代表人民，从1945年到1980年，西方民主的确起到了好的作用，但是现在运行有问题。②

张维为指出社会主义在西方的教科书和媒体中一直和贫穷联系着，平等但贫穷。但是邓小平提出贫穷不是社会主义，中国要消灭贫穷。张维为认为中国改革开放中最大的成绩是解放了思想，有勇气去拥抱和尝试各种模式。

以上只是一个案例，我们不是要求每个人都成为张维为那样的学者，但是我们应该不断学习和进步，有应对政治问题的知识储备。

我们的地缘政治和所处的国际环境并不好，以后也不会有多乐观，中国的稳定建设局面是我们自己争取的。中国企业走出去的路程也是艰难曲折的，华为、中兴受阻，我们的企业同亚洲"四小龙"时期的时代和境遇又有很大不同，但是无论如何我们的企业要走出去，然后文化力量的生存和传播才能找到逻辑的起点。国家兴盛才能证明我们的制度是优

---

① 张维为对话斯蒂格利茨：被特朗普破坏的全球化，该恢复了［EB/OL］. 2020-11-09. https://baijiahao.baidu.com/s?id=1682837247741187564&ufr=spider&for=pc.
② 雅克. 大国雄心［M］. 2版. 孙豫宁, 张莉, 刘曲, 译. 北京：中信出版集团, 2020.

越的，是最适合中国的。在这个前提下，我们期待外国留学生能客观科学地评价和评估中国的未来发展，能历史地、辩证地看待中国的问题，这都是不容易的，因为课堂上的解释和说明只能起到一部分作用，大部分还是要靠他们通过中国大学生的精神面貌与中国大学气象去感受。中外学生个体间的跨文化民间交流同外国学生感受中国社会可以说是大同小异，都取决于心意相通。

3. 交流与价值认同

人文交流从不同族群的交往开始,有交往就会有以语言交流为第一载体的交际。这里的交际不是主体间的生存交际,而是文化理解下的人际沟通与交流。而有效交际就是更深一层的主流价值的交际,每一个交际行为都是特定文化语境下的人际功能的交流。

3.1 文化差异与调适

西田宏子在20世纪90年代末提出了文化图式理论(schema),指出图式的总和是个人的全部知识。如果把来华国际学生看成是文化旅居者,在接受系统的教育之前,他们都会本能地通过自我约束(self-regulation)和自我指导(self-direction)来适应东道国的文化语境。

进入21世纪以来,我们的文化学者倡导有系统地进行海外民族志的研究。虽然我们起步较晚,但是这种学术精神表明一种试图寻找、表述、观察和探究西方社会生活的方法和态度,这样的努力,不仅反映出中国人开始努力融入世界,也标志着我们开始关注西方社会生活的细节、关注西方的现实生活。随着互联网的发展,虚拟民族志(Virtual Ethnography)以更复杂的形态进入我们的视野,文化阐释工作也随之变得复杂起来。

跨文化传播研究将以何种姿态介入社会现实,如何才能将量化与质性研究更好地结合,同时又适合本土的文化现实环境,这是新的现实要求。但是一般的阐释工作都会出于政治和意识形态的需要,这个过程很容易导致偏见、歧视甚至敌意的产生。

在对来华留学生的文化传播工作中,也不必过多地强调文化差异,这会产生不必要的文化误读。教师要善于抓住中外青年学生在全球化背景中的共性。人际冲突会在文化传播中呈现出来,不和谐不相容的状态比比皆是。中外师生和中外学生之间在各类文化活动的彩排与商榷中都会产生此类现象,只不过我们对此持忽略的心态。我们希望看到中外学生在合作的文化活动中能产生一种新的文化地带,创造出"第三种文化",在不同的文化场域中能学会缩短相互学习和调试的过程。中国高校的新一代大学生对整个世界充满了热情和向往，希望融入世界去展现民族风采，这是一种全新的时代气质，也是促成良好文化交流的动力。

中华文化传播必然要解决好来华留学生的文化传播问题，这是不能忽视的一块试验田，也是可以使我们看到很多经验教训的一种镜像效果，更是我们教育成果的试金石。文化传播一定要建立在体验的基础上，不是一边在课堂上学习汉语一边就可以领悟的，需要社会各领域的时代精神和八面来风吹入校园，中外学生共同在"风声雨声读书声"中感知中国。只有全面地感知中国，才能全面地被中国感动。

社会在网络助推下有一些亚文化现象，这些亚文化并不属于某一社会或种族的特有现象，而是广泛地存在于不同国家的青年群体中。粉丝文化是近些年来在网络文化促动下的一种青春亚文化的体现，这些追星消费活动中甚至还带有文化崇拜中的"诸神已死"的色彩，青年们在主流文化之外进行自己的造神运动，只不过偶像是社会中的真实个体而已。很多在华留学生在文化娱乐活动中一边传播自己国家和民族的偶像，一边也会不自觉地加入中国年轻人的粉丝团中，但是这种现象并不多见，这也表现出粉丝文化的国别地域差异的特征是很强的，也说明我们的流行文化消费还没有形成更具独特个性的偶像消费群体，在对外传播中的竞争力还不够。日常生活中有一些文化消费可以证明，比如流行音乐，如果国际学生不听中国音乐人的作品，那就是在消费英语国家的音乐作品，这也隐含着个体在审美欣赏中的价值认同。

中华传统文化中有克制和内敛的气质，也具有求同存异的包容性，这种精神气质同当代的狂热娱乐之间也许能达到一种契合，但是这是在高度文化自觉后。看似高度理性的擅长集权表达的儒道互补的文化，同后现代中新的文化娱乐应该共同编织成新的文化模式。尽管现在很少有人去描述这种融合，但是对抗是没有意义的，也不可能用当代娱乐精神去排挤或取代传统的文化气质，用中华文化的气质去强力抵制文化市场中的娱乐也是不现实的，我们期待中华文化的当代延续是一种高端的继承。在全球化的娱乐文化中加入中华文化的理性思维、人文理想和审美情趣，应该是当代中国文化独特性的重要标识。

建设和谐文化氛围要求在相对失衡中找到相对的平衡。人们可以利用这种和谐文化寻求生理和心理机制的庇护与安慰。每个社会个体在感知这种文化模式时都会自觉地按照主流价值观去消费和创新。本土文化在同外来文化融合时，在相对弱势的态势下会失去市场和大众的注意力，但最终它的传统的凝聚力和同化力会在某个阶段发挥作用。我们的流行音乐在面对 K-POP 等外来音乐的冲击下并没有丧失自己个性化的发展。现在几乎每个高校都有自己的电子音乐社，他们并不是一味地模仿，而是在一步步地进行原创交流和个性化的展示。这些音乐团体虽不专业，但是却在寻找一种原创的精神，这是青年文化主体最宝贵的特质。

中国大学生的审美能力培养不仅仅在审美情趣上需要引导，他们的社会认知、自我理想设计也需要引导。中国大学生同来华留学生有审美差异，但是前者的审美素养会在人际接触中首先被后者感知和评判。中国大学生的审美价值取向是从核心价值观中发展而来的，高校的审美素养教育是整个民族审美教育中最重要的一环。这一阶段不是基础美育，也不是成熟后的多元审美倾向的外显，大学生的审美观是具有创造性的，同时更是可塑的。

中华文化的审美功能主要体现在高校的文化艺术通识教育中，但是现在很多高校的文艺表演也流于庸俗化和粗鄙化，要么是费力地向高雅模仿，要么就是街舞或韩国舞团的嘻哈风格。由于没有艺术训练和积累显得做作，如合唱表演中出现的红军题材的歌舞，显得幼稚没有真情实感；要么表现出庸俗化，街舞等艺术水准不高的表演也充斥着高校舞台。各国留学生的审美情趣也表现各异，但是高标准的艺术表现能感动所有中外学生。虽然种族、宗教和文化背景不同，但是艺术活动和审美体验是人类共通的，这方面共情的创新设计还要高校的文艺社团或团委发挥组织和开掘作用。有些高校已经注意到利用文艺表演这个最能引发共情的领域，去探索中外大学生共同合作下的艺术表现，以往我们在这方面浪费了很多资源和机会。

高校在很多活动中"画龙"较多，"点睛"较少。"留学中国"的概念的延伸是什么？"知华友华"之外还有没有中外双方都认同的理念将留学教育与中华文化传播联结起来？这些都是需要高校在各项留学生管理活动中拿出的设计和创新理念。至少我们期待留学生主体的创新空间在中国高校中能健康形成，各国青年能在汉语学习和中国校园文化中结成"人类青年共同体"，而不是像现在有一盘散沙之感。

在当今的高校校园中也会折射出整个民族心态的变化，物质主义和个人主义在上升，粗鄙与低俗虽然没有侵蚀高校青年群体，但是僵化呆板、缺乏文化创新的校园文化氛围却是真实存在的。最近几年少有杰出的文化创新者在高校中涌现出来，却多了许多刷朋友圈的"低头族"与反智躁动的粉丝群。很多媒体的媚俗节目拉低了整个社会的审美价值标准，中国大众文化的文化主权问题跟这些社会现象也是直接相关的。国际学生也要在这种文化氛围中进行文化差异的调适，这是自觉发生的。

我们的公共文化服务缺乏，即使在北京这样的文化中心，有个性的文化广场和图书馆也寥寥无几，文艺雕塑还没有吸引人的杰作，这些都表明我们的城市文化精神还没有确立起来。留学生生活在这样的城市中，他们也许因为语言的障碍对我们的很多文化思潮或文化表现有不理解之处，但是作为审美主体，他们的审美思维和文化感受力是敏感的，对所在城市的社会生活的文化符号是有鉴赏能力的。如果我们整个文化氛围缺乏文化资源和审美追求，一切都是消费型的肤浅低俗的娱乐，对在华留学生而言就不存在中华文化传播。

当今青年的幸福观和理想信念不同于过去时代，以往我们会基于现实和历史使命感与责任感来确定个体的理想，而现在90后的年轻人多是在媒介与广告所营造的梦幻语境下，利用商品形象唤醒他们的"理想信念"，而不是人的自我能力对现实的突破，进而造成他们的理想和现实之间的另一种逻辑,这种逻辑同中华优秀传统文化之间会是一种零和博弈。

"互联网+"的时代正对应了一个"文化+"的时代,社会发展的任何现象都成了文化,很多行为都成了文化传播,真正应验了"文化即传播"的命题,社会是否进步几乎可以理解为文化是否健康发展。但是文化跟享受、享乐的边界越来越模糊。电影、电视的影像生产对文化有升华和传播作用,传播背后是更深层次的经济利益、政治诉求和娱乐体验相伴,我们目前还来不及思考这种文化消费是进步还是倒退,就要迎接这种泛文化无孔不入的洗礼。

智能手机终端成了人的主体表达与客体接受合一的载体,"手机即人"并不为过,手机不再是通信工具,而是我们处理各种信息、替代我们表达的自我平台和通道。不同特征个性的人会用不同信息源的手机,再给别人分享自己的意见和表达,每个个体都极力让自己的传播进入他人视野,唯恐落人之后。泛传播时代和泛文化时代相遇,改变了很多人的生存方式和价值追求。

来华留学生群体如何在中国的校园文化中产生某些"社会交换"的需求?这种"交换"与传播、认同之间是什么关系?要使一个群体主动地从另一个群体中汲取精神营养,绝非易事。人群第一反应是排斥异己的,简单地看,中国人喜欢喝热水,而很多留学生竟然对此感到诧异,因为饭馆一般不会给食客提供凉水。无论我们从保健还是中医的角度来解释喝热水好,一个想喝凉水的顾客也是不以为然。一个生活习惯尚且如此,何况一些文化逻辑和思想认知呢?促使对方反省的事件可能会很多,但在社会交往中,一个群体宁可采取归咎于对方的态度,也不愿反省自身的问题。

以在京留学生的生活为例,曾经我们认为的理想状态是在秋高气爽的周末,留学生们可以惬意地骑着共享单车在北海公园跟中国老人们一起品茗学唱京剧,用流利的汉语交流着京城的历史和古都趣事,这种图景是存在的,但是绝不普遍。在京留学生们有些人在日常生活中也承受着北京大都市的拥挤和交通不便,周末宅在宿舍里用网络看着自己国家的网站,然后等着夜晚去三里屯、五道口的酒吧或望京买一次酒醉,文化游离者大有人在。首都留给来华留学生的文化栖息地和公共资源很少,似乎他们也能感受到这个国际化的大都市承受着国家发展转型中的无可奈何的重负。

中国不是德国等欧洲国家,不像欧洲80%的人口都生活在几万人口以下的小城镇。我们所有的经济资源几乎都在一二线城市,中国农村目前的社会资源流入很少,民宿在休闲旅游中虽然起到了一定的引领作用,但是其实还是把"城市人"与"乡下人"区别开来。"美丽乡村"建设有政府资本,但是代替不了社会资本。我们曾经带领留学生考察过中国的新农村建设,一些乡村的基础设施建设和初具规模的乡村旅游项目改变了很多学生对中国农村的印象,但是这里的问题是很多留学生并不知道中国的农村建设是进步了还是原来就是如此,他们对中国乡村的发展和中国为缩小城乡差距所做的努力没有更深的体会。中国的扶贫工作和农民的生存发展其实也是国际社会所关注的，农村问题的解决也是影响国家形象的重要因素。来华学生不了解中国的农村经济和人文，也就不会真正了解中国的发展。

中国的社会主义建设成就如果不讲清楚就不会使国际学生信服，那我们的中国故事就只能停留在传统中国的意义上，滞留在历史叙述中无法向前，就只能在非物质文化遗产中徘徊，我们发展中的问题就会始终成为他国言语中的诟病。所以从人文科学的视域来看，中华文化传播不是单一地把中国传统优秀文化讲好，而是建立在中国社会建设中的很多具体成就之上的，而且这些具体成就关乎国际青年和中国青年的共同利益。来华留学生还要感受到一种社会现实，就是中国经济建设和政治制度的优越性能反映到普遍中国人的心态上，这才能产生文化上的感染力。中国社会建设不好，就不会有文化传播，国际学生就始终不会对我们的故事感兴趣。就如同我们自己一样，我们不会无缘无故地去关注另一个民族的文化。

有人说一杯美酒倒入一桶污水中还是污水，一杯污水倒入一桶美酒中也使美酒成为不能饮用的污水，关键不是美酒和污水比例的多少，而是中华文化传播一定要建立在美酒香气四溢的情境中。但是不能等到我们所有的建设都完善了，才想起来高校对来华留学生的教育，才想起来要注重文化认同和传播。

步入2020年，随着英国脱欧的尘埃落定，似乎全球化的势头正在衰落，但是中国在坚定地推进全球化。全球历史在某种程度上出现了逆转，分裂与离散似乎占据上风。全球化的传播逻辑又使各国的大众文化容易养成上班拼命工作下班尽情享受的心理补偿等情感倾向。程序化和后工业化的井然有序的工作机制与规则使全球的中产阶级和年轻群体都陷入这种忙碌的节奏之中。中国文化如何能够克服这种生存节奏，中国人用什么特殊的精神情感使自身保持同大众文化的适当距离，呈现一种都市新的诗意存在的状态，是我们对在华留学生要传递的中国式的生活追求。广场舞曾经饱受诟病，但是目前却也是中国大众文化对外传播中较为成功的一个范例。这表明中国人的生活态度总体上是积极乐观的。在华留学生课堂上的中国文化教学主要讲解主流文化和高雅文化，而日常生活中最吸引人关注的还是形形色色的大众文化。课上课下的两种文化氛围和具有中国特质的信息都需要高校进行调和，帮助在华留学生进行正面积极的解读。

电视和网络娱乐节目的语言是夸张的，利用修辞上的渲染和叙事上的联想，使语言文字失去了传统书面语言的庄重。网络文本的语言策略也变得日益商业化，努力制造心里好奇的噱头，用娱乐的吸引力或恶作剧的心理来换取一时的共鸣。2019年的"我不要你觉得，我要我觉得"等一批流行语如今再说就很倒胃口。网络平台的新闻语言正在变得幼稚和草根化。

网络文化成为大众文化中发展最蓬勃迅速的一支，其中的"山寨文化"在网络的土壤中正焕发出新的活力。曾经"山寨文化"在商业领域带来了消极影响，从小微企业商品的造假到低成本的制造，都明显地表明，我们的商业文化正充斥着用"外观制造"来骗取"本质利益"的乱象，这种乱象已经成为国外对"中国制造"的共识，也给我们的国家形象带来一定的损伤，一些野蛮的抄袭和模仿也表现出我们一些企业在市场经济之初不计手段和后果地追求利益的反理性色彩。但是近几年伴随商业中的"山寨文化"的隐退，文化娱乐中的"山寨"创造却显现出一种创新渴望和民间民主力量的表达，即众多学者所说的中国底层草根文化开始强烈向上涌动的渴望和勇气。不仅要自娱自乐，还要重生，或最终以被主流文化收编认同作为胜利的标志。如"民间春晚"和"网络春晚"就应运而生。假设这种"山寨文化"持续深入地发展下去，无疑证明在文化市场中蕴藏着中国式的创新，它的民主性和社会性是在社会转型期中自然体现的，并吸引了很多在华留学生和外国人的注意力。这些文化含有中国文化特有的各种地域的幽默和表达方式，是在精英文化垄断的文化资源中脱颖而出的，民间的"百家讲坛"等版本都充分表现了"王侯将相，宁有种乎"的文化勇气。这些文化表达因为接地气继而有民众支持，在市场和商业中也得到了回馈。这种"山寨精神"是另一种中国特质的民间力量，"抖音"中的大量短视频就在努力地营造这种文化逻辑和土壤，并试图在这文化土壤中生存下去。这些大众文化传播均和政府、主流文化关系不大，却依然有着旺盛的生命力，并使很多在华留学生也加入其中，这是值得高校文化教育重视和思考的文化现象。

中国大学生的休闲教育还有待加强，性情教养上还要下功夫。闲暇教育的目标是多元的，"慎独"教育与情感、知识并重的教育，但是我们在高校实施得不多。

交际素质也是一门必修课，交际行为可以传播和更新知识与思想，起着社会整合化和创造团级互助的功能。道德交往与日常交往相区别的就是前者促进交往主客体的道德精神反思，在理解对方需要、理解彼此价值追求的基础上，正确地把握生存意义和关联价值，使人类在交往中觉醒并找到人生真谛。而目前我们的个体交往受限于电子媒介，"坐而论道"的深入交往很少发生，更不用说中外青年面对面思想的交流。

我们并不主张精英文化要剥夺大众文化的传播话语权，但是人类在娱乐面前会普遍显现出反智、反传统与反高雅的情绪。手机在这其中成为帮凶，完成了革命性传播对传统文化的击打和超越。中华文化在传统中积淀下来的百姓生活和精神营养可能很难在当下的媒体传播中呈现出来，我们的"童年情结"正在丧失，一切都被过度设计，"温良恭俭让"和日常的公序良俗由于没有消费热点正在被忽视。这种娱乐化的传播还会制造一种假象，就是当年轻人没有能力和精力在现实中实现自己时，就会专注于在媒介中表现自己和刻画自身形象。像《中国诗词大会》这样高品质的节目近些年还是相当缺乏，我们的综艺在高端制造上还需要具有坚定的决心和创新精神，不能停留在模仿韩国等娱乐综艺的低水平上，这是对公共文化资源的浪费，也是对媒体良知的背叛。"开心快乐"的确成了社会所认同的廉价幸福，"尽情享受"也成为个体天经地义的人生座右铭。这些媚俗文化观念并不是后殖民主义和后工业化时代西方文化中心论带给我们的不良影响，这完全是我们自身的社会发展在市场逻辑面前的迷失所造成的。我们现在的文化自信并不是从拨乱反正或一片废墟中再建文化,我们是正本清源,在大国崛起中保持文化的健康发展,向世界贡献一种传统与创新相融合的中国生活,为人类命运共同体赋予一种新的文化精神。

历史上曾有的欧洲知识体系与自身民族命运可能给我们造成了长达百年的文化自卑,但是我们中华民族的发展史在新时代已经使我们确立了一种文化自信,我们在各个社会生活领域创造出的卓越改变和进步已经不再使我们仰视西方文化的"优越","河殇"的悲观情绪在这个时代已经不复存在,我们有信心进行中华文化"走出去"的传播工作。从这个意义上讲,在华留学生对中国的刻板印象转变了,我们的文化也就走出去了。先前我做了"在京留学生成为中华文化传播主体"的教学研究,认为北京文化精神同中国文化之间有同质的映射,从"在京"到"在华"留学生,看起来似乎命题由小变大了,但是其实命题本质没有改变。

我们的文化如果能吸引人的注意力,也是在大众自媒体中被筛选出来,由一些中间人来讲解,从而起到传播的作用。同样在疫情防控期间,美国学者、脱口秀演员艾杰西(Jesse Appell)在美国的演讲《武汉疫情防控期间的中国式幽默》就很受欢迎,将中国民众的日常文化中的内敛克制同散发智慧光彩的幽默行为联结起来,一反美国民众对中国人的传统印象。这就是非常成功的文化传播,在欢笑之余,这些"中国式幽默"也令人思考。疫情防控是非常沉重的话题,但是中国人用自娱自乐来表达自己的乐观与积极的人生态度,这是中国式幽默的文化传播的外溢。

国家工业的发展也会促进文化的传播,中国在工业化进程中也形成了特有的物质文化、制度文化和精神文化,我们的汽车文化、工艺品文化、时装文化、工业体制、企业文化和工业美学等都是等待挖掘的资源。其实我们的"一带一路"倡议中,已经向一些国家展示了我们的工业文化,使一些国家在不同层面感知到了我们的创新型企业和创新生产体系的建设成果。但是我们也要面对历史上在工业生产方面给国际社会形成的刻板印象:暗中模仿抄袭、不尊重知识产权和高仿的山寨产品,这些也使中国产品一度成了赝品和假冒伪劣的代名词。当然这种改变需要我们过硬的产品,通过实实在在的国际消费树立品牌。现在的一些文化社会实践教学已经将学生引入了工业新区建设和知名企业内部参观,这样的传播方式可以突破意识形态输出的偏见。把中国工业和科技的故事讲好,也是中国人民在新时代自力更生、爱岗敬业的体现,这也是构建人类命运共同体的新内容。小米产品在韩国就起到了非常好的宣传效果,扭转了韩国消费者对中国品牌的偏见。

我总在想,我们不是刻意在做传播,而是让别人懂我们,这个过程很复杂。

3.2 打破国籍与种族的隔阂

在来华留学生眼中中国整体形象和国际地位的改变是由浅入深的,他们的陈述虽然能结合历史和现实进行评判,但是不够全面和科学,都是对一些整体印象加以概括。我们看下面的表述,可以看出某些"隔阂"。

表述10:根据我接触和看到的,我觉得当代中国大学生的人格特质比较有个体色彩,跟旧一代相比思想没有那么传统了。随着科技的发展,当代学生有机会意识到中国以外的认知,随着国家经济的发展,父母的经济能力在日渐提升,所以能够带着孩子出国旅游,接触其他国家的文化,从而使孩子视野更开阔,当然也会导致孩子的消费观、价值观和世界观有所改变。在我的意识当中,中国以前是一个较封闭的国家,人民的经济能力不高,没有什么条件出国旅游,签证出国也很难,所以国家强大起来人民在各个方面都受到益处,不仅是生活水平提高,更重要的是新一代的年轻人能成长于一个文明的环境。另外我还觉得他们依然保持着很了不起的尊老爱幼的传统文化,很准时,有责任感,很努力,非常认真学习,年纪不大却拥有较强的时间管理观念。好奇心较强,喜欢跟外国人交朋友并对他们的文化感兴趣,想了解更多,会提问很多问题;对待外国人有良好的行为。

亲友们认为中国的国际形象是:中国的城市治安非常好,甚至他们晚上在胡同行走时也没有感到危险,本来以为中国的街道不会很干净,来到后竟然不是我所想象的,反而常常看到有人打扫街道,几乎没有看到过乞丐,整个旅途中只看到过一个;他们觉得中国拥有多元化的公共交通工具,出行方便;他们觉得中国的物价相对较低;具有特色的美食,古老的传统文化,著名的建筑古迹确实非同凡响;中国人给他们的感觉是对外国人很友善,可是他们对待自己民族却不太如此;他们觉得中国人的贫富差异比较明显,因为他们去了北京然后一直往南方旅游,所以体验到了差异;中国的污染问题没有他们想象中那么严重,抵达北京以后他们觉得空气不太好,不过比想象中的好多了;在外国大家会听到和觉得中国人民没有自由,被政府控制,但是当他们到了北京以后而且在中国玩了几十天以后觉得并非那样,人们生活挺安稳的;虽然全球在采取措施减少塑料的使用,让他们很吃惊的是中国依然在使用非常多塑料产品,至今还没有减少。

总的来说,中国的国际形象是政府控制所有,国民看起来没有自由,但是自我感觉很好,街道在变干净,空气质量在改善,人民素质在提高,虽然还是喜欢很大声讲话,但是中国人很聪明,守时,有责任,很勤奋,做什么都很快(特别是建筑方面,在很短的时间可以完成很大的建筑物),有很多美食,名胜古迹保存很好,有一部分人认为中国是世界第二大国,又有一部分人认为中国已经超越了美国成了世界第一大国。

跨文化交往中总会有深层的现象和现象的深层值得我们去思考。来华国际学生走进中国社会的平台应该如何搭建心灵交往的桥梁？"喜爱中国"和"喜爱中国人"这是两个不同的心理感受。其实还有一种心理感受是来华留学生特有的，"喜爱在中国"，但是"不喜欢中国，更不喜欢中国人"，这就是某种现象的深层含义。这种感受也许也是一种"身边统计学"，但是如果把这几个选项写进调查问卷，我想一定会有新的发现，可惜很多人拿不出客观求真的调研精神，认为这样调研一定有"诱导"国际学生引发某种偏见之嫌。

中国人的日常文化心理和不同阶层的社会心理、趋同性的行为特点和审美倾向都是中国故事的新增内容，我们应该如何将带有这些内容的故事讲好呢？

以后我们不会回避文化交流中的民族主义问题，要使各个中国社会群体在同国际社会的交流中有一个逐渐成熟的态度，而不是培养日益高涨的民粹和民族主义，这样也许会换来很多民间国际交往的理解，也会使民众对我们的改革试错持宽容的态度。

从 2016 年开始，很多学者都谈到了这个问题，欧阳辉、陈云、郑永年等人都不断提及或阐述民粹和民族主义合流所表现的种种迹象。中国的国际发展环境中也迎来了这种不利的局面。但是我们的中华文化传播背后的隐喻也很容易使人联系到民粹主义。我们的网民也注意到了中国和其他大国进行博弈和国际竞争也是发展进程中不能回避的，加之我们国内的经济和社会改革面临深刻转型，收入差距拉大，反腐斗争等深层次矛盾日益加剧，一些底层民众的反社会行为也不断被曝光，民众的承受力在降低，社会的科学精神和理性精神受到严峻考验，这一切也使我们的中国故事讲述变得艰难，这里面也很容易激发出我们这样发展中大国的民粹主义倾向和色彩。[①]

共同利益是中外人文交往的前提，不同群体如果没有共同利益就很难产生"共情"。

文化传播所涉及的民族和种族问题具有相当大的延展性和争议性，而民族认同感和民族主义又是紧密相连的。我们时刻不能忘记"种族"的定义是有危险性的，直至今日我们都很难给"种族"以明确的生物学或社会学的定义，但是在生活交往中，我们各个国家的民众对"种族"的认知又是那么直接而感性，"种族"形象又的确在社会群体中发挥着极大的作用，以至于对国家和民族形象都产生直接影响。我们中国人的语言中有些词语就有明显的社会文化褒贬色彩，如我们对欧洲人种有"金发碧眼"等词。我们好似停止了种族的伦理道德偏见，但是文化心理上却藏着形形色色的优越感和自卑感，对其他种族生理形象上的审美倾向也很难改变。

"逆向种族主义"（reverse racism）也是有市场的。自我矮化、自我否定，狂热赞美和崇拜其他种族的文化及特性，最明显直接的是对其他种族生理特征的青睐，并进而否定和排斥本民族的传统文化和习俗。[②]在中国 20 世纪 80 年代末和 90 年代在中国知识分子界

---

① 郑永年.中国的文明复兴［M］.上海：东方出版社，2018：序言.
② 郭松民.《排斥汉语就是一种逆向种族主义》《为何要旗帜鲜明地反对种族主义》等网络文章，来源于郭松民微博，2020 年 10 月 29 日发布。

中也有这样的思想潮流,当然那时我们毕竟是在一场人文的新启蒙时代,回头整理回顾我们人文科学的发展历程,"西方的月亮更圆"在民众心理出现也是在所难免的。但是逆向种族主义在大量的社会个体中埋下了不健康的传染病之根,有些国人在与外国人尤其是欧美人打交道时不理性,经常表现出这种心理疾患。在亚洲很多国家的年轻人也有类似的表现。在留学生群体中我们很容易找到类似案例,本人亲见,一个法国男生由于会汉语和韩语,便被中、韩、日等女生簇拥深受青睐,这当中有他个人的语言能力和交际上的性格魅力,但是不可否认的,其受欢迎的原因主要是种族审美倾向。

孙歌教授提出考察文化时,要在"褶皱"和细节中观察另一个国家的普通市民是如何建立起生活秩序的,要清醒地认识文化的复杂性,比如中国人过马路不太区分自行车道和行人道,这在德国人看来就会有两种文化的冲突,会简单地归结为我们不太文明而德国更遵守规则,但是她指出"野蛮与落后"的表象下隐藏着中国的一个动态平衡。每一种文化对切身问题都会做出反应。①

大国的国民要承担的多元文化的责任会比相对小一些的国家国民更多。文化的灵魂在"褶皱"里,不是大的框架和大的理论,大国国民要如何承担社会责任,如何进入细节和"褶皱"是要付出努力的。我们要看自己国民如何看自己的社会,每个人都应该关注更小的文化细节,才能发现文化灵魂和特性。

跨文化交际在日常生活中具有很强的隐蔽性,个体都在努力掩饰不满以防引起文化冲突。很多真正的原因我们只有换个调查语境才能知道。深层的现象和现象的深层我们挖掘得还很不够。

在异国他乡,如果没有他律,只靠自律是不符合实际情况的,毕竟自律在人性自然发展中是很难做到的。在京留学生这个群体其实没有统一的组织和领导,分散于各大高校,对北京的社会发展没有更有效的感知渠道,很多人成了游动的学习者和短期生活者,他们自身缺乏主动诉求,信息渠道靠内部小团体和母国国内的网站传递,处于"无政府"状态。他们不受本国政府的直接管理,又不在乎或不在意所属高校的管理,亦不知自身所付出的时间成本和收益,对已获得的利益如奖学金缺乏使命和责任反思。

以上描述都指向一个事实,那就是国籍和种族的隔离与偏见我们不能视而不见。

3.3 国际学生表述案例及分析

中外青年的交往不难促动,但是在交往中打破隔阂或形成文化交融,这比我们想象的要困难,再看调研搜集的语料。

---

① 孙歌在《文化纵横》杂志网站中的视频讲座提及"文化褶皱"的事例。

表述11：我是韩国留学生，我现在也关注哪些问题值得我们思考，从文化逻辑到思想哲学，从传统习俗再结合当代大学生活，我只能按照自己的感受去描述。

在韩国不仅是在学校，即使在社会上认识的人之间只有一岁的差距，也会对年纪大的人说敬语。根据入职时间，被前辈的一句话弄得团团转，这可能对中国人来说很难理解。后来我了解到，虽说有儒教思想的影响，但在儒教的故乡中国，无论年龄大小，都是朋友概念，所以相互之间可能很难理解。中国更自由，气氛更平和。虽然彼此遵守并尊重礼仪，但称呼为朋友，可以更亲近，学长和学妹关系也没有不方便。

我接下来要提出两个问题。第一，为什么中国人觉得长大后要回报社会？第二，为什么中国人对祖国的纪念日都高兴和关心？我觉得虽然是两个不同的问题，答案却来自一个概念。就是儒教的"忠"这个思想，君子治国之时，佛教与儒教强调仁慈的国王，同时又强调善从君命的忠臣和百姓的重要性。这种宗教思想在中国文化中直接体现出来，也有自然传承的样子。我觉得这个"忠"思想为基础，使中国人想把事业回报给国家、社会，有着强大的爱国心。

很久以前韩国也受到儒教和佛教的影响，但为什么韩国人没有对国家的关心，只会不断地批评政客并抱怨？而且，很多年轻人想离开韩国去其他国家重新开始自己的人生。从很久以前开始，韩国与中国有着紧密的历史，受到相似的文化和思想的影响，现在这两个国家为什么会有如此不同的面貌呢？怎样才能重新恢复韩国人的爱国心？国家需要更加努力地为人民制定政策，要不断为新技术的研究、国家发展提供更多机会、政策和财政支持。那样的话，自然就会产生回报社会的爱国心。

韩国留学生其实很有反思精神，善于从政治和历史中找到文化现象的成因。虽然他所叙述的情况并不准确，但是能从中国传统哲学和儒家文化的思想深处去寻找当代的爱国热情的根源，这是难得的思考。

下面这个案例语料来自南苏丹的留学生，他的高中和大学时光是在美国度过的，其表述很直接又很客观，我们可以看出他来中国留学后观念的转变。

表述12：我以前认为中国是一个共产主义的奴隶国家，那里的人民贫穷，没有自由。美国把中国描绘成一个与美国完全相反的国家，美国的人民富裕自由。在中国，如果你说任何反对政府的话，你可能坐牢或消失，而在美国，你有言论自由，可以说任何你喜欢的话。作为一个孩子，很容易相信世界只以一种特定的方式存在，因为相信成年人总是说真话。年纪越大，我对在美国的生活就越不抱幻想。我发现美国人并不富有，也没有人真正拥有任何东西。大多数美国人都有永久债务。教育系统并没有他们宣称的那么好，美国的基础设施陈旧过时。我开始意识到这是一个贫富分化的国家。

我意识到美国不再是我生活的归宿，也不认为它是繁荣美好之地，所以我搬回了南苏丹。因为在政府工作，所以我有机会来到中国学习汉语和文化。一开始我很不情愿，因为我自认为对中国的情况有一定的了解。我在许多不同的文化中长大，很容易适应其中。经过深思熟虑，我发现我没有什么可失去的，于是来到了中国。当我到达北京时，我惊讶于北京是多么的现代化和干净。北京堪与世界上最伟大的城市比肩。世界上大多数国家都说英语，无论该国说什么语言，大多数标志也都有英语翻译和书写，这使我有一种困惑。我期待着来到一个第二世界国家，中国人并不那么依赖英语，想象一下当我开始看到这座美丽的城市时我的惊讶。当时中国就已经有高速互联网，人们几乎不再使用现金。

我意识到中国人跟美国媒体宣传的是完全相反的。这些人害羞，谦卑，以家庭为导向，真正热爱自己的国家。没有一个国家是完美的，但在中国真的带来了新的生活视角。美国人是对的，这两种文化几乎完全相反。唯一的问题是他们没有告诉你全部情况，只告诉你带偏见的部分。我很快发现没有Facebook，没有Twitter，大多数社交媒体都被屏蔽了。对大多数人来说，这是一个问题，但我记得我很快就忘记了国外的社交媒体。中国并不完美，但我可以向你保证，它确实比美国好，我有很多不同的感受，例如，中国人省钱，这在美国社会中是难以想象的。当前的大流行病已经暴露了很多关于美国制度不完善的问题。

中国是世界上最严格的国家之一。法律是要严格遵守的。这对很多外国人来说是个大问题，但依我看，不要犯法，你也没什么好担心的。我知道这次任务是讨论中国文化和社会，但老实说，我在中国生活了四年多，从来没有遇到过问题。我所看到和听到的大多数不好的事情并不是真的与我有关，因此，真的不关我的事。如果你选择在中国生活，遵循规则，那里可以给你带来和平、幸福和启迪。抱怨一个文化或国家是很容易的，最难的是花时间去学习和理解为什么人们是这样的人。

这位留学生给我留下的印象很深，因为其英语发音纯正，我让他参与了英语慕课《告诉你不知道的中国》的录制。每次录制时我努力让他说出自己的感受，我们把这种合作叫作"房子和家具"，每次我提供一个话题或讨论方向，这是"房子"，里面的"家具陈设"如何摆放由他负责。录制前他都会幽默地问我："老师，今天我的房子呢？"

表述13：当我第一次来到中国时，我对中国文化印象最深的一件事是，在许多中国家庭中，祖父母、父母和孩子可以和谐相处。虽然在墨西哥文化中，照顾父母是我们社会的一个重要方面，但大多数孩子并不与父母住在一起，因为这通常会造成家庭之间的紧张关系。尤其是在决定如何最好地培养孩子时，父母和祖父母之间一直在争夺权力。但在中国并不是这样，父母和祖父母和谐相处，而祖父母也帮助照顾孩子。通过文化的学习我理解这个情况的原因。这在中文叫"孝"。在儒家、中国佛教和道教伦理中，孝道是一种尊重父母、长辈和祖先的美德。孔子说："其为人也孝弟而好犯上者，鲜矣；不好犯上而好作乱者，未之有也。君子务本，本立而道生。孝弟也者，其为仁之本与！"这句话的意思是孔子认为孝道是仁爱和一切价值的基础。孝道是儒家的核心美德之一，与仁的原则有关，所以，孝道不只是听父母的话，也不只是照顾父母。这也意味着你必须尊重他们的意见，必须明白你应该服从他们，因为他们为你牺牲了这么多，也因为他们比你生活经验多。我认为这是墨西哥和中国文化最大的不同。在两种文化中，照顾父母都很重要，但在中国文化中你也必须尊重父母的意见。在中国文化中，你必须愉快地照顾他们，而不能作为一种任务。

我还了解了中国传统的中医保健观念，比如阴阳平衡。根据中医原理，每个人体都是由阴阳两种元素构成的。如果阴阳这两元素构成平衡，你就会保持健康。但是，如果阳气太强，身体内部的温度就会升高，这个人就会容易患上各种疾病。要治疗这些疾病，人必须去掉多余的阳气或多余的热量。最好的方法是食用阴性类食物和饮料。比如说，根据中医原理，热水是一种阴性饮料，所以它实际上可以降低人体内部的温度，也可以恢复人体的平衡和人体的健康。在得知这个之后，下次我的一位朋友生病时，我也会高兴地说："多喝热水。"

这位墨西哥同学对中国的孝道文化非常认同，并对中医的阴阳平衡进行了自我解读，这是一种很谦逊的跨文化反思和学习的态度。她能够引用古文经典，也说明文化类课程对这类文化差异大但是学习态度良好的拉美同学很有传播效果。

表述14：言论自由是人最重要的基本权利之一，是人类尊严所必需的个性伸张手段。中国的媒体限制与政治也有关系。当然，中国是因为政治体制和我们国家不同才发生这种现象的，但是我认为一个国家至少要让国民正确地行使知情权。

为此，我认为有必要放宽各种网络媒体的管制。另外，国民也不要满足于现状，而应该学会在各自的岗位上发出自己的声音。虽然不知道需要多长时间，但谁都知道微小的变化会引发巨大的波动。正如前面所说，世界上有许多国家，所有国家都有不同的文化。因此，与其因为各自不同而觉得奇怪，不如承认差异，包容差异。另外，如果有需要向其他国家学习的地方，就应该采取承认和学习的态度，同样，如果自己的国家存在问题，就应该认识到问题所在，并采取改善的姿态。为了个别人的言论自由，牺牲了整个民族的稳定，这肯定是错误的做法。

就我个人而言，中国文化的不便之处之一就是中国本国的网络阻断。中国是世界上为数不多的没有保障社会网络服务自由的国家，从留学生的立场来看，这不能不说是一种令人不舒服的文化。正因为如此，为了利用海外网站，必须使用VPN这一应用，但在这种情况下，由于网络速度缓慢，很难正常使用。中国首次实施这一政策的时间是1998年，当时中国以"金盾工程"这一项目为起点，以实现社会稳定为宗旨，于2003年完成了长城和电脑防火墙的"万里防火墙"。通过该系统，包括YouTube、Instagram、Facebook、Twitter等社交网络服务和Kakaotalk、Skype等通话聊天工具，对除本国网站以外的海外网站的连接进行了大规模的阻断。实施这种网络阻断的最大理由据说是网络检阅。但是对于从其他国家来中国留学或工作的人来说，这似乎是一种非常不方便的文化。在越来越全球化的时代，不要只考虑中国本国国民，对从全世界到中国旅游的游客、留学生等想在中国停留的其他国家的人士，就应该允许使用本国的社交网络。

对于来华留学生而言，在中国不能使用上述言论中的国外社交媒体和软件，一直是他们所关心的话题，并借此推断中国是言论不自由的国家。该生按照自己的逻辑整理出缘由，并振振有词地为所谓言论自由辩护。但是他们理解的"知情权"过于简单，持这种观点的学生大部分以韩国留学生为主，关于这类问题在韩国留学生群体的分析中会再次提及。

表述15：中国是社会主义国家，中国共产党是中国社会的执政党，中国共产党信仰马克思主义，马克思主义看待问题的基础是唯物主义而不是唯心主义，简单来说就是实事求是，信人不信神，劳动创造一切。而传统的中国文化是儒释道的综合。在漫长的历史中，形成了佛教文化、道教文化、伊斯兰教文化、基督教文化和少数民族地区原始的宗教文化并存的局面。

这样的情况下在当代中国这些宗教文化能否适应社会主义呢？如果不能适应的话是谁去改变呢？就我目前的资料整理和研究，个人的看法是，社会主义和宗教文化是可以长期共存的。

宗教文化在中国的传播有较为稳定的局面，在中国的宗教徒也有爱国爱教的传统。而中国政府在宗教方面的政策方针也是积极的，坚持宗教信仰自由政策，尊重个人信仰，尊重宗教的发展和传播，除共产党员须信仰马列主义和尊重无神论，普通民众政府不会干涉，在社会层面信仰自由。在中国，由于受到源远流长的传统文化中兼容宽容的精神影响，各种宗教地位平等，和谐共处，从未发生过宗教战争，信教与不信教的公民也相互尊重，团结和睦。所以从历史角度来看，宗教在中国已经形成较为稳定的发展趋势；从现实角度来看，政治稳定、宗教文化已形成一定的特色，目前的政教关系也符合当前国情。

在目前来看，如果宗教政策不改变，政治又稳定，那么我觉得中国的宗教文化还是可以的，也适应当今中国社会的发展。

这是一个很难得的关于中国宗教问题的正面思考。该生客观公正地分析了我们国家的宗教政策，并结合自己的观察得出了正确的结论。

表述16：中国不是单一民族文化，从公元200年开始，中国就有了多民族融合的文化。中国人的"大包容"文化我跟中国朋友在一起的时候常常能感受到。以我的经验为基础举例的话，我学期结束后为了去西安旅游，问过中国朋友关于西安的事情。那位朋友说，表姐住在西安，如果我是外国人，住宿预约不方便，就睡在自己的表姐家。在这种情况下，我又感到困惑。韩国人认为把自己的朋友托付给表姐是给表姐很大的负担。其实韩国人会更怕给别人添麻烦。但是中国人的话，可能不会把这件事当麻烦。中国人不管把别人邀请到自己的家，还是把朋友介绍给自己的表姐家，都说"能帮的话就帮"。那我想知道的是，这样的话中国人真的不嫌麻烦吗？难道真的是因为自己愿意才帮助身边的人吗？我在中国留学两年，感受最多的是中国人对对方热情而大方。大部分的中国朋友当我遇到困难时，虽然不是自己的事，总想帮帮忙。但是我觉得他们肯定也会感到厌烦和疲倦。

我一直在想这个问题，我觉得这种文化跟中国的面子文化有关。我在中国听说过"死要面子活受罪"。这种面子文化下，他们也很烦，但是却个人觉得对方怎么想自己更重要，所以在帮别人。而且在中国，关系文化受到重视。在做事时，比起个人利益，他们更重视别人如何看待自己。

这种面子文化好像看起来过分顾及他人的眼光。但我觉得这是维护自己的自尊心，尊重对方的文化。与其关心别人的视线，不如追求自己的满足，这让我觉得自己的生活更精彩。你的大部分资源都给予了别人，那自己呢？

这种文化隔阂的产生很有趣，该生将中国同学设身处地地无私帮助曲解为面子文化，这种逻辑我们似曾相识，那就是某年春晚郭冬临的小品所诠释的"郭子"的文化心理。但是韩国同学大可不必有这样的"深度挖掘"，他应该体会到这种日常的无私的人际关怀是非常难得的友谊。

表述17：据我所知，华为、腾讯、比亚迪、DJI大疆创新这些公司的共同点都是从深圳开始的。为什么很多企业选择深圳而不是其他地区呢？本来人口约3万多人的渔村深圳变成发达城市的背景就是1979年深圳被指定为中国第一个经济特区城市。中国把深圳市作为现代化的典范，成功地吸引了大量的外国投资，带来了PC、智能手机等制造业领域的发展。我在中国留学学好汉语是理所当然的。但更重要的是了解该国的文化以及该国的发展过程，他们在发展中重视哪些领域，这样才能了解该国真正的样子，能够深入地了解该国今后会走向何方。

深圳作为改革开放的窗口对中国人而言是一种人文地理的常识，该同学能够自觉地感知到这种常识，并提出要了解目的国的发展走向，这种思考看似平常其实也值得称道。

表述18：我上课学了"老有所养"，对此我有体会。早上我去公园散步时，老人们在高兴地跳舞。看着这些中国老人，我不禁露出微笑。我去望京的时候，不知道是不是个大活动，无数老人一起跳舞。路过的人也兴奋地一起跳，也有为他们加油喝彩的人，甚至人们鼓掌配合他们跳舞的歌曲的节奏。我羡慕度过这样幸福快乐日子的中国老人，我觉得韩国也应该学习。有时爷爷们来到公园，和朋友们一起转陀螺玩。甚至还有从事乐器演奏的老人。这些在韩国很难看到，但在中国却显得自由自在。我觉得这真的是非常美丽的文化。

中国人跳广场舞、做各种各样的运动，也爱吃有益身体的食物，可能就是中国的滋补文化吧。我觉得中国人注重健康的样子是令人印象深刻的，是一种很好的文化。具有如此发达的饮食文化令我惊讶，但在滋补饮食中，以濒危动物为滋补的问题也很严重。代表性的例子就是鱼翅（Shark's Fin）。

该生对中国老人们的健身娱乐持积极看法，这也是很多留学生的共识。我们早就禁止食用鱼翅了，可能他对此还有误解。他用热爱生活的眼睛发现了中国老人们颐养天年的休闲和美好。

表述19：我刚来中国时，坐中国的地铁不能带水，为了出站，必须让随身携带的东西接受警卫检查。这点我觉得乘坐地铁太不方便了。很多人使用的安检仪的清洁程度也让人担心。按照北京2018年的标准，政府在882个地铁上安装了安检设施。另外，仅警卫人员就达到3万人，通过金属探测仪和X光检查等，每天对1000万名旅客逐一进行检查。旅客流量是纽约和伦敦地铁旅客流量的2至3倍，要安检的旅客数量不亚于机场，一到上下班时间，北京地铁就像战场。从北京郊区到市区上班，每天要坐两个小时的车，一些人抱怨说，每天至少要等

10分钟才能通过安检，乘客们感到浪费时间。此外，维护这项安检所需的费用也不能忽视，北京市每年地铁安检的费用高达17亿元人民币。因此，面部识别技术被认为是解决对策。理由是维持或提高检查水平的同时，还具有效率。

2019年11月北京的地铁中已经开始人脸识别系统搜索设施运用，但人脸识别系统引入听证会，引发了侵害隐私生活的担忧。引用中国清华大学一位教授的话来说，"我以为我是受本国保护的人，但现在好像变成了受管制的人"。通过面部识别的安检也许效率很高，但如果得不到大多数人的认可，不仅是无用之物，而且还导致敌对心理。如果能以中国国民能够接受的方式，摸索出采用面部识别技术的方法并加以利用就好了。

这位留学生关注到了公共交通中的安检服务，且不论他的数据引用或考证是否准确，但是公共生活管理的确是国际学生普遍关注的问题。这是国际学生构筑中国形象最表层的感知。

表述20：中国文化中跟我冲突的部分是"慢慢地"文化。韩国人的性格比较急躁，而且，我的性格比一般的韩国人更急躁。大部分韩国人如果有一件事情需要处理，就想在今天内做完。以我的经历来说，中国人处理事情比较慢，但是韩国人很着急。正因如此，我第一次来到中国，生活上很难适应。特别是在机场最郁闷。在北京首都机场，人们总是排着长队。偏偏那时候我的包非常重，雪上加霜的是突然我的肚子疼得非常厉害，我想快点坐在椅子上。但是，机场职员在检查乘客行李的时候，明知道人们排着长队，还一边聊天一边慢慢地检查行李。那时候，我好像真的疯了。我认为慢点工作固然好，但是为了工作的效率，如果人们排着长队的话，迅速检查行李也是一种好办法。

如果有一件事情，中国人的话，在3天内处理，韩国人的话，就会立即处理。韩国人初次学汉语的时候，很多韩国人错解"马上"的意思。在韩国"马上""立刻""即刻"的意思都一样。中国人经常说"嗯！马上！"韩国人一听就觉得他说"马上"，肯定1个小时之内会回答。现在我已经适应这种文化，心里不太着急，但我觉得说马上解决就得马上解决，所以我很难接受。

我后来得知暖茶对身体比凉水好得多，饭馆所提供的热水是老板对客人的关怀。而且，由于人口众多，为了防止事故的发生，在公共场所似乎行动更加缓慢，我才明白了他们慢是有原因的。我认为，理解各自的生活规律和节奏，互相照顾，总有一天会克服彼此之间的文化差异。

韩国同学经常抱怨中国公共服务或行政人员的工作效率低下，我们只能一笑了之，因为在我们的感觉里中国人也有高效的工作习惯，完全不同于拉美文化中的慢节奏，但是在韩国人眼里我们还是慢了。

  表述21：中国的红包太神奇了。一个是用来给孩子的，一个是用来庆祝结婚的。一个韩国女生同中国男人结婚，她的公公婆婆给的红包在韩国引起了一场火爆议论。韩国虽然也有"零花钱"的概念，但是没有"红包"这样的概念。她公公婆婆的财力再一次让她吃惊，但红包太神奇了。与其说我不理解，不如说是一种神奇的文化。

  另一个是中国不卫生的文化。我走在街上或旅行中偶尔见过孩子们到处排便，甚至他们的父母帮助他们排便的行为。其实对我来说是文化冲突，令我遗憾和失望。在农村那样做当然可以理解，但是尽管大城市里街上人来人往，他们还是毫不顾忌地排便。这种行为不仅不卫生，在教育方面也有很大的问题，不仅会给外国人与游客留下不好的印象，也会被看作文化不够进步。所以父母或老师要提高警惕，告诉孩子这种行为是错误的。

该生将红包误解为中国公婆的财力表现，这种文化误解倒也亲切。她接着一针见血地指出了我们生活行为中的恶习，放纵孩子随意便溺。这是我们的痛处。我们当然知道这种现象令国际学生感到惊诧，这也不仅仅是卫生问题，归根结底是一种素养问题。

  表述22：我在中国开始跟中国朋友用微信交流时，我觉得很不舒服。是因为他们发微信时常常不写"你好！"就写"在吗？"或者"干吗"没有别的。我觉得很奇怪，我以为他们一点都不关心我。为什么不先问我好？我心里真的很难受。可是，时间长了我就明白了中国文化跟塔吉克斯坦文化不相同。中国人一般问："吃饭了吗？""干吗？""去哪儿？"这也是中国文化里的一种打招呼。

  以前我以为像中国人那样打招呼真不礼貌。但是待在中国的时间长了我好像变了一点，我慢慢喜欢了中国文化。我跟我国家的一个朋友有三四天没联系，然后给她发短信。我直接说"你干吗？"她就生了我的气。她说："你一点也不关心我吗？为什么没说你好，你好吗？"我就不好意思地说："我已经习惯了。"然后跟她解释。后来这样的事情发生了许多。刚开始我朋友们会生气，但是过了一段时间我看他们也习惯了。他们还说朋友之间这样简单地打招呼不是挺好的嘛。后来我才发现，不说"你好"而说"干吗"这不是也在关心吗？中国人一般问："吃饭了吗？"你别以为不礼貌或者很奇怪，因为这是中国文化。当然不同国家有不同文化，可是你别以为你的国家的文化比别的国家的文化更好。塔吉克斯坦有一句俗话叫："去海盗的城市，你也应该闭上一只眼睛。"

这是日常文化交际中的语言策略的误解，其实该生并不理解"你好"不用于熟络的朋友之间，但是她却有很好的文化心态。虽然不了解汉语在寒暄时有更多、更复杂的表达，但是在校园文化氛围中她的这种心态会使她少很多文化误解。这些微小的语言障碍如果我们不能换位思考，可能还很难理解她为何如此较真儿。

表达23：有一个问题就是我不理解为什么结婚在中国文化中如此重要。我一开始上课，很多时候老师都在谈论婚姻；我交中国朋友的时候，或者和一个陌生人聊天时，虽然是第一次见面，但是他们都问："你结婚了吗？"似乎每个人都急于结婚，父母甚至祖父母都在催促年轻人结婚。当我听说上海的老人们在公园里聚在一起，交换他们儿子、女儿或孙子孙女的信息，就为了找到一个可能的结婚对象时，我一点也不理解。而且有很多人结婚时不是因为爱情而是因为家人和朋友的压力，这在墨西哥是不可能的，结婚完全是为了爱情。但我认为这是因为中国人想永远保留自己的姓氏和家庭，如果一个人不结婚，他们就不能有孩子，他们的遗产也就无法延续。但现在似乎越来越多的年轻人拒绝结婚或在中年才结婚。

墨西哥同学对中国式催婚给出了自己的文化解释，虽然有些牵强，但是也不无道理。可见留学生们虽然在校园，但对中国的风俗和风尚还是有一定的感知的。

表达24：随着城市和国家的逐渐形成，可以集中技术力量和劳动力，其结果是建筑开始快速发展。有时是为了彰显统治者的威严；有时是为了表达对宗教的敬仰，以上两种主要原因让人们开始动员巨大的劳动力和科技力量建造一些规模宏大的建筑。事实上没有比建筑更能综合地代表当地文化和文明的。因此为了了解地区的文化或文明必须考察该地区的代表性宗教建筑。

但是在学习中国历史过程中只能找到很多碑石、书籍等文字记载，历史中建筑实体部分却很难找到。一千年旧建筑更是难觅。具有世界级规模的北京紫禁城、皇帝祭天的天坛是明代永乐帝建造的，但是历史也没有1000年。造成这个局面第一个原因也是最主要的原因是西方国家的一些重要建筑大多是石雕建筑，但中国的建筑大多是木雕建筑。木雕脆弱，怕虫子、怕潮、怕火。古代中国的大部分建筑都是因火灾而消失的。我好奇为什么中国人喜欢高风险的木雕建筑，而不是有很多优点的石雕建筑。除了这些材料的差异，在文化方面也可以找到理由。中国发展木雕建筑的主要原因是对建筑的基本文化与西方不同。

第二，中国人并不是单纯地把建筑看作一个居住空间或者外观美观的对象，而是把建筑看成与我们生命密切相关的养生空间。正因为如此，中国人重视家族的文化传承和精神寄托。实际上，树木给我们的身体带来更多的温暖和柔和的感觉。树木、木雕建筑给人类带来新鲜感，是维持生命感的宝贵存在。从中国人的风水观念中也可以找到理由。对中国人来说，单纯很贵的房子并不是好房子。好房子要有更好的地势地利条件，帮助家庭兴旺发达，子孙绵延。因此，中国人产生了风水观念。

第三，从古代中国人的价值观中也可以找到理由，许多侵略和战争造成的领土和国家变化是造成木结构建筑为主的原因之一。因为到现在为止，中国经历了很多朝代，所以中国的宫殿大多数在王朝交替时重新建设。每当国家更新时，首都也发生了变化，用容易找到的木雕建设新建筑。

第四，可能是宗教的原因。对西方国家的基督教来说，为了与天打交道，把尖塔建设得高高尖尖的，楼层很高的结构便于同神对话。但在中国人民主要信仰的宗教却与西方不同，在中国的宗教如佛教、道教等，更多的是讲人与宇宙的生存哲学和理解关系，所以用木制做佛教的造像、道教的人物，让人与佛、神的沟通更柔和，更浑然一体，有威严的同时，又有亲近感和沟通感。另外，像紫禁城这样集成了几千年中国建筑传统的大型宫殿建筑，融合了中国的建筑传统并发扬光大。这些传统的木制宫殿讲究对称威严，可以保护处于中心地位皇帝的权势，展示出符合身份的统治体系。西方宗教如礼拜堂带来的压迫感展现了神的权威和统治。但是中国的儒家思想中皇帝的权威非常重要，以王或者皇帝为中心的建筑形成了主流。在佛教流行的时期，寺庙比起西方的礼拜堂，寺庙同山和自然融合，更适合木雕建筑。

我通过这次调查了解了在中国木雕建筑比石材建筑多的原因。这些可以帮助我们了解其他国家与中国的文化差异。

这些分析看起来很有逻辑，虽然没有一语中的，但是可见国际学生运用自身的历史和文化知识对中国建筑进行分析时也是井井有条的，不仅联系到了宗教信仰，也涉及了皇权威严，虽不敢苟同，但是也着实令人钦佩。用这样的理论构架去分析中国的一些问题，不能不说他们有自己的视角和见识。

表述25：我现在已经在中国生活快五年了，我能够很多次地看到中国武术的表演。其中典型的是太极拳，在公园或广场一样的空地上能够看到很多居民都聚在一起放舒缓的音乐练太极拳。

太极拳是中国武术的核心，也叫作哲拳。太极拳也是中国养生文化之一，在今日被誉为可以治好百病，可以保持健康、延年益寿，进而普及到了全世界。柔软与缓慢的动作由集中到丹田的气息贯通起来，保障全身血脉畅通，强化五脏六腑。据说会在修炼的过程中自然获得自我修复的能力。太极拳由24个基本动作与控制气息的姿势组成。太极拳的"太极"在词典上有两个意思，武术的指导者们在选人的时候也是严格通过各个流派的规定来实行，而且精神修养和武德修养在中国武术当中成了重要的要素。

传统武术为了培养出社会性价值把终极的目的设为"善"，这成了武术追求"道"的行为。中国武术通过连续的历史阶段发展而来，受到了中国传统文化的影响。不仅是教武术，甚至是学武之人也要知道道德在武术中的重要意义。

武德有调整社会秩序和守护正义的作用，含有中国传统思想的核心。武德的目标是通过注重礼貌、崇尚道德、谦虚克制、守护正义对精神的价值产生很大的影响。传统武术是把民族文化作为基础，在很久之前开始的发展过程中，将儒家、道家、佛家等哲学思想融合起来，不只是包含着技术，而是作为一种民族文化包含着民族特有的特性、思考方式、价值观和美学概念。

在全世界当中数不清的外国人学中国武术并不是在学拳法或者动作，而是在学中国传统文化。他们通过学中国武术来理解中国文化，这可以说是中国传统武术的魅力要因。中国武术就是民族文化的成果，带着明显的民族文化特性。武术和中国文化密切的关系就是在提供中国文化的顺利继承的线路和过程。而且中国人在学校也在促进武术文化的继承，在素质培养上占有着重要的部分，这是在提高民族精神的价值，保护民族传统文化的地位。在韩国也存在过很多武术，到现在还在的典型武术有跆拳道，但现在学跆拳道的人越来越少。传统武术不只是一种利用身体来抵制对方的手段，而且是一个结合民族特性、需要可以理解文化的方法，这就是我边写边想出来的想法。

这可能是外国人对中国武术最深刻的理解了，不仅诠释了武术同传统文化的关系，对武学的传承也提升到了保护民族文化、促进素养提高的境界。这位韩国同学把学习中国武术当作理解中国文化的有效纽带，可见他对此有多么深刻的思考。

表述26：前不久，一个中国朋友跟我说了她最近几个月的忧虑：今年她要第二次考研究生，考不上的话就无法留在北京。据她说，最大的问题是她学习策略不对；她只能背诵，可不管她背多少字也不能通过考试。当时她问过我是怎么学习的，想向我请教几个学语言的技巧。

在中国上学一段时间以后我发现了中国的教育方式和墨西哥的教育方式不同。在墨西哥，教师会鼓励学生专注于项目的系统化和分析性思维。反之，中国学生沉浸在一个奖励他们记忆和模仿能力的系统中，而不重视学生去分析和提问。中国人相信记忆提供了一条理解的渠道。鉴于在中国识字需要大概三四千个字，我们很容易理解为什么重复和记忆如此重要。在这个体系中，似乎没有创造的空间。

这个短短的表述直指中国学生的背诵式教育，看来中外学生交流中对彼此学习策略的反思竟然可以联结到文化心理。一个国际学生通过中国朋友的考研失败看到了中国教育的某些保守和被动，不善于挖掘学生的创造力不正是我们从基础教育到高等教育的通病吗？缺乏系统化和分析性思维的学习习惯也是部分中国学生的死穴。

表述27：中韩之间的人际关系引起我的思考。首先是支持性不同。韩国的人际关系一旦结成，即使对方违背礼仪或约定，也要理解对方的心态，才能延续关系。但是中国的关系在对彼此的礼仪和承诺等方面，一旦出现失误，就可能会使此前积累的所有关系都消失，因此要时刻小心。

其次是进行方向的差异。韩国的关系一旦连接起来，随着个人关系的持续，作为有限的对象，会向窄而深的方向发展。但是中国的关系因相互间的想法一致或商务性利害关系而相遇，因此与韩国不同，不是窄而深地发展，而是以多个人为对象，向更广范围发展。

最后是效果的差异。我国的关系虽然是感情用事的，但是保持非正式的关系是不可取的，所以很难出现公私不分的情况。但中国的关系本来就是从商业关系开始的，所以会出现公私不分的情况。

这位韩国同学说的中韩人际交往中的三个差异，其实我们每一个都不会认同，甚至有些莫名其妙。但是我还是把这个语料整理了出来。也许这种摸不着边际的话里面真的蕴含了中韩人际关系的微妙不同，毕竟这是异国年轻人的独特思考。

表述28：通过学习文化这门课程，我突然明白和理解了，我和朋友对"知天命"这个词的解释为何有这么大的差异。中国人认为"知天命"不是听天由命、无所作为，而是谋事在人，成事在天，努力作为但不企求结果。所以，"五十而知天命"，是说五十岁之后，知道了理想实现之艰难，故而做事情不再追求结果。50岁之前，全力以赴希望有所成就，而50岁之后，虽然仍是"发愤忘食""乐以忘忧"，但对个人荣辱已经淡然，是知其不可为而为之。所以中国人为了目标，竭尽了全力，但未能取得好结果的话，就会说"没办法"，就这样从心理上接受既定的结果。我认为这是因为他们受到了"知天命"这个文化思想的影响。

但在韩国的词典里"知天命"的意思是了解天意，顺应天意，或了解天赐的机缘。虽然在40岁之前还停留在主观世界，但到了50岁，意味着进入了客观、普遍的世界，就是已达到圣人境界的意思。那为什么会有这样的差异呢？因为中国人理解的"儒家思想"和韩国人理解的"儒家思想"不一样。

韩国的"儒教"虽然也兼有中国在"儒学"和"儒家"使用上的意义，但是已经带有宗教性，"儒教"的概念到近代以后也有一些新的变化。如果有人问韩国人：你觉得儒家是什么？韩国人认为的"儒"是宋明理学的儒学，"新儒教"。但中国人认为的"儒学"更偏重的是孔子的思想，所以不清楚有这样差异的韩国人来到中国的话，一般都会误会中国人不太尊重儒家思想，但其实不是，这就是对同一文化概念的理解和解释不同导致的。

在我们的文化发展过程中，每个民族的传统、精神、地理等都不一样，这就会造成文化的差异。既然已经说到了，我就再举一个例子，就是"祭祀文化"。大部分的韩国女生不太喜欢祭祀，因为一年要办十几次的祭祀，而准备的过程都是女人在操办，而且还要毫无怨言地接待随时上门祭祀的客人。中国也有祭祀文化，但过程相对来说就比较简单。由此及彼，我们可以知道一个文化里把什么价值看得最重要，也是在体现着本民族或者社会文化的不同。在韩国，"祭祀"是将食物献给神灵或死者的灵魂来表达诚意的仪式。但在中国，一般更倾向于为了自己。或者可以这样说中国的祭祀是向神灵或祖先表示崇拜之意，并希望保护自己的意识更强。但韩国人相信有死后的世界，所以常常说：做坏事的你肯定下地狱！但中国没有这样的话。因为中国人凡事都很现实，中国人不信有灵、不信有天堂、不信有死后世界，所以他们不相信人死了会到极乐或天堂去，认为人死了自己的生活就结束了。因此中国人认为，长寿是最重要的。

孔子说："侍奉人的事情你都不能做好，哪里能做好侍奉鬼神呢？"还有另外的一种说法："生的事情你都不知道，哪里能知道死的事情呢？"所以说不知道有没有鬼，不知道有没有死后世界。每个人都不相信不知道的事，所以孔子创造了"仁"的思想，即人活着的世界的事情需要人来解决，人解决世事的意识形态。孔子用实行"仁"的方法来说"礼"，那么实践"礼"的方法就是"冠婚丧祭"。孔子说祭祖是对父母生我的回报，就是"孝"的意思。而"孝"的意思是尽心尽力地奉养父母，引申为晚辈在尊长去世后要在一定时期内遵守的礼俗。所以孔子所说的祭祀不是供奉祖先死后的鬼神的行为，而是对生养我的祖先表示感谢的行为。

因此，中国比较重视"仁"，韩国比较重视"义"。我认为这是韩国和中国儒家文化的最大不同。我也尊重儒家思想，但部分思想有些陈腐了。毕竟一切的改变和形成都有文化因素的影响，能够持续的，就是合理的；无法持续的，必然会被淘汰。所以不论国籍与种族，在发展如此快速的时代，我们要大破大立，不能墨守成规,而要勇于创新!

这是一段剖析中韩儒家思想不同的论述,语言准确表述清晰,虽然内在逻辑并不合理,但是对于耳熟能详的儒家概念能这样细微地进行区别,恐怕我们的大学生也很难做到。所以我认为当他们汉语能力达到一定程度,国际学生是可以跟我们就文化概念进行学理上的探讨的。

表述29:我正在中国留学学习中国文化。其中我对中国文化印象很深的事情就是餐厅前面供奉的铜像。我在中国的许多商店都能看到这样的铜像。起初我不明白为什么这尊铜像就在商店前面,但是在街上仔细观察,到处都能看到铜像。于是,我突然产生疑问,问朋友那尊铜像是什么。她说那尊铜像是关羽,人们认为他是武神、财神,希望他可以保佑自己的生意顺利,赚很多钱。

我想进一步了解,所以在网上查了。在道家中关羽被尊称"关圣帝君",简称"关帝",本来是道家的护法四神之一,如今道家主要将他作为财神来供奉。关羽的职分是"治病除灾""驱邪避恶""庇护商人、招财进宝",而且既忠诚又义无反顾,被封为财神。把关羽当作财神的原因是关羽生前对理财非常了解,擅长会计业务,设计了笔记法,发明了日清赋,而且商家做生意很讲究义气和信用,所以都供奉关羽。

我了解了这些内容后,在中国街头逛的时候才知道为什么有关羽铜像。在韩国看不到像中国这样商店前面有铜像,商店里有用彩缎制作的福袋代替铜像。在韩国自古以来说把福袋挂在商店里的墙上就会进来福气。但是对于希望保佑自己的生意顺利而赚很多钱,把财神铜像放在商店门口,这是让我印象深刻的。

我想这些大大小小的文化上的区别是这世界的繁荣。若仔细看,也能找到很多同样的文化。我慢慢爱上中国的文化了,越了解越喜欢。希望自己不断地发展、不断地学习。

国际学生对关羽铜像好奇者大有人在,但是该生不仅做了简单的考证,也了解了民俗之间的差异。这种文化思维很可爱,能欣赏多元文化所带来的乐趣的心态是很多来华留学生所具备的,我们应当利用这种文化好奇心,把我们的中国符号讲好。

表述30:虽然韩中两国有着相似的社会文化基础,但两国之所以发生很大变化,是因为1950年冷战体制以后,两国走上了截然相反的社会变迁之路。

我整理了我没能理解的两种中国文化。如果正确地说出来,我没理解的其实是韩国人和中国人的行为方式不同的原因是从文化差异开始的。第一,从西方的观点来看，韩国和中国可能都具有集体主义倾向。但两国相比之下，在集体性或成员之间的关系上都显示出很大的差异。以吃饭文化和下班文化为例子。在我们学校食堂里，我常常看到中国学生单独一个人吃饭。但是这种状况对韩国大学生来说是绝无仅有的。韩国人对一个人吃饭的行为很反感，而觉得不自然。与此相反，中国学生却认为，一个人吃饭对他们来说是一种完全不奇怪的文化。另外，对于非常重视所属集团的韩国人来说，中国人的下班文化非常惊人。韩国企业管理人员认为，即使到了下班时间，帮助其他没有完成工作的同事也是理所当然的事情，而中国职员一般是在完成自己的工作后立即下班。因此，韩国人中有很多人对中国这样的习惯表示不满，而中国职员却吐露不满说，韩国企业频繁延长工作时间，因此失去很多与家人共度的时光。另外，韩国管理人员对中国职员之间的合作意识薄弱的不满情绪很高，而中国人却对以团队为单位的评价表示不满。

第二，从中国人的维持人际关系的方式看。与韩国人强调所属集体成员间的互惠行为相比，中国人更重视一对一的互惠关系。这样的例子在为中国的"希望工程"给贫困地区的孩子提供学费资助的募捐活动中可以找到。一般情况下，这种募捐活动采取中央机构通过募捐的方式统一分配资金的形式，而中国的"希望工程"则直接将受资助人和受资助的孩子联系起来，让资助人直接送钱。因此，中国的"关系"文化具有独特性，而大部分的"关系"是指通过一对一的关系相互联系的人际关系。

虽然"文化大革命"时期中国的文化发展有所停滞，但1980年以后，又走上了新的现代文化融合之路。资料显示，以新儒学第三代杜维明为中心，将内圣外王的新儒学观点扩展到国内外。据悉，杜维明希望摆脱以原有西方为中心的思维模式，将儒学里的人文精神与西方文明融合，揭示中国的新未来。这是为了容纳西方文明，在此基础上结合中国的儒家传统，实现中国的"现代化"。如上所述，现代知识分子强调，就是中国社会走上现代化道路并不意味着必须走向西方化。

到21世纪，中国已经不再是原有的政治军事形象，而是树立文化与世界沟通的意志。中国的目标是向世界输出本国传统文化的资源，向世界推广中国的精神和软实力。虽然因疫情而暂停了一段时间，但再次腾飞，梦想着通过文化融合，达到文化大国复兴。

这位韩国同学先分析了中韩之间"吃饭"和"团队下班后聚会"的不同理解，又阐发了对中国人际关系的看法，同语料表述27有异曲同工之处，但是我个人对这个分析还是能够理解的。尤其是对中国新时代如何利用儒家文明进行文化创新，他有深刻的认同，并提出了中国的现代化不必模仿西方的观点，这在留学生中是很有见地的。

3. 交流与价值认同

表述31：此次新冠肺炎疫情使韩国陷入了危险之中。中国可能也缺少口罩，但学校老师亲自给留学生送来了口罩，这让我很感动。虽然现在大家都处于艰难的时期，但是他们互相帮助的样子给我留下了很深的印象。以前在沈阳，我在下班的路上看见一位老人倒在人行横道上。周围的人从车里下来保护老人。路过的司机们也避开了那位老人。人们下班会很忙，但他们还是都很亲切。从上述的情况可以看出中国人具有"相濡以沫"的精神，我觉得这是很大的民族力量。

来到中国后，最让我感到吃惊的是中国人的学习热情。虽然韩国也是以教育热和国民热衷学习闻名的国家，但是与韩国相比，中国在教育和学习上的热情一点也不逊色，所以我感觉十分了不起。此外，我所遇见的中国朋友们也都十分热爱学习。

在中国的大街上走，会看到"不忘初心，牢记使命"的标语。似乎国家也在向人民强调"不要忘记自己的初心"。最近，我们韩国也对自己国民的道德进行了很多的讨论，希望韩国也能学习中国人民的"孔融让梨"的品质，学会谦让、礼貌和尊老爱幼。

另外，我认为中国的民间信仰可以提供理解一种非常复杂的社会文化现象的钥匙，通过意识使公众共享存在超自然力量的社会机制。由于中国的民间信仰源远流长，广泛地影响着社会，所以我发现中国的民间信仰与其他宗教一样，完全有能力满足人类基本的宗教需求。

这位同学从生活中观察到了中国人的尊老爱幼并为其感动，也注意到了主流文化宣传，并给予了很高的评价，认为这是"很大的民族力量"。最后的表述可能他想说的是传统文化，但是他用了"民间信仰"一词，我很好奇他为何认为我们的民间信仰有那么大的社会整合力量，能满足人类基本的宗教需求。但是不管怎么解读，我们可以感觉到他认为中国拥有伟大的传统文化的力量。

通过以上21段陈述语料的表达，我们看到了不同国家的留学生对我们社会发展和日常生活的方方面面的不同感受。从传统文化、政治机制到宗教、人际关系和社会风尚的感知，能感受到他们思维的敏感，也能找寻到不同国家年轻人共情的部分，能找到价值追求相一致的真、善、美的需求。虽然有各种不同程度的误解，也有难以化解的隔阂，但是这些调研和课程之后的反馈都是非常宝贵的参考材料。面对这样的群体，我们的国际中文教育更要在课程实施上进行有针对性的规划，因为他们平时的所思所想已经跟我们的时代和国家发展密切相关。

诚然，这些表述当中还有一些是"猜测"，随着他们的阅历增长和跨文化经验的日渐成熟，他们是可以成为深度理解我们的未来具有国际视野的友华助华人才的。

3.4 话语传播的反思

汉语国际教学本身就是话语传播，这些年我们的教学收获是巨大的，但是也要注意教学成本如何转化为更大收益。这需要中国高校尤其是北京高校必须走出一条新路，借用国际主流价值或共有观念来搭载中国话语，张胜军（2014）也提出了在原创话语不足的情况下，也要学会"草船借箭"。

这个系统工程从上至下都是在摸索的阶段，不仅要消除不同文化之间的隔阂，更要摈弃我们自身原有的文化刻板印象，我们的国民首先在人文素养上就要猛醒过来，并能审视我们自己的文化短板。2018年央视春晚中郑恺的小品《同喜同乐》可能就事与愿违，小品立意本来很好，表现"一带一路"建设中中非人民在高铁项目上结下的深厚情谊，但是还是给人"不舒服"的感觉，"非洲大妈"的角色装上假屁股，黑人扮演猴子，第二天就引发了西方媒体的批评。

> 在审查制度如此严格的国度中，出现这样的小品，绝对不是偶然或是疏忽。节目的创作团队、各级的负责人一次又一次地对这一节目给出了许可，不认为这个节目有任何问题，在最后的直播中让几亿的观众看到。我愿意相信节目的创作者不是刻意侮辱非洲人和其他国家的黑人。他们对这些种族歧视的因素也可能完全不了解。然而，这个时候，意图已经没有任何意义，损害也已经造成。更重要的是，创作的意图不应成为其包含这些种族歧视因素的借口。纽约时报的文章提到，中国许多大学都有非洲研究中心，且全中国有大约十万非洲留学生。除此以外，甚至许多的欧美国家在华人士都能提供相应参考意见。有心的话，主创人员或是央视及宣传部门相关负责人，有充足的资源可以避免《同喜同乐》这样的事故。①

其实很多人提出了这样的问题，连我们央视大媒体也有这样的刻板认知，实在是遗憾。可见公共外交和话语传播不仅是每个社会个体要学习的，官方也要真正学会"己所不欲，勿施于人"。我们要讲好自己的故事，可是讲别人的故事时竟然也戴有色眼镜。

2020年3月出台的《中华人民共和国外国人永久居留管理条例》在国内也引起一定程度的关注。这使在华留学生中的学历留学生培养同"国际人才"又挂起钩来，他们理应成为"国际人才"的最佳储备，也可以减少我们培养的成本。该条例的颁布再一次强调了我们开放包容的心态，这同移民问题是有本质区别的。我们投入了奖学金和教育资源，就是希望在未来能够将他们转化为中国建设的亲密朋友，将他们培养成知华助华的力量。

---

① 老辰辰.春晚小品《同喜同乐》与国人的种族主义［EB/OL］.2018-02.20. https://www.douban.com/note/657843101.

"读图时代"已经泛化成为"读网时代",网络已经从虚拟空间变为社会形态的实体之一。网络和现实生活融为一体,我们已经习惯于在网络的信息指引下走入社会现实,在现实中去享受网络空间所传播的一切,这种变化也包括学习方式的转变。网络原住民要处理大量的网络信息,表达自己的网络意见,借网络活动来实现自我认同和社会认同。

人生观和世界观在对待人生问题时也是一种文化表现,反之人生观也会制约世界观的发展,因为人们总是一代一代从生活实践中去检验世界观。人生目的、人生态度和对人生的评价构成了人生观的三个维度,如中国人的中庸之道就是一种人生观。节制、适度、不冒险、不走极端并始终关注现实,这就是中庸的写照,有理性思辨思维,但是并不偏执地使其成为生活指导的全部,也会控制非理性的情欲肆意妄为。

20世纪以来,国外的文化研究者认为中国的权力距离并没有缩短,而是在文化现代化的过程中迅速扩大了,这值得我们研究者加以关注。其实很多来华留学生在观察中国主流社会生活时内心很关注这一点,但是他们不知道如何表达出来。这些都需要我们重新审视跨文化交际在中华文化传播中的理论。

在跨文化学中,有学者简单地把不同民族的时间观念以"时间价值取向"来进行分类,对于"现在取向"的菲律宾和墨西哥人来说,他们在我们眼中喜欢随意灵活地处理时间,许多拉美学生学习焦虑少,被视为享受型甚至是懒惰和效率低下的学习者。[①]而中国人以悠久文化为自豪感,出于对祖先和历史的尊重,我们往往以史为鉴、以史为荣,这些时间感的差异在文化交流中的确会带来刻板印象。

激发学生去主动探索中国和认知中国,同我们搞文化考察与实践活动的成本相比,可能前者更经济有效。我们时常面对的尴尬情形是,教师在名胜古迹前费力地讲解,国际学生却四处看哪里可以买到冰激凌。有人说过一个经济学上的小事例,邻居播放音乐令人感觉吵闹,如果采取诉讼去打官司可能要花很多钱,而且还会伤害邻里情感,产生的成本不可估量。不如敲门友善提醒的同时送个小礼物,也可能就此解决这个难题。关键就是要有一个温馨的小礼物,增加了邻里情感也会收到预期效果。这在教学上也会给我们启示,文化传播不能硬来,在一定程度的调研参观以外,要激发学生带着兴趣去发现,可能在教育经济学中会产生省时省力的效果。

文化传播也是有教学成本和教学投入的。人际间的交往和社会交往如果顺利也会促成不同国际学生个体对中国的理解。从这个角度讲,也有教育经济学的问题,但是我们似乎从来没有在跨文化传播下讨论过。我们作为教育主体的行为其实也是经济主体的行为。

---

① 马维娜. 中西方时间价值取向差异的文化探源[J]. 前沿, 2011 (6): 148–151.

4. 未来与中外学生

在华国际学生最直接的跨文化交往对象除了教师就是在校园中的中国大学生，中国青年的学习生活成了他们观照彼此内心的最好样本。他们之间的最大共同点就是都是互联网"接生"的世代孩子。中国大学生的喜怒哀乐和友谊支持会成为国际学生留学生活重要的一部分，中国社会文化心理折射到大学校园中就是通过中国学生个体的文化心理来传递的。国际学生的跨文化心理的成熟与否也跟他们身边的中国学生的成长密切相关。很多国际学生课余会浏览中国学生的微信朋友圈来看中国社会的日常。他们获取信息的行为完全符合了社交媒体的设计初衷，每个人都善于"秀生活"，来把自己定位为优秀用户。他们一方面用自媒体消耗时间和精力，另一方面还要在现实中为理想奋斗。

4.1 当代中国大学生文化心态

中国90后没有经历过传统文化与现代化的交锋，本身就缺少历史体验，生活情境的变化也是伴随着电子屏幕的更新和迭代在进行。他们在进入青少年后就没有感受到时代转折对个体的影响，也没有体验到计划经济与市场经济的交锋，而是一直在互联网和社交媒体中感受着历史和现实的更替，似乎隔着屏幕来看社会的风起云涌，他们用受到安全保护的视角和个体主义的思维来看自己和他人，他们的网络语言和现实语言之间有着奇异的断裂。但是他们依然有自己的判断，他们大多数人会根据切身感受的变化，有意无意地调整自己的立场与倾向。而摇摆于他们内心的认同与开放、个人与社会、物质和精神的三重矛盾，依然是待解的价值难题。

新生代年轻人当个人意愿同社会主流价值无法调和时，在网络上就会激发民粹主义色彩的不满情绪，而这种发泄的后果就会形成国际关系的不确定性，甚至是民族间潜在的文化冲突。在俄乌冲突初期，我们一夜之间看到了中国年轻网民的狂热，不负责任的话语和评价一度让我们感觉很紧张。

中国大学生的就业问题和"以人为本"的社会机制也是有联系的，如果我们的学生都想在体制内的温床里生活，那么就谈不上社会的发展。很多韩国留学生也对中国大学生想进入体制内工作有些不理解，韩国青年认为年轻人能够在民企或自主创业中找到理想的生活，才是真正的安居乐业。他们并不在意毕业马上就能找到工作，而大部分的中国学生将就业紧张看成是市场经济竞争的紧张，并惧怕竞争，而他们求学期间的竞争是为了到社会中找到体制内工作而不再竞争，这本身就是社会的不正常。我们企业的积极文化还没有彰显出来，社会中尊重企业的文化还不是很浓厚，来华留学生是可以感知出来中国学生这些社会心理和对职业的认知的。我们的校园文化也很少有企业文化的渗入，真正的企业精神都很难被学生理解，更何况让来华留学生感受到中华文化和新时代的企业发展相融合呢？

当代年轻人由于面临的社会时代、环境不同，大多数人没有面临过国家和社会的危急存亡，所以很少考虑宏大的社会命题。在当代世界的生存环境中，一般劳动者获得财富的机会同传统社会相比已经在减少，全球财富正向强力资本和智力创新者流动，"劳动致富"虽然可能没有变成空话，但是意义可能已经发生了改变。超大型企业获得财富越来越多，在中国则是央企和国企依然保持绝对市场竞争优势。在这种情势下，很多人的上升空间和发展机会都受到限制，再加之信息量过大，独立思考的精神在弱化，整体上有一定程度的"慵懒"表现。

来华留学生对政治的关注会表现在对社会建设的关注上。我们既然是社会主义社会，那么就要以建设社会为主体，因此社会改革可能比政治、经济改革更为重要。我们的社会也承受着风险，中国需要在年青一代身上看到社会建设的活跃动力。国际学生可能看不到农村农民在时代中的发展，但是在高校生活中可以看到中国学生个体的"自我赋权"，尤其是中国女大学生的独立奋进给很多留学生以深刻印象。这在社会建设和文化发展中也是值得传播的。中国新一代女性的文化自觉在大学校园中就可以得到有力证明。中国女大学生的独立和向上以及对待婚恋的心态也令很多国家的留学生打破了曾经的认知偏见，如很多中国女生也利用"中性文化"或自嘲行为来向传统文化观念表明自己的不同个性。

中国目前在校大学生约4000万人，对大学生社会心态的理解有助于我们把握当代中国社会思想观念的现状，也是我们理解未来中国社会思想观念变迁的关键。那么，这一代年轻人怎么样？今天的大学生到底在想什么、怎么想？2019至2021年间，由复旦大学和上海开放大学联合组成的"中国大学生社会心态研究"课题组以历时三年、覆盖中国内地七大地域、上万名在校大学生的问卷调查数据为基础，完成了这份重磅《当代大学生社会心态研究报告》，宏观而立体地呈现了当前以"90后"为主体的大学生群体社会心态的整体图景。该报告指出，当代大学生所具有的"个体"与"物质为基础的精神追求"的特质，使得他们与主流文化之间既有耦合性，也存在明显张力。对于大多数青年人来说，他们目前的立场与态度倾向是他们一二十年来真切不虚的社会繁荣的感受带来的，但这并不意味着他们由此形成了固定的认识框架。问卷设计了与青年人思想状况紧密相关的对国家发展与对外关系的态度、对社会生活与经济发展的态度、公共态度与公共讨论、社会认知、社会评价、科学与信仰、对港台地区的态度、对争议性社会议题的态度等板块,含有200多个指标。①

研究团队对部分相关指标进行了统计分析,并在上述统计分析的基础上进行问题归纳与提炼。笔者在借鉴该课题研究成果的基础上,结合中外学生彼此间的交往互动,来看中国社会和个体的文化情感在中外两个文化接受主体间是如何流动的。

第一是当代大学生文化中充满信心。

70%以上的中国大学生对国家充满信心、对社会给予个体的机会充满信心,进而对个人的未来也充满信心。这种信心表现在对社会和国家的信任,对自己未来的经济收入有预期心理。很多学生能够应对社会和国家在深化改革进程中的分配体制和竞争机制的变化,相信自己的梦想可以实现,认为国家的经济发展前景乐观,个人只要跟上时代发展潮流,不会成为被淘汰的阶层。但是不可否认,焦虑和担忧也占有一定比例,但是同这三个信心相比,均不到10%。可是不能忽视这一成比例所起到的辐射效应。

这种信心既是青年人对自我美好生活的憧憬,也是青年人对国富民强的外部发展平台的信心,这种信心有时代特征。很明显,中国社会是在最稳定、文明和安全的状态下发展的。但是从课题调研的结果来看,他们对社会自由和民主两个要素的关心程度并不高,这点同韩国等其他国家的大学生有些差异。被访者对中央政府、传统文化、革命传统以及国家的作用抱有非常正面的态度。这正是这个时代下我们政府所做出的努力和出色的政治能力的表现。这种信心,是我们这个时代的青年人所具有的一种特质。它既是时代的产物,同时也在标识着时代和改变着时代。

一些在华留学生对此也有自己的感受:

> 中国一直有着神秘的形象——长城、功夫、龙之乡。当中国向世界开放时,他们被誉为新世界的英雄。"一带一路"倡议是世界上最伟大的项目之一。穷国对中国表示欢迎。在COVID-19爆发之前一切都很顺利。人们有时对看不见的东西视而不见。从一开始,世界上就有许多问题。有时候人们只需要有人为他们的问题负责。美国从来就不是一个完美的国家,所有的病毒都暴露了他们的弱点和问题。西方的医疗体系一直都很糟糕,但如果你需要有人去责怪,那就找个最合适的替罪羊。我在国外采访过的大多数人都有同样的反应:"病毒是中国的错。"病毒出现后我一直在中国。我觉得这仍然是最安全的地方。虽然世界在努力对付这种病毒的同时正在分崩离析,但相比之下,中国最稳定。

> 中国的国际形象就像季节变换一样快速改变,中国在政治经贸方面也迅速崛

---

① 复旦大学和上海开放大学联合组成的"中国大学生社会心态研究"课题组:《当代大学生社会心态研究报告》,由2019年度国家社科基金重大项目"大数据驱动的网络社会心态发展规律与引导策略研究"支持。

起。"一带一路"、构建人类命运共同体、共享经济等都是在多方面与以前不同的战略，推动经济快速发展的面貌在国际社会上也引起关注。

从未去过中国的朋友说中国的成长就像农夫辛勤耕耘收获一样。中国制造的品牌向世界展示出了巨大的影响力和努力，就像农夫播种收获之前，经过很多努力收获一样，中国也从第一阶段开始努力开垦，得到了很高的认知度和高度的称赞，收获了很好的回报和世界的尊重。

中国的快速崛起震惊世界，中国无论什么都有别于其他地区的规模。产品的产量、广阔的土地、劳动力数量和人才储备，各个领域都比其他国家的发展规模大得多，中国的发展像宇宙的奥秘一样令人敬佩。

中国是世界上最大的发展中国家，也是超级大国之一。中国的政治、经济、文化、军事都在国际前沿。中国是常任理事国之一，在世界上有举足轻重的地位。

现在的中国大学生们不抗议国家政策，而是和很多人一起互相称赞，安慰自己。这种意识是以中国传统思想——儒家思想为基础的。这是以强调忠的儒教思想为出发点的。从这些方面来看，虽然无法掌握全体中国大学生的人格，但从在自身艰难的情况下不怨国家而满足的角度看，大多数的中国大学生对国家满怀信心和忠诚。

中国大学生都非常勤奋。确实我不够勤奋。上第一课的那天，我早上才勉强站起身来，迷迷糊糊地上课。如果有作业，我不提前按计划做，而是赶时间做。不过，中国大学生可能有家远的朋友，但他们一大早就显得非常精神，上课集中精神也非常好。每次做作业时，他们都会竭尽全力去回忆并像饿鬼一样写作。

中国大学生凡事积极、乐观而热爱祖国。韩国大学生小心谨慎，经常看别人的眼色。因此，他们既不愿意表达，也不积极参与活动。但是中国大学生每次互相想表达，即使谁也不发话，也会自觉履行自己的职责。他们凡事都很乐观，互相帮助。而且他们非常热爱祖国，我觉得这是很美丽的一种现象。

总之，当代中国大学生的人格特质非常多。他们都很勤奋、乐观、守纪律、有礼貌、节约且热爱祖国。我特别喜欢中国朋友，想一直跟他们联系。

中国大学生表达出对中央政府的信任，认为遵循政府的政策对国家的发展很重要，对于中国目前的政治、经济、历史均持较高的认同态度。认可"改革开放是今日中国繁荣昌盛的根本原因"。同时，绝大多数的大学生认为应该弘扬传统文化，尤其是弘扬革命传统。此外，值得一提的是，近一半受访大学生认为，在处理外交事务时，中国政府应该采取更加强硬的态度。这些调研结论同外国留学生感受到的基本是一致的。

第二是当代大学生的个体主义倾向开始出现。

这种个体主义倾向跟第一点自信也有一些联系，即近半数受访者认为完全可以选择和掌握自己的生活，相当比例的大学生渴望按照自己的想法生活，"为自己而活"逐渐成为共识。在主观上更多地以自身感受为判断标准，而不太考虑自己所处的环境。但是大学生的社会心态与主流价值观之间存在着耦合关系，客观结果上与主流价值观的最终取向不谋而合，在部分领域甚至有过之。同时，大学生的社会心态有其特点与自身的规律，与主流价值观之间也存在着张力。这种张力更有可能来自目前大学生所表现出来的"个体"与"物质为基础的精神追求"两类特质。

改革开放以来的物质积累使"90后"大学生不再需要为基本的物质保障投入太多的个人精力，也正是这些坚实的物质基础，让他们在精神追求、自我释放、个性张扬等方面的探索具有可行性。当代大学生既看重物质又轻视物质，一定的物质条件被视为必不可少的生活基础，且在物质需求逐步得到满足的同时表现出更高的精神追求，这与传统观念中追求金钱、权力等的人生观不同。当代大学生将奋斗的目标更多地聚焦于自身价值的实现，对于成功人生的理解明显从外在客观的物质转向了内在主观的体验。不同于以往"70后""80后"大学生，"90后"大学生大多享受着国家经济高速发展的成果，其在物质上的富足感、充裕感，使得其对精神生活的追求更高。当今大学生的价值观念建立在丰衣足食的基础上。他们不再认为谈论物质是庸俗、市侩的表现，他们直接描绘舒适、安全、富足的生活并为之奋斗。

这种个人主义倾向还表现为三分之一的学生明确不认同社会整体利益会高于个体利益，另有三分之一对该问题表述不置可否。

针对中国大学生的上述特点，外国留学生很难有切实的体会，但是从下列表述中也可以感受到在勤奋、努力的特质中隐藏着个体主义的独立意志。

> 我跟其他朋友的观点差不多，当代中国大学生的人格特质是独立的、乐观的。首先，中国的大学生们似乎更自我一些。以穿衣为例，在衣服的选择上，他们不会在意别人的目光与看法，完全是按照自己的想法去选择衣服。这让我这个韩国人感觉很是特别。其次，个人感觉中国的大学生们学习更加用功。与韩国大学生们相比，他们的学习时间似乎很不一样。比如一大早出来，就能看到站在公园一角背英语单词的中国大学生。最后，我认为中国的大学生们思想都比较开放，但是在中国的酒吧我很少看见中国大学生。

> "90后"的当代中国大学生大都是独生子女，甚至我在北京交过的朋友们都是独生子女。他们一出生就成为家庭的中心，已经习惯了更多地关注自我，以自

我为中心，得到家人更多的支持。

在中国待了四年的朋友觉得在他的心里中国大学生塑造了一个矛盾的形象。例如：与中国人交流，一方面，他认为他们很热情，乐于助人；但另一方面，他还是无法理解他们的意图和真实想法。一方面，中国是一个历史悠久的国家，保留着其遗产；另一方面，它的现代化使人们忘记国家的过去。

中国大学生在处理人际关系时通常会首先考虑社会和他人，但也绝不是一味地追求社会的赞许。他们并不过分掩饰自己，而是表现出敢于面对现实、尊重事实的特点。

我认为当代中国大学生在思想上是独立的，不喜欢被别人过多干涉和打扰。而且，他们很勤奋。因为中国人口众多，所以现在中国社会竞争很激烈，要想在激烈的社会竞争中生存下去，就必须比其他人更加勤奋。他们对学习的热情也特别强。对他们来说，激烈的竞争中学历也是很重要的部分，因此，他们大学毕业后，读研究生的人特别多。

第三是当代大学生的青年文化呈现出小众分化和多元共融的特征。

虽然他们对中国的主流文化产品有着一定的认可度，但是实质参与主流文化建设的个体很少，这也许跟学生身份有关。

小众分化是指少量大学生基于某种共同的特征而聚合成小圈子，同时大量不同的小圈子文化又并存的文化现象。以B站为例，这似乎已经成了当代大学生潜意识中的默认选项。作为一个文娱社区，B站文化氛围包罗万象，聚集了大批深度粉丝，大学生在嘻哈、街舞、机器人、电音、国风、国漫等圈子中取悦自己，吸引同类，逐渐形成了各自的小众文化圈。而多元共融是指大学生所呈现的开放包容、对异己文化"和而不同"的心态特征：一方面是大学生思想具有开放性，调查显示，超过半数的大学生对中医（87%）、安乐死（67%）、婚前同居（65%）、同性恋（56%）等争议性话题表示接受，这反映出大学生对不同群体、不同意见和多元文化抱有一种开放包容的态度；另一方面是追求时髦与创新，易于接受流行文化，如由网红明星所带动的消费文化，呈现出主流文化、二次元文化等多元文化共存但又不一定相互排斥的共融状态。

同时"小众"和"多元"表现为大学生政治参与总体水平较低。调查显示，"从没有"或"很少"在互联网上参与讨论政治、政策事务的大学生占全体的72.1%，而"经常"参与的大学生仅3.4%；即使是在互联网环境下，"从没有"或"很少"在社交媒体上转发政治性内容的占全体的70%；"从没有"或"很少"在社交媒体上表达政治观点的占75%；"从没有"或"很少"在互联网上就争议性事务、群体性事件、网络抗议发表观点的占68%；"从没有"或"很少"参加在线请愿或公共议题投票的占73%。

对此，也有国际学生对他们眼中的中国大学生有如下体会：

> 纵观中国大学生人格特质，很少有人信仰宗教，另外对政治非常关心的人也很少，致力于个人的生存和发展。这一点在全世界大学生的人格品质上可以看到，这不仅在中国，在韩国大学生中也能看到。当今阶层之间的矛盾，性别矛盾，还有社会上的一系列矛盾对大学生的人格也有很大的影响。不安全的经济状况和无法预测的未来，使得个人主义倾向更加强烈，自我消费的消费文化越来越强，对集体生活的意识或概念正在变得模糊。

第四是民族主义升温，又裹挟着个人价值诉求和民粹。

大学生在涉及爱国主义、国家主权方面的态度正趋于强硬。调查显示，相比于2015年，2017年大学生群体在涉及民族主义相关变量的态度上，表示强烈支持的比例均呈上升趋势。另外，在两岸关系方面，大学生群体中间"武统"呼声往上攀升。调查显示，要求诉诸武力实现统一的比例从10.3%上涨到17%。这种变化趋势，既源于中国发展成就所带来的自信心与自豪感，也与对外部压力的应激反应有关。但青年民族主义的升温与态度的强硬化，会发展为在大量问题上立场鲜明的强迫性"表态"和"站队"，同时也可能挤压国家处理相关问题的弹性空间。

部分大学生表现出一定的民粹化倾向，往往倾向于采取一种底层视角看待问题。这与目前力图对西方部分国家发出强硬声音的情绪是相伴随的。主张应该积极向西方学习的被访者占全体的65%，而反对向西方学习的被访者仅占全体的9%。就个人与国家的关系的认识而言，在盛赞"我的国"和强调个人为国家付出时，大学生也希望国家承担相应的托底与扶弱责任。大部分（70%）大学生认为国家应该承担更多的责任以保障每个人的生活，不同意的仅有10%。

第五是互联网成为最主要信息渠道。

与报纸、电视、广播及其他信息渠道相比，互联网作为大学生主要的信息渠道所占的比例高得惊人，约92%的大学生最近一年最主要的信息来源是互联网，电视仅占4%。同时互联网空间给了小众和多元文化更大的调试空间，使得大部分学生能保持着一种整体良性互动的自我调适心理，不容易因社会压力而产生心理失衡、悲情怨世的想法，具有很强的包容性，也减少了社会不良情绪从线上向线下转化并采取行动的可能性。

综合该课题的结论，我们也看到了这些结果会处于变动之中。那就是在不久的未来，当他们步入社会时，个人发展的理想同社会境遇的各种波折起伏不匹配时，在校园里的信心也有可能演变为挫败感和沮丧，同时，青年普遍会将内部原因归结或转化为社会外部原因。

依靠互联网空间获得信息也容易受到各种社会思潮的影响。他们所谓多元文化极有可能会同主流文化形成冲突。另外，现在的高校思政课面临最大的挑战就是他们缺乏历史情境体验，对舍生忘死、新中国成立初期的创业艰难、改革开放时代的敢为天下先等文化精神都无法感同身受，在培养吃苦耐劳、顽强、坚韧、百折不挠的品质和作风上还有提升空间。

中国大学生也无法摆脱工具理性主义的影响，他们信奉专业和知识的力量，有向上进行阶层流动的强烈愿望，这种思维模式往往使得他们反对建制，反对制度背后的权力结构以及作为这种权力结构的代表和化身的精英。在受挫败后可能也有偏激的反智心理出现，再结合民粹思想，会使一部分学生脱离我们主流价值发展的框架。

青年一代要重新树立"为中华崛起而读书"的精神热潮，而不应成为被抨击的"精致的利己主义者"。要重新焕发出这样的精神，需要重新考察在不同的时代可能会有不同的人文气象。新的90后大学生有利己主义倾向也正常，从人性的角度看，几乎每个人天生都是要关注自己的生存和与生存相关的事务，我们要求一个人无偿地将自己奉献给社会和他人，这是难以接受的。但是我们不能忘记，人性在道德和文化的熏染下是可以升华的。在现今的时代下，青年学生可能要有一种新的忧患意识，但不是仅仅聚焦于个人幸福的得失。电子游戏和网购可以成为一种个人幸福生活和个性自由的表现，但是不能是全部。中国要想成为真正的"学习大国"，我们对本国年轻人的教育还永远在路上。

笔者利用这个研究中国当代大学生的课题成果，是为了明确国际学生所生活的校园文化的坐标。这其中很多中国学生的文化特质对于来华留学生而言并不陌生，因为有些特征也是他们文化心理上共有的。[1]

来华国际学生在我们的高校校园中所接触的中国大学生的价值选择和文化认知并非是固定的认识框架，是带有一定困扰的多重矛盾的融合体。笔者也利用国际学生的中国文化解读课程，让留学生找中国学生访谈，提出他们自己的疑问和文化困惑，从中国学生的回答中再梳理出他们对中国文化的质疑和理解。这些调研和访谈真切发生于中外学生之间，不同于教师的文化调研，从留学生视角也给他们提出了"在你生活的高校校园中，你接触的或你眼中的中国大学生是什么印象"等问题。两相印证，有些调研结果还是一致的。

课题组调研中提及中国大学生超七成对中国充满信心，对中国的未来经济和政治走势表示乐观，超六成对当前社会的分配体制、竞争机制和运行机制持正面态度。而大部分留学生在反馈的信息中也会提及中国学生对自己国家充满乐观和自信，有对自我生活的美好憧憬，并对国富民强的外部发展感到自豪。这是中国青年在新时代的整体特质，也自然反映在中外学生的交往中。

我们再看在中外学生之间是如何互看彼此的。

---

[1] 该课题组最终执笔人为桂勇、胡佳丰、侯劭勋。研究团队的成员还包括李秀玫、黄荣贵、邢婷婷、郑雯、都晓琴等。

4.2 中外学生之间

一位叫陈俐璇的马来西亚华裔汉语国际教育硕士问过一个至今令我难忘的问题，她问中国的大学生为什么很少做公益，她所看到的公益活动都是学校组织的。这让我想到复旦大学研究员沙烨曾说过：我们的学生都在以接近免费的成本享受着最一流的教育，我们每个大学生都从国家获得了远超过我们学费支出的奖学金。是国家和人民在培养我们，让我们能够轻装上阵，全身心投入我们的事业。得到如此多的支持，我们学生对公共服务的热情和美国学生相比却少很多。哈佛大学的毕业生中有22%进入各种非营利组织和政府部门，耶鲁大学的比例为35%。而上海高校毕业生仅有3.74%就业于公共管理、社会保障和社会组织。

高校内部的校园文化没有对国际学生形成良好的向心力，中外学生还没有形成学习共同体。国际学生的学习事务和生活事务还没有很好地连接成有效的支撑体系。梁凤华（2019）指出，美国大学从20世纪开始就有"群聚学院"（cluster colleges），我们国内还缺少这种"生活—学习共同体"（living-learning communities）的措施，使大部分国际学生一边应付学业和语言障碍，一边熟悉着学校的资源环境，留学生离开课堂就失去了课余生活和宿舍生活的教育。师生之间没有机会共同从事学术活动，因为空间所造成的生活与工作区域的隔离，使中外师生只能在课堂上交流，而课后还是处于相互疏离的状态。这就大大浪费了校园生活本身的资源优势。这些资源如果整合得科学，中外学生和师生之间可以形成不同的项目团体，如艺术类、语言类、社会服务类等，在项目实施过程中必然会产生普遍追求的核心价值观，借此来解决分歧意见。①

仅从美国大学校园抓住"宿舍教育"这一做法看，我们还有很多设计没有到位，我们很多高校的国际学生管理还是停留在理论上，没有创新的有力操作。

国际学生眼中也会关注中国的共产党员学生，他们习惯了用人性的眼光来观察人，但是并不知道在中国除了人性之外还有党性的人格表现。党员不能只有人性，还有政治人格、政治理想和道德价值观的党性存在。

整个世界的科学文化发展对中国的政治建设和经济发展的影响是巨大的，但是对中国社会普通民众的影响可能并不像想象的那么大。这种科技文化形成的工具理性主义对西方青年的影响较深，而我们的青年一代受这种工具理性主义的洗礼并不是特别明显，如前文所说只能说是潜在的影响，这也可能是中外青年在交流时的一种难以言说的障碍。比如欧洲年轻人认为Youtube或Facebook就是一种科技对民众的赋权，而我们并不这么看，我们认为有微信就足够了，至于我们为什么不用那些软件或不让用那些软件，我们的青年学生"并不介意"，但是这一点恰恰成了很多欧美来华留学生问中国学生的首选问题，并由

---

① 梁凤华，叶信治. 美国大学"生活—学习项目"的国际镜鉴［J］. 扬州大学学报，2019（1）.

此衍生出很多分歧。

政治、民主等词语在中外学生之间的理解差异其实是非常大的，但正是此类话题在中外学生之间交流是最少的。更有一个前提是外国学生普遍认为中国的政治生态和意识形态是有问题的，而我们学生认为应该少谈政治，可是一旦谈起来又发现由于方式方法不对而导致双方产生更大的分歧。

4.3 中国学生眼中的国际学生

我们的高校面对来华留学生，对当代中国的讲解不够。改革开放到如今，中国取得的成就是一个巨大的成功的故事和传奇，但是这当中折射出复杂的中国政治史。我们总体上并不富有，但与之相反的是民粹的力量却比较大，狭隘的民族主义也有很深厚的社会基础，这其实在很多发展中国家都有类似的文化心理。正如美国学者约瑟夫·奈所说的，很多发展中国家是"带有民粹主义色彩的民族主义"。现在我们给中国的汉语国际教育硕士讲中华文化传播课程时，很多青年学生动不动就说到海外去传播中国文化，去国外完成中华文化传播这个光荣的使命，这种口号式的逻辑前提已经成了该专业学生的思维定式。这种思维过于简单，甚至有些粗暴，也不符合国际间跨文化交流的基本常识。

各国大学生的历史观和社会学政治学常识均有不同，如何看待目前的国际形势和未来发展，这决定了哪些人会有意愿来中国留学。而来的学生他们怀有怎样的目标和想达到的教育目的也直接影响我们的教学效果。"对牛弹琴"的情况比比皆是，甚至在汉语言专业中有些人在中国不愿意说汉语，从微观的角度看我们还要解开他们的某些"心结"。"来"是他们的目标，但"说"汉语和理解中国文化成了背离的两条路线。这些群体往往是欧洲国家的一些交换学生，利用短期项目来友好学校进行几个月的学习，在这么短的时间如何对他们形成有力的影响，我们还没有密集地投入，很多高校还是用按部就班的初级汉语课程来填充他们的留学生活，这是远远不够的。以北欧一些国家的来华留学生为例，几乎都是交换项目来的学生，在中国说英语，整体上保持高冷的游离状态，他们给中国学生留下的印象也有些不可捉摸。

看过国际学生如何评价中国生活，也看看我们的汉语国际教育硕士的调研，从其中很多语料也可以看出国际中文教育专业的中国学生如何解读留学生的跨文化行为，他们的见解同教师视角又有很多不同。

留学生在中国学习汉语是一段十分有意义且难能可贵的经历，而与留学生的访谈对我们汉硕学生来说同样是一个宝贵的机遇，它要求我们从个体角度出发，直面留学生内心真实想法，从个性中捕捉共性问题。对外汉语教师是教师行业中一个特殊的职业，我们不是一味地进行应试型知识灌输，而是对知识进行精加工然后客观简洁地表达和引用。希望在下个学期与留学生的接触过程中,自己能够带着思考去深入探寻留学生的内心世界,并继续挖掘现象背后的本质内涵。

有些留学生因为他们在中国学习的时间不长,而且身边又有来自同一个国家的伙伴,他们对于中国人或中国文化处于一种相对的"免疫"状态。他们更倾向于沉浸在本国文化的交往圈子中,而与中国人或中国文化的接触则处于被动接受和浅尝辄止的状态。在学校组织的活动中,他们可能表面上对中国同学表现得很热情,但是活动结束后还是会与自己的小团体聚在一起,不会再主动联系所谓"中国朋友"。除了学习时长等客观因素,更具决定性的还是留学生对接触中国文化秉持的心态与意愿问题。①

这段话体现了汉语国际教育专业硕士研究生在专业领域的自我反思,但是由于没有私人交往,只能通过调研访谈的方式去有目的地"捕捉"共性问题。由于专业性质的要求,汉语国际教育硕士不仅仅要学习语言教学知识和技能,更要通过亲身的跨文化交际体验去感受汉语教学过程中的文化传播问题。他们平时作为学院教师——各自的专业导师的助手,观摩了语言课堂教学,但是课下的跨文化交际活动要亲身投入才能领悟其中"奥秘"。

下面是一些中国汉语国际教育硕士研究生写出的一些跨文化交往案例,他们有理有据地按照自己对文化问题的理解对其中的现象进行了分析,其实也可以看作一次专业学习的小型调研报告。

中国研究生描述案例1:我们中国人都知道一个国家实行什么样的政治制度、走什么样的政治发展道路,归根结底取决于这个国家最广大人民的意志,取决于这个国家的具体国情和历史文化条件。中国绝不是西方国家污蔑的那样是独裁统治,我们走的是中国特色的社会主义民主之路,具有集中力量办大事的制度优势,是符合中国国情的、行之有效的制度。

留学生小梁说,中国是一党专政。我说,每一个国家有自己的国情,有的国家是君主立宪制,有的国家是议会制,我们不能说孰优孰劣。但对中国来说,中国共产党领导的多党合作和政治协商制度是最适合中国国情的,也是我们认为最民主的制度。

小梁的问题虽然有些敏感,但令人欣慰的是她并不带恶意。一方面她来中国前对中国有一些了解,其中不免包含一些刻板印象和偏见。由于国外的很多不负责任甚至别有用心的宣传,在民主、人权方面他们对中国都有着不同程度的误解。另一方面,来到中国后,她也有自己的所见所想,所以她才会尝试和我讨论

---

① 本文中国研究生语料来源于2019级和2020级北京第二外国语学院汉语学院汉语国际教育研究生课程作业。

这些问题。对我来说，这是一个非常好的机会，小梁们想听到的恰恰是如我这样普通中国人的理解，而非政府官方的解释。面对这些问题，如果讳莫如深或者回避，反而会引起不必要的误解和猜测。所以，我尽量降低民族自尊心的影响，尝试结合自己的理解用最简单通俗的语言解释说明，引导小梁自己通过思考得出结论，避免观点强加或灌输。但我的这些解释可能并不完全正确，这也提醒我需要多关注和重视国家制度文化方面的问题，因为这正是在进行中国文化传播时最受外国人关注的焦点。

小梁还说，来中国以后她才第一次去罗森这样的日本品牌超市，看到中国街道的日本品牌汽车很多，感觉并不是她想象的中国人都在抵制日货。我还让她看《中国诗词大会》节目，她觉得非常好看。今天她的认同不仅是对中国传统诗词文化的喜爱，也是对中国文化创新后展示的新形式的喜爱。这种"新瓶装旧酒"的文化创新形式，用了大众接受的音乐形式嵌入了经典的诗词，所以也受到了她的喜欢。

在和小梁接触的半年中，发生过很多有意思的小事，但基本上没有什么不愉快。这和我们两个人的心态有关系，我们通常都不会去刻意评判两个国家、两种文化的优劣高下，只是在对比中发现相同的地方，对不同的地方表示理解和感兴趣；我们也不会对本国存在的问题过分维护或回避，只会客观描述和谈论；在态度上，作为本国学生，我更加愿意以包容和引导的方式去对待她，对于误解，与其说服，不如示以真相全貌，令其自己得出结论。而小梁作为韩国的汉语学习者也体现了尊重和礼貌，她喜欢体验不同的经历，具有开放和接受的态度。虽然我和小梁的案例只是跨文化交际的个例，但尊重、真诚、包容是可以共鉴的。

中国研究生描述案例2：在一次聊天中，一个丹麦留学生问我平时看不看新闻，我说有时候用手机看，又随口问了一句，你呢？他说，在丹麦他每天都看Twitter、Facebook等推送的新闻，但是来到中国以后，他从来都不看新闻。因为中国的新闻都是Fake News。听到这句话后，我沉默了几秒钟，心想，你都来中国学习汉语了，对中国已经有了一个最起码的认识了，怎么对中国还有这么大的偏见，真假新闻难道你自己没有判断力吗？我说，你不能这么想，我建议你还是看看中国的新闻，也可以和丹麦的新闻进行对比，看看两个国家针对同一个事件的报道有什么不同。他笑了笑，点点头，没有再说什么。据我所知，这位丹麦同学高中时期也曾在江苏省的一所高中交换学习过，如今又在中国学习了一个学期的汉语，可以说，中国不同时期的实际情况他是有切身感受的。一个在中国至少有过半年的居住经历的外国学生，轻而易举地就得出"中国新闻都是假新闻"这个结论，背后的原因值得深思。

从案例1、2中可以看出,汉语国际教育硕士研究生同留学生的交往带有文化传播的"功利性",并有自己的交往和教育期待,能够发现一些问题但是很容易形成一种简单判断,并在现象之后附上自己的解读和诠释。这两个案例很难说是真正意义上的跨文化友谊的交往,其中现象之后的深层原因也可能不是他们所能解释的。但是他们毕竟是在尝试进行交流和解释,这是专业培养不可缺失的环节,因为他们知道这是个案,"但尊重、真诚、包容是可以共鉴的",并表明有足够的耐心去引导,也能对交往对象的文化心态给予正确评价。

中国研究生描述案例3:韩国娱乐文化在中国的影响是非常巨大的,经过了一个学期的汉语HSK辅导,我和我的留学生语伴权根慧之间有了简单的了解和认识。

我们在一次开课之前,她看见我在看韩国的综艺,于是我们就中韩娱乐文化的一些问题展开了讨论。我的留学生语伴在得知我对韩国的综艺文化很有兴趣之后跟我推荐了很多韩国的综艺、影视剧以及相关的唱片文化,并给我讲了一些在韩国很有影响力的制片人和导演,可能后来说得太激动了,她就直接说:"中国就喜欢抄袭我们的韩国娱乐文化。"当时我也给出了合理的答案去解释这种现象,但是这件事情让我对"文化传播"有了新的思考与认识。

文化和基本国情不能割裂开来,喜欢的前提是了解。有一个问题是:我们的观点代表我们的立场,我们坚定立场,但并不强加于人,尊重留学生的观点的同时,我们怎么才能让他们做到"知华、友华、爱华"?基本国情不是"教"出来的,靠"传播"也不太行,"浸润"好一些,但观念上的东西是很难改变的。我们的目标是培养出不仅汉语说得好,而且了解中国、爱中国的人,但我们尊重不同的观点,这怎么平衡?我还需要进一步思考。

我们传播的原则不能变,我们也仍要鼓励留学生走进中国社会。那是不是说我们的文化传播影响力不强?我认为,我们传播文化和留学生走进社会并不矛盾。我们推广积极的方面,也不回避消极的方面。不管哪个国家的人,都需要客观地看待问题,留学生来与不来是他们自己的选择。即使权根慧对那一点感到不满,她也到中国好几座城市旅游,表示"以后带她一家来中国旅游""希望能来北京工作"。对一个国家的感受,是留学生在各种经历中慢慢形成的。文化传播做得再精致,留学生不喜欢中国,也是失败的;留学生走进社会了,但他们看到的只是一部分。二者与主观情感和价值判断结合起来才比较完整。汉语教师在价值观方面要怎么影响学生?我还要在实践中进一步感受和思考。

最后我想根据自己跟权根慧交流的经历就"给留学生讲什么文化"的问题说说自己的感受。权对课本中"买房""买彩票""修自行车"这类课文没有兴趣,辅导的时候说"一看这样的课文就困了";喜欢书法、玉石、马头琴等传统文化,但了解得不深入;喜欢流行文化,把很多流行语和流行歌曲的歌词写在本上,读得熟也明白意思。我认为我们不能为了迎合留学生的喜好讲文化,但我们可以略微调整。"修自行车"对中国人来说很亲切,留学生却很难感受到这种情怀,我们是否需要在这方面下功夫?传统文化并没有失去光彩,要带学生了解、感受传统文化的魅力;在课堂上可以涉及流行文化但不要太多。另外,留学生对某些内容"没兴趣"可能是暂时的,我们要努力让留学生对中国文化感兴趣,这个很难做到,不仅要"教",还要带他们体验,不仅要讲知识,还要讲如何做人。另外,谈文化离不开谈政治,我们不能回避政治,要客观对待。

中国研究生描述案例4:在本学期的生活中,我认识了一些外国朋友。作为汉硕,同他们交往之初,我便一直在思考,如何以我个人之力,进行中国文化的跨文化传播。但是我发现实际情况同以往所想,差别很大。主要的问题有以下三个。

一是泛泛的日常交往根本不会涉及深层次的文化问题。朋友间一起谈论的话题,自然而然地是一些琐碎的生活事件,或者体育爱好。

二是文化传播缺乏物理环境与摄受力。在受挫后发现,我不过是中国现代工业文明哺育下成长起来的一个普通人。物质层面上,我的生活习惯、言行举止、衣冠服饰也没有区别度很高的文化特质,外国朋友很难在我身上发现"文化兴趣点",我也很难在缺乏物质吸引的条件下,空口白话地进行所谓文化传播。并且,不只个体或者群众在形象呈现上缺乏传统中国文化的光彩,传统中国文化本身的物质载体也所剩无几。古代作为"经国之根本"的礼乐,业已消亡,"郊庙之祀""雅颂之章"不可得而闻也;宽袍大袖、束发网巾的华夏衣冠,也早沦亡于"剃发易服"的民族征服,而现在汉服的全面复兴也遥遥无期;城市化建设下,高楼大厦星罗棋布,传统建筑在社会生活中也难觅踪迹。总之,文化最直观的物质载体已然体现不出所谓"文化遗风",我们拿来论证传统文化的器物,只剩下脱离日常物用的"琴棋书画"与"太极功夫"。

三是精神层面上的传统文化难以在交际中传播。思想观念的传播与渗透需要一定的时机与场合,还需要受话人一定程度的语言与文化基础。最佳的机遇是针对一个中外明显存在差异的问题,引经据典地进行阐述,以破除偏见与误会,帮助对方了解中国人对此的一贯态度与立场。而争论的焦点最好不是"吃不吃狗肉"这类无聊的问题,而是"孝""民主公投"等涉及深层价值观的问题。但在与外国同学的交往中,没人在相识之初就谈论这些问题,他们的汉语水平也不足以支持他们理解中国的一些文化概念,而同不熟的人扯起"孔颜之乐""修己安人"的话头，除了难以理解，也只会显得生硬和奇怪。

不过，虽然面对很多困难，但也遇到了一次有意义的文化交往。

在安天翔（摩洛哥留学生）的宿舍，我辅导他完成一项论文作业，内容涉及20世纪70年代左右中国的外交事业，我对他说："中国很感谢非洲国家，因为当时在中国恢复联合国合法席位的问题上，非洲兄弟帮助很大。"听到我说这个，安天翔的室友，来自马里的苏迪，就问我是否对历史感兴趣。我说："非常感兴趣。"然后我指着他的书说："你的这些历史读本，虽然数量很多，但是质量不好。内容上太简单了，是中国的小学生读的，并且还有很多错误。比如，这幅明太祖朱元璋的画像，就是假的。编书人没有用官方的画像，反而用了一幅民间的。这幅民间的画像不仅时间上是晚出的，还故意把人物肖像画得很丑，显然是后人为了抹黑明朝而作的。"说着，我在手机上查到了"明太祖御容"，两相比对，苏迪便信服了。他还说："我知道清朝是满族人建立的国家，我知道是怎么回事了。"我说："是的，在叙述历史的时候，如果选取的材料是充满诋毁与偏见的，就会丧失客观公正，是很糟糕的。"

苏迪还问我，怎么看待成吉思汗，他在中东、巴格达杀了非常多的人。我说："成吉思汗是蒙古人，不是中国人。当时的蒙古部落在中国外部的草原上，中国当时也是蒙古征服的对象，是受害者，他在中国也杀了很多人，中国军队在四川的钓鱼城和湖北襄阳都有非常英勇的抵抗。后来忽必烈征服南宋以后，夺取了中国皇帝的称号。他的元朝对汉人有着非常沉重的压迫与歧视，比如'四等人制''蒙古人杀掉汉人，不需要偿命'的法律等。元朝的八十多年间，汉人不断地起义反抗，最终明太祖赶跑了元朝，恢复了中国。明太祖是我们的英雄，所以，我不喜欢这些抹黑他的画像。中国在历史上也没有主动侵略过其他国家，不要把成吉思汗当作中国的传统，这是不公正的。"

后来，我们聊到了当代，苏迪说："非洲是中国真正的朋友，但是现在中国对非洲还有很多误解，一些人去非洲专门拍摄一些不好的事情，那些视频和图片会让中国人对非洲产生不好的印象。但你要知道，在非洲的大学里，学生会的干部给自己起的笔名都是'切格瓦拉''卡斯特罗''毛泽东'等社会主义的先驱。他们看清楚了非洲还没有摆脱欧洲的殖民主义传统。现在欧洲还会对非洲特定生产销售一种香烟，烟草的含量是其他正常香烟的数倍，非洲人因为吸食这个，都变得没力气了。"我说："是的，我们是朋友。中国以前有和非洲相似的遭遇，有鸦片战争，但是中国现在强大了，希望非洲也能学习社会主义的中国，团结起来，发展经济，统一思想，争取一个能够独立自主的物质基础。中国也乐于帮助非洲兄弟，现在有'一带一路'，非洲的很多高铁都是中国制造，希望非洲兄弟能明白，中国和美国、西欧这些国家不一样，我们是反对'修昔底德陷阱'，信奉'美美与共'的。"

那天我们一起度过了一个愉快的下午。从这次交往中我总结出来几点经验：

第一，生活中文化的传播要注意合适的场所与双方的关系。宿舍具有私密性，可以让人放松下来；较为亲近的朋友关系可以让彼此放下包袱与伪装，对一些问题发表真实的看法。

第二，汉语国际教育硕士要多学习中外历史、政治、哲学、经济相关的知识，只有奠定了中国文化的基础与底蕴，才可能在跨文化接触中展现真实的中国形象与内涵。要让汉硕承担更多的责任，就要在学科人才培养设计上，增加更多的该方面课程，而不是单纯培养语言文字教学人才。

第三，明确文化交往的目的。现在外部世界对中国还有很多误解与偏见，产生的原因也是多种多样的。一方面，西方的一些主流媒体如CNN、BBC，出于政治目的，不遗余力地抹黑中国的政治制度和现实国情；另一方面，不同的文明体系间势必存在抵牾，北京外国语大学田辰山教授、美国夏威夷大学安乐哲教授提出的东西方"一多不分"与"一多二元"的思维差异，是针对此问题的最新理论之一。个人在文化环境的哺育下，自然会拥有该文化的某些共性特点，也会在后天成长中形成个体独特的性格、心理、情感，或者种种缺陷，这是人类的普遍共性。所以我认为，在与外国友人的文化交往中，应有"拨乱反正"的意识。虽然我们依靠道德内省的文化更具有普适性，但现阶段还应该以消除外国人对中国的误解与偏见为出发点，通过我们的努力，让不明真相但又乐于理性分析问题的外国友人走上认识中国的正确道路，团结真正的朋友，为外部世界了解中国尽自己的力量。

案例3和4比较系统地描述了交往事件和过程，毕竟是汉语国际教育专业硕士，在上了一个学期的专业必修《中华文化与传播》课程后，具有了自觉的文化传播意识，观察问题的视角也始终围绕自觉的专业出发。因为是以作业的形式上交，考虑到教师会有成绩和学分计入，所以努力做到有理论支撑，并尽力表明自觉的文化立场和教学理念，这是优点，可是如果仔细分析以上两个案例的观点和对策，虽然整体态度是理性的，但是都有空洞和牵强之感，内部逻辑也有不合理和附会之病。

案例中能描述文化话题的具体内容，给我们提供了一种想象，中外学生的交往中思想和文化碰撞还是经常发生的，也可以看出我们的中国汉硕研究生具有很强的文化自省能力，喜欢站在一定的文化阐释高度去审视外国留学生的文化心态。这种心态很难去判断对错，因为这不是客观科学的系统性的田野调查，陈述者是带有访谈目的地去急于证明自己的思维图式，缺乏科学严谨性。但是案例中的一些细节仍然具有反思价值，也有一些独立预见，如案例3最后提到的"不仅要讲知识，还要讲如何做人""谈文化离不开谈政治，我们不能回避政治，要客观对待"等观点。

中国研究生描述案例5：有一次我辅导的韩国留学生让我推荐一些中国的动画片给她，她想要跟着动画片练习中文，我当时脑海里蹦出的第一个就是当时在国内大火并且据说海外票房也不错的《哪吒》。首先这部电影取材于中国传统的神话故事，极具中国特色，蕴藏着丰富的中国文化。其次，这部电影的核心思想内容经过了一些改编，表达了一种人与命运抗争的主题，我觉得具有普世价值，易于不同文化的人理解接受。我当时认为这是一个很好的机会，既可以宣传中国文化又可以练习汉语，也让韩国同学看一下中国的影视业现在发展已相当不错。

想到这里，我立即用电脑播放了一个电影小片段，想让韩国同学感受一下。她看了一会问我，这是中国古代的故事吗？我说是的，这是中国古代很有名的一个神话故事，中国人都知道，而且这部电影真的很火。可是韩国姐姐并不喜欢，她说古代的故事太难了。我又在想可能她不喜欢这个题材，这种叛逆少年觉醒成长的故事不适合她。不如推荐一部更适合女孩子看的《白蛇缘起》，里边一些浪漫的情节或许会更加吸引她，所以我也给她放了一段电影片段看，她还是表示古代的故事对她来说太难了。我当时努力地尝试着给她讲解人物和故事情节，用比较简单的语言，挑选我觉得独特的中国文化要素告诉她，但是她还是表示出没有兴趣，只是简单地附和。后来她说她更想看中国小朋友看的动画片，要看现在的故事，以前的故事对她来说太难了，她自己选择了《喜羊羊与灰太狼》。

我后来思考为什么她觉得中国古代的故事很难，即使是在我用简单的语言给她讲述了故事情节之后。为什么她不想了解这么具有中国特色的故事而是选择了《喜羊羊与灰太狼》，虽然《喜羊羊与灰太狼》是适合小朋友看的动画片，但是这部动画片的语速相比《哪吒》电影来讲更快。而且我不觉得二者在用词上有很大的差异，也就是说不存在着因为是给小朋友看，所以喜羊羊与灰太狼的台词就更加简单的情况。那么她觉得中国古代的故事难，难在哪里？我也问了我的比利时朋友看过《哪吒》吗？他说知道，但是没有看过。我问他为什么没有看一看呢？他说觉得故事情节old，他很喜欢日漫，他说这种故事日本漫画早就有了。我说：可是电影里有很多中国独特的东西，你学习中文不想更多去了解吗？他说，里面的中国元素确实很好，但是他在中国留学，日常生活是他对中国文化最直接的感受。我想这里面有他的特殊情况存在，他直接就处在中国文化的环境里。那这部电影，或者这类中国故事对于海外的汉语学习者来说，会更合适吗？那我们就要思考为什么留学生觉得这种故事很难。

首先韩国姐姐看了一点就特意问了"这是中国以前的故事吗"，我觉得她有一种思维定式，就是这种异国的古老的文化故事离自己太遥远的，太陌生了，根本看不明白，先从心里有一个抵触的情绪在。至于故事情节老套这个问题，我们明明是做了改编，为了符合现代的价值观，为什么给留学生故事老套的感觉，为什么他知道日本的却不知道中国的。可能留学生们不了解哪吒最原本的故事，他们不知道改编在哪里，没有对比没有差异，直接呈现给他们的就是一个热血少年成长史，他们不明"新"在哪里。

这个案例提供了一个很好的教学问题，中国年轻人喜欢的动画电影没有引起韩国学生的共鸣，由此引发研究生对中国古代故事原型呈现的思考。其实这个案例样本并不一定说明韩国年轻人不喜欢这个电影，这只是一个特殊事件。笔者在教学中亲闻几名韩国学生去电影院看了《哪吒》，并给予了很高的评价。为什么要摆出这个案例，就是很多中外学生交流时通过影视讲解文化是非常通用的手段，也是他们最常见的文化研讨媒介。

中国研究生描述案例6：我很佩服一个留学生的汉语说得特别好，也很好奇，就点开他微信朋友圈看了他很多视频，其中有一个展示了他在哈佛大学中文系上二年级时做的笔记，让我大为惊讶。

视频里他的笔记本上写满了密密麻麻的中文笔记，都是中国文言文的词语解释，比如"焉""使""己""以为"等词语，还展示了他们的试卷。有一题是要求把下面的文言文翻译成英文：

子路见于孔子。孔子曰："智者若何？仁者若何？"子路对曰："智者使人知己，仁者使人爱己。"子曰："可谓士矣。"子路出，子贡入，问亦如之。子贡对曰："智者知人，仁者爱人。"子曰："可谓士矣。"子贡出，颜回入，问亦如之。对曰："智者自知，仁者自爱。"子曰："可谓士君子矣。"

真的好佩服国外顶尖大学的中文教学，从一开始能掌握基本的简单汉语语法后就开始学习古文经典。这个视频的作者说，刚开始学繁体字古文很困难，也不太能明白既然现在中国人都说白话了，写文章也不写文言文，为什么他们作为外国人却还要学中国的古文。不过后来他就明白了。学习一门语言，其实深层次地来说，就是学习目的语国家的民族精神和哲学思想。如果只抱着能跟中国人日常口语交流这样的目的，那也只能学到冰山一角。要想真正读懂中文，看懂比较难的中文，光看表面意思是远远不够的，中文背后寥寥数语蕴含的丰富精神是需要努力去挖掘的。

从这个层次来说，不得不佩服哈佛大学中文系在设置教学目标时的高瞻远瞩，只有对学生严格要求，在校园里千锤百炼，出校园后才可能成为一个高端的双语人才。而这个视频的作者本人就是一个活生生的例子，如今他已能熟练运用中英双语，平时还是一名同声传译，教学效果不言而喻。

这是个研究生在同留学生交友过程中偶然查看其朋友圈看到的趣事趣闻，她发现了留学生曾经值得骄傲的汉语学习经历，由此引发了关于教学目标的联想。

这类偶然事件往往会促使我们深入思考，且不去关注她后面得出的结论，这种中外学生的交往中文言文学习和汉语文化的高起点问题还是能给人带来很多教学中的欣喜和愉悦，这些惊喜是我们案例教学中想象不出来的，因为这是学习生活中蕴含的事物，我们无法预料。

中国研究生描述案例7：拉姆来自东非的坦桑尼亚，家乡除了当地人，还有一部分外籍居民，其中中国人就占绝大多数。在他的印象中，远渡重洋来到坦桑尼亚工作或旅游的中国人都很有钱，不喜欢与人讨价还价，一切事情用钱解决，爽快大方，所以在当地很受"欢迎"。商店老板喜欢接待中国顾客，交警乐意抓中国司机，就拿他本人在酒店当搬运员的兼职经历来讲，中国客人给的小费也最为丰厚。因此，没来中国之前，他认为中国人不仅钱多，而且大方。出于对中国的向往，他来到北京学习汉语，了解中华文化。

开学后，除了语言课的学习外，拉姆还积极了解中华文化。他的中国老师告诉他，中国人注重人际关系，讲究"和气生财"，不希望因为金钱而破坏交际双方的关系，所以对金钱不是特别看重，加上爱面子，所以就很大方。拉姆听后，结合自身的亲身经历，就更加坚定了之前的看法。

一个礼拜后，老师让同学们选择一个公共场所观察中国人的日常生活。在中国朋友的推荐下，拉姆周六去了学校附近的一个菜市场，看中国人如何买菜。他不看不知道，一看吓一跳，所见所闻完全颠覆了他之前对中国人的看法。菜市场里人很多，但是大部分都是老年人。拉姆发现顾客和摊主会相互讨价还价，有时双方还会为一点小钱闹得不愉快，而且他还看到一个老太太趁摊主不注意顺走了一根黄瓜。这些行为都让他大吃一惊，之前对中国人的好印象也一扫而光，中国人的有钱大方一晃变成了精明狡猾、唯利是图。因此，他对老师授课内容的真实性也怀疑了起来，中国人的大方只是表面上的，骨子里还是自私的。

听了拉姆的分享，我一时却不知如何回答。事后，我仔细思考，寻找答案。不可否认，拉姆遇到的那些情况应该都是真实的，他之所以产生如此大的心理落差，在我看来，有如下几种可能的原因。

第一，没来中国之前，拉姆对中国的富裕程度给予了过高的期望。毋庸置疑，中国政府在新中国成立后对非洲实施了大量援建项目，也提供了许多无息贷款。中国企业进入非洲，中国游客逐年递增。而中国综合国力不断增强，中国的国际地位也日益提升。这些都让非洲人民觉得中国富裕，中国人有钱。相对于本国的贫困，拉姆自然而然对中国人的富裕程度产生了过高的期望。

第二，拉姆只看到中国人表面上的"有钱任性"，却没有发现深层次的原因。中国人身处异国，初来乍到，形单影只，语言不通，是当地社会的弱势群体。而且，中华民族在很大程度上属于防御性民族，为了保证自己的生命财产安全，并且顺利地办完事，中国人常常选择花钱消灾，避免引发不必要的冲突。因此，中国人并不是真的"有钱任性"，而是不得已而为之。

第三，来中国后，中国老师传递给拉姆的金钱观确实是长久以来中国人所追求的中华传统美德，然而随着社会的发展，时代的变迁，中国人的金钱观也发生了一定的变化。以前，人们视金钱如粪土，羞于谈利，但是现在则会直面金钱物质，利益双方在涉及钱财问题时也选择"坚守阵地"。以前舍利取义，如今义利兼得，当然也存在一些唯利是图之人。但是不管怎么说，新时代中国人的金钱观已发生了一定的转变。如果用一种观点刻板地应对当下现实问题，那么必然会产生理解障碍，引发矛盾冲突。

第四，由于学习、生活的局限性，拉姆对外接触面较小，接触的中国人尚少，因此得出的看法具有一定的片面性。不可否认，中国有挥金如土的富豪，也有锱铢必较的铁公鸡，但这只是少数，绝大多数人还是秉持正确金钱观的。而拉姆在菜市场遇到的老太太、老大爷，他们之所以爱占小便宜，也是旧时饥荒的痛苦回忆和受教育程度不高等原因造成的。因此，不能因为少数人的不端行为而否定整个群体。

这个案例分析的四点原因解释了一个非洲学生由于在不同生活环境下所看到的不同的中国人是否"有钱"的问题，解释这种误解并不困难，他的解释也顺理成章。这个案例的价值在于直接给我们提供了一个非洲学生如何看中国人个体是否有财富的侧面写照，也许有一定的代表性。

中国研究生描述案例8：有些留学生因为他们在中国学习的时间不长，而且身边又有来自同一个国家的伙伴，他们对于中国人或中国文化处于一种相对的"免疫"状态，他们更倾向于沉浸在本国文化的交往圈子中，而与中国人或中国文化的接触则处于被动接受和浅尝辄止的状态。在学校组织的活动中，他们可能表面上对中国同学表现得很热情，但是活动结束后还是会与自己的小团体聚在一起，不会再主动联系所谓"中国朋友"。除了学习时长等客观因素，更具决定性的还是留学生对接触中国文化秉持的心态与意愿问题。比如我在二外认识的一位来自埃及的留学生，他来到中国之后，对中国的文化特别感兴趣，校内校外的各种文化交流活动都有他的身影。他在自己的微信朋友圈也经常晒出他在中国旅游的照片与感受，这些照片中，有许多都是与途中遇到的陌生的中国人的合影，可以看出，他有强烈的融入中国文化的意愿，这种意愿是很难得的。

另外，他发现自己越来越喜欢中国文化，是因为中埃文化也有共通感，就是不同文化下的人都存在的情感，例如爱、思乡之情等。当一种共通的感情在两种文化中的做法相同或者相似的时候，我们就会产生一种亲切感，同时两种文化之间的差异又会引起我们的好奇心，我们尝试了解对方的做法，最终得知原来在这种情况下他们会这样做，这两种心理不断地激发学习兴趣，促使他想要了解更多的中国文化。在很多文化中人们都希望长命百岁，身体健康是很重要的，中国人认为"起居有常，尽终其天年，度百岁乃去""起居无常，故半百而衰也"，所以我们把起居有常看作人的长寿原因之一，这是中国人的养生之道，当他发现中国人的作息和自己国家完全不同的时候，他会尝试和中国人一样；音乐可以表达人们的情感，可以跨越语言跨越国界，比如阿拉伯人传统的中东鼓节奏比较鲜明，而中国鼓外观很有特点并且声音激越雄壮，同样都是打击乐器却有很大的区别，这就会引起他的兴趣；不同文化都会借助语言抒发自己的感情，诗歌就是一种重要的表现形式，诗歌记录历史、传承文化，所以他想要背几篇诗歌来感受中国文化。埃及和中国都有着悠久的历史，两种文化也有很多共通的地方，这让他对中国的文化有一种亲切感，而中华文化本身具有的特点也吸引着他，让他保持着好奇心。但是还有一个因素我们要考虑，他的亲切感和好奇心很有可能是因为现在的中国比现在的埃及更发达，所以觉得中国所有东西都很好，其他文化背景的人是不是这样的心理还有待考究。

虽然他对中国文化抱有很大的热情，也确实了解很多，但与此同时我发现他知道的大多是表面的现象，而没有理解中国人这样做的原因。例如，时间观念的问题，我们每次见面他都会迟到，然后非常诚恳地说"不好意思我来晚了"，我每次也会说没关系。他认为中国人的时间观念也没有那么强，但我认为并没有守时和不守时这么简单。儒家思想让我们明白"礼"和"仁"，所以中国人更在意个人情感和人际关系，我们更重视交际参与者而不是约定时间本身，所以彼此允许各自掌握时间的相对灵活性。

这个案例中提及的文化情感的共通性是一个常识，不必详细地阐述。该研究生很清醒，不像一般中国学生会泛泛地说由于中国文化富有吸引力所以他们喜欢等。他指出了国际学生参加活动"被动接受"和"表面热情"的问题。我个人觉得最吸引人的地方在这里："他的亲切感和好奇心很有可能是因为现在的中国比现在的埃及更发达，所以觉得中国所有东西都很好，其他文化背景的人是不是这样的心理还有待考究。"这种由表及里的思考可能关系到个体对不同国家的文化亲切度是否先天就受到经济发展差异的影响。

中国研究生描述案例9：辜鸿铭先生在《中国人的精神里》说过："世界上似乎只有法国人最能理解中国和中国文明，因为法国人拥有一种和中国人一样非凡的精神特质。"我想也是，首先，两个民族都创造了灿烂的历史文化。中国是东方文明的摇篮，法国自中世纪以来也是西方文化的中心，对欧洲产生了深远的影响；生活上，法国热爱美食，中国更是"民以食为天"；民族性格上，"龙的传人"和"高卢雄鸡"都有着极强的自尊心，骨子里甚至带着一点"自傲"。但尽管有这样那样的相似性，中法两种文化之间依然存在很大的差异，两方人民注视对方，仍会产生疑惑和误解。这一点，我在学习法语和研究生上半学期与法国留学生的交往中深有体会。

1. "中国人为什么不罢工？"

法国人爱罢工是举世闻名的。法语里有一句谚语是这样说的："春天工作，夏天度假，秋天罢工，冬天过圣诞节。"我的一位同学也告诉我，她今年九月初去法国留学，才上一周的课，有一天到教室发现老师和同学们全不见了，走到告示栏才发现一周之前学校就发了罢工通知。于是，在和法国留学生聊天时，我就调侃了这一点。但没想到，他们非常生气，但不是因为我的调侃生气，而是因为我的"不了解"而生气。

他们告诉我，首先，法国宪法给了公民罢工的权利，一旦法国人认为自己的诉求得不到满足，他们就可以通过罢工的形式来表达。罢工也不一定都是人们想象中的暴乱，他们真的只是在进行正常的维权活动。其次，Alan觉得中国朋友关注法国的罢工都只是关注罢工中那些让人忍俊不禁的方式，比如在街头巷尾摆放玩具熊等，并没有真正关注罢工背后的原因，如工人阶级利益被压迫、税收增加、贫富差距等。最后，不是每一个法国人都支持罢工，因为罢工实际上会对人们的生活造成非常大的困扰，比如说交通停滞、基础设施被破坏等。

与此同时，他们都非常敬佩中国人，在他们的眼中，中国人都是十分勤劳、热爱劳动，并且也很少抱怨的。虽然我也赞同他对于中国人的赞美，但还是提起了前一段时间网络上争议比较大的"996"工作方式。在向他们科普过"996"的知识后，显然，尽管他们对于中国人的勤劳有一定的认知，但是这样的程度还是震惊到了他们。我问他们，你们会选择这样的工作吗？他们都回答："一定不会。"并表示如果老板让他们这样工作，他们一定会罢工游行。接着，他们问了一个我从来没有思考过的问题："为什么中国人不罢工呢，这是因为中国人很喜欢'忍'吗？你们不想维护工作中的权利吗？"因为不知道怎么回答，我只含糊地回了句"因为中国没有允许罢工的法律"就结束了这个话题。

后来，我也认真思考了这个问题，为什么面对高强度的工作环境，中国人很少会罢工呢？我觉得这个问题，从小处来看，是跟我国的人口和工作环境有关。

现在的工作竞争太激烈,并且,企业、工厂从不缺员工,一个职位空缺了,会有几十甚至上百人前来应聘。往大处看,罢工与否还牵涉政治和文化因素。法国这些有规模、有力量的罢工主要是工会领导的,但工会没有政权,无法左右制度,因此只能组织工人罢工来抗争。我觉得中国人的勤劳是刻在骨子里、流淌在血液里的文化基因。"日出而作,日入而息"是古人的生活时刻表,农业耕作是古代中国的立国之本。当今也是一样,停止了工作,个人、家庭、社会都会瘫痪。中国现在还在高速地发展,我认为,就算未来有一天中国的经济位居世界第一,中国人还是会继续努力奋斗,解决更多的问题。

想明白了这个问题后,我和法国朋友们又聊了我的看法,由于他们不喜欢聊政治,所以我主要解释了现实文化因素。聊完后,他们对于中国人的勤劳和中法罢工文化有了不一样的认识。

2. "中国人为什么说话总是那么谦虚?"和"你真的是在夸我吗?"

汉语课堂上,老师常常鼓励留学生:"你的汉语说得真棒!"课下,我和法国学生交谈时,也总会赞叹他们汉语说得真好。同时,如果我和他们用法语交流,我开头的几句话一定是"我的法语说得不好"等。然而在一次去冬奥会小记者选拔赛兼职时,遇到了一位法国外教,和他交流时,我又习惯性地说"我的法语说得不好",他马上回答我:"你能用法语说出来你的法语说得不好,这已经说明你的法语很好,所以,你不用说这句话。"

我如醍醐灌顶,又想起了大学时期和法国外教的不愉快事件。外教说班里同学上他的课不认真,我安慰他"不是的,大家都很爱你的";外教说自己在圣诞晚会的表演出了差错,我回答他"没有,很好啦,如果是我上台,我会更紧张的"等等。最后他回法国前,在给我的卡片上写着希望我以后可以给别人真实的意见,不要做一个虚伪的"假笑者"。这件事成了心里的一道坎,我一直很委屈也很迷茫,我认为是礼貌的行为在他眼里却变成了虚伪。

因此,我也很直接地问了法国朋友,是不是不习惯我们的过于谦虚。他们基本都回答,谦虚还好,但是对于一些赞美的话,他们听起来没有那么舒服。因为他们知道自己汉语说得不好,但是我们仍然夸他们,他们不知道这个称赞是不是真心的,有时候还会觉得我们是在讽刺他们,把他们当小孩子对待。

我觉得出现这个误解的原因在于,在中国文化里,谦逊是一种美德。因此,在会话中,我们总会不自觉地夸赞别人;如果别人夸赞我们,我们也会自损一番,同时转向对对方的称赞。而法国受文艺复兴和启蒙运动的影响,追求个人的独立和平等,强调个人的价值。因此,法国人将实话实说作为第一原则,认为这是对个体的尊重,礼貌只是调节会话气氛的手段。

所以,现在的我想明白了,也不再纠结了。这样的误解里其实并没有谁对谁错，只是中国文化更重视礼貌，而西方文化更偏向真实有效。基于此我认为，未来的我们在教授法国或者整个西方文化背景下的学生时，鼓励学生必不可少，但不要过分夸张地鼓励学生，要根据学生的水平、进步程度等适时、适量、真实地给予赞扬。同样，在和不同文化背景的人交流时，不要一味地贬己尊人，不要过度谦虚，否则会适得其反。

诚然，每个法国人按照自己的兴趣、知识水平评价中国，总会得出不一样的看法。但中国人的勤奋善良、热爱生活等都给法国人民留下了深刻的印象。然而，过于谦虚、爱面子、过分讲究礼仪等，也让法国人感到中国人不好交往或交往中缺少一定的透明度。但文化本就是多元的，我认为我们这些未来的汉语教师就是要让外国友人更多、更深入地了解中国文化，我们的责任就是讲清文化的根源和发展，且不要仅仅局限于自身的文化，要善于从对比中让他们更好地理解中国文化。

读罢这个案例我的直接感受是这位研究生非常认真，也很"辛苦"，他苦苦思索反复思考的问题也可以难倒很多中国老师，何况是作为学生的他。赞美和说实话之间的"真情实意"的确很难把握，但是他提出的礼貌原则和真实有效并不相悖。

提供了这些案例，也做了简要的分析，其中批评较多，但是也有"炫耀"之意，我们看到了汉语国际教育研究生群体对跨文化的敏感度，也为他们的文化自觉和使命担当感到自豪。他们很多人要奔赴海外在世界各地的孔子学院或孔子课堂担任汉语教师或助教工作，这些案例中的酸甜苦辣都将变为经验或教训，给予他们更多的智慧。他们不仅仅是汉语教学志愿者，也是民间交往的使者，很多中国故事他们会越讲越好，越讲越入心。

在教学过程中，我本人也会指出：你们对自己要求的起点有些高，想一出手就成为中国文化阐释的大师或训练有素的高级讲述者，这种愿望是好的，但是切记我们不要刻意传播，民间交往的目的就是交往，本身也不是为了传播。比如，京剧好不好，不是给外国人看的，受众本身在国内也有限，韩国人、法国人、丹麦人喜欢我们什么或不喜欢什么，跟文化传播与日常认知不在一个层面。我们只能说他们"不懂我们"，让别人懂我们并认同，不是一件容易的事。作业当然是合格的，但是研究生们不应该是为了传播而传播。

近几年的《中华文化与传播课程》中，我经常布置这样的调研作业，希望汉硕研究生能多搜集这类通过日常交往所产生的文化细节问题，这种源于汉语生活的文化点滴常常会促进交往双方在文化人格和文化能力上的反思。

因为解释文化思维差异的工作是非常艰难的，背后的生活和教育背景是极其复杂的，没有实际交往只在书本的理论知识里闭门造车是行不通的。由于缺乏实际交流，很多汉硕研究生在应试中套用大量的西方跨文化交际理论的事例比比皆是，动辄"高语境、低语境""跨文化四个周期""民族中心主义"等，很多学生认为只要跟留学生交往，就承担了中华文化传播的专业使命和文化自觉，然后戴上有色眼镜去观察和解释交往中的误会，再上升为所学过的知识理论。这虽然令人啼笑皆非，但是不经历这种错误的尝试，可能就培养不出有一定文化能力和正确文化认知的专业硕士研究生。

一些同学把交往的起点定得非常高，希望在友谊的基础上完成自己设想的文化传播任务，这种文化自觉并不符合实际中外学生的友谊。民间交往的目的就是交往，其本身或友谊实质并不是为了文化传播，至少在留学生一方只是了解文化，并不存在彼此影响的交往效果，人格和性格的影响都是潜移默化的。

再仔细考量上述中国汉硕学生的文化交往案例作业，实际上是站在专业角度喜欢对某一特定文化表现进行一个方面的概括。这样的概括一方面反映出人们对文化认识越发重视，并不都是比较浅显、片面的理论照搬；但是另一方面也体现出人们认识过程的内部机制若想变得成熟而科学是多么艰难。为什么要贴标签？为什么急于将所学专业知识尤其是文化知识用到日常交往的解释中去呢？是不是有些急于求成？表面上看是因为人们了解得少甚至是懒得去做更多的了解，而急于从理论上去下定义、去界定；从认知方面分析，深层次的原因是研究生们并没有认识到文化的内容、表现形式和人们对文化的需求并不总在同一层面。形式并不是一成不变的，文化观点养成的背景是极其复杂的，是随着时代发展而不断变化的；从需求方面分析，深层次的原因是人们缺乏更深入、全面了解该文化的科学态度，并满足于对其简单化的概括。这就引发出另一个问题，我们当代大学生的思想状况和人文风貌给外国留学生是一个什么印象？其实类似的调研也很多，这些都表明在文化上要首先认清我们自己。

4.4 国际学生眼中的中国学生

前面章节提到了来华留学生对中国的整体描述，众多留学生的评价可以概括为以下几点：

第一，我觉得中国在独立自主走自己的路、办自己的事。

第二，中国通过改革开放已经变得富强，成为国际社会中的经济大国。

第三，中国已经实现人民当家做主、国家团结向上、社会稳定发展的局面。

第四，中国的文化繁荣兴盛、文明正在复兴，与很多国家形成了鲜明对比，是国际社会的一个好榜样。

在大量的实践教学中，笔者亲身观察来华留学生的文化体验和收获，并在活动之后注意搜集他们的书面总结，并非查阅资料而是实地实时考察他们的文化情感的转变。

来华留学生在未来各个行业中对中国形象的判断和传播会产生什么影响？他们在中外交往中要扮演什么样的角色？他们将是文明断层的加剧者还是促进不同文化交融的创新者？目前他们并不知晓未来他们如何进行文化判断或如何进行民间人际传播，但在中国的留学生活一定会给他们留下烙印造成影响。

  国际学生表述 1：虽然被隔离的经历让我感到压力很大，但我并不后悔我决定来中国学习。在这个国家学习期间，我得到了比金子更值钱的东西——一个新的视角。我感谢中国政府给我来中国学习的机会，希望病毒的情况能很快得到控制。尽管我知道封锁措施是为了我们的安全，但我认为他们应该像对待中国人一样对待我们。如果要实行禁闭，看着别人自由走动而别人却不能自由走动是不公平的。我仍然很高兴来到中国完成我的学业，并期待着我的论文写作顺利，明年毕业。

  当代大学生处在信息技术高度发达的现代社会，他们自身素质较全面，思维活跃，敏捷，容易接受新事物，大多数有了自己对问题的见解，因而能够对社会文化的嬗变做出较理性、辩证的分析，而且主体意识和批判性思维也在增强。来华留学生接触中国师生后，中国大学生的精神面貌也是影响他们看待中国文化的重要参照因素。

  在高校校园中，来华留学生对中国学生的评价也是各有不同，这些测评和统计在不同的学习任务中有人调研过，但是还很难在某一层面找到共同的评价指标。根据近几年本人给外国留学生布置的调研任务，我们可以简单地把"国际学生眼中的中国大学生印象"分为几类：

A. 完全不了解也不理解，因为不想理解或主观认为没必要去了解；

B. 想去了解但是因为语言、文化和宗教因素影响，无法深入了解；

C. 以偏概全式地认为了解了身边的中国同学就可以推演到群体；

D. 在各类学习生活中全面而长期地跟众多中国同学接触，得出比较深入的对中国大学生的评价；

E. 在留学生活中同中国同学结下深厚友谊甚至是恋爱关系，但不一定对中国大学生有全面评价。

  其实这样的分类也没有科学地区分这些来华留学生眼中的中国大学生，因为不同地域不同学校和专业再加之我们不得不说的生源差异，外国学生如何评价中国学生的命题的完整全面性其实并不存在。但是从现有的情况看，除去个人情感和个性人际交往差异外，跟国际学生是否有主观了解中国学生的动机有很大关系，也同国际学生深入中国高校和社会的深度有直接关系。所以调查起这个问题来就觉得切入的角度和逻辑划分也特别复杂。在 D 和 E 的人群中，可能会有很多的"共情效应"，在一定时期有效的人际交往中能感受到中国大学生的共性气质，这是我们所期待的，这其中有意识形态、宗教信仰和价值观的碰撞，只有这些思想层面的交流才能突破我们常说的跨文化交际。所以中外学生人际交往要先突破日常跨文化障碍，才能在文化深层产生反思和共鸣，才能进入文化传播和文化影响的层面。

国际学生表述2：他们似乎有十分强的激情和温情。因为我所看到的他们的激情真的了不起。学校有运动会时，我每天都能看到他们在操场上十分热情地准备着。不仅如此，他们还积极参加学校的活动。偶尔在学校里散步，就会看到中国学生参加社团活动。而且中国学生有温情。第一次去中国时，想在学生食堂里吃饭，但是我没听懂叔叔的方言。我问旁边的中国大学生，那位同学亲切地慢慢说给我听。另外，我有不懂的事情或者问题时，我的中国朋友也会亲切和仔细地给我讲解。我在查阅的论文资料中也发现，中国大学生的学习热情十分高。我也觉得中国大学生有很强的激情。

我看到的中国大学生有各自的人格特质，其中我发现的共同点是很多中国大学生是一个指挥者，不是在同一个团队里或在社交关系群体中的，而是自己人生的指挥者、设计者。我在中国认识的两个女生都是十八岁，她们离开家，住在学校宿舍。她们成人之前，已经学会做家务，勤奋地学习。我问她们"你们不想父母吗"，她们说了虽然很想父母，为了成为对社会有影响的人可以忍住现在的孤独感。

在韩国见到中国留学生们遇到困难的时候，我能看到他们不慌不忙的样子。小到跟韩国人的误会和矛盾，大到金钱的问题和房屋合同的问题，他们总是解决遇到的问题。我个人觉得因为中国的土地广大，所以为了学习高等学问要去大城市，而学生们不怕离开家自己一个人生活。而且中国的父母不想过度保护子女，而是想培养自由而富有挑战性的人。这些原因使中国大学生成为有自立性的人。

国际学生表述3：我在留学生活当中，看到过很多中国大学生，但要用几个词来形容大部分学生的共同点，那就是爱国，勤恳和热情。而且，中国大学生会努力做好所有事。我在中国生活的时候最令我吃惊的就是国庆活动，所有中国人都认真参与活动，并且发自内心地享受活动，这个太精彩了。尤其是大学生，当时正是考试期间，但是几乎每个人都为了国家的特殊活动积极准备，而不是偷懒或敷衍了事，他们真心努力的样子感动了我。例如，我是一个早晨型的人。所以，国庆期间和周末，我都会去晨间自习室或图书馆学习。尽管我一大早就去了，但是许多学生已经在自习室门口排队了。更令人惊讶的是，那么多学生几乎都是中国人。另一个例子是，我刚到中国不久，就遇到了一个课题，就是采访中国朋友。那时候我说汉语说得不好，性格也内向，很担心。但在自习室里，一位中国朋友主动跟我搭讪，把我的课题像对自己的课题一样认真帮忙，也告诉了我很多中国文化，真的很热情。

国际学生表述 4：我发现了中国大学生很严守秩序。如果他们有在一组工作的任务，他们会很快就平等地分配每个组员的安排，制订工作计划，最后按时完成任务。在我们国家完全不一样。我们到最后一天都一直什么都不考虑的。只在要完成任务之前的晚上我们才开始做工作。不是每个组员都做，而是只让一个人去做完它。

国际学生表述 5：中国大学生特别谦虚，他们特别懂毛泽东的这一番话——虚心使人进步，骄傲使人落后，我们应当永远记住这个真理。跟他们交流我发现，他们总是喜欢把自己放在最低的地方，然后抬举对方。

国际学生表述 6：在我眼中中国大学生很谦让、勤奋与忍耐。我为什么说中国人勤奋与忍耐呢？因为去年 2019 年我们学校北京第二外国语学院邀请留学生跟中国大学生一起参加亚洲文化嘉年华。在参加活动过程当中我就发现中国人没有留学生那么娇贵。排练时间每天从上午 10 点到晚上 12 点多，大家都很辛苦，可当看到中国大学生的辛苦我大吃了一惊。他们早上 6 点起床，8 点到现场，10 点开始排练，一直练到 12 点。吃午饭后继续排练，几乎到晚上 12 点。当然每次排练完休息一会，但你们现在想不到休息时间中国大学生在做什么。他们打开书学习。难道他们不累吗？从早上到晚上一直跳舞一直站着，知道多累吗？有一天我就忍不住地问了一个中国学生，我说："你喜欢学习吗？你不累吗？"他只回答了一句话："我应该要学习。"到现在如果我说今天累了就不学习了，我就会想起那些中国学生辛辛苦苦地学习。我从来没有看到那么努力的人。他们今天的成功得力于多年的刻苦勤奋。中国应该为自己的大学生骄傲。

国际学生表述 7：中国大学生拥有较强的责任感，能够冷静地控制自己，善于处理好自己与他人之间的关系，具有比较强的亲和力，思维活跃，而且也具有与外界进行人际交往的动机和倾向。同时，因为大学生活相对而言比较自由，学业压力也不大，大学生可以按照自己的意愿去发展自己，因此负面情绪也比较少。而且，中国大学生进行良好的人际交往。乐于和善于与人交往，能和大多数人建立良好的人际关系，重视友谊也不拒绝别人的关心与帮助。与人相处时积极态度（如热情、坦诚、尊重、信任、宽容、融洽）多于消极态度（如忌妒、冷漠、怀疑、计较）；在新环境中能很快地适应，与他人打成一片。

最后，中国大学生具有客观的自我评价能力。随着知识的增多，生活经验的积累，感性和理性都趋于成熟，大多数学生对自己的分析、评价逐渐变得客观、全面。而且，自我意识正确。有自知之明，在集体中自信、自尊、自重，少有自卑之心，也不傲视他人。在实践中不断开发自己的潜力以实现自己的理想与人生价值。

国际学生表述8：我认为中国大学生优化人格整合、塑造健全人格的目的不仅仅是避免身心疾病，更重要的是发挥人格最佳作用，达到自我实现。所谓最佳作用，即：人是可变的，人是最佳的，人能够实现任何一种个体潜能，能够塑造自己的生活，促进周围环境的发展。发挥最佳作用是实现自我，不断超越自我的必由之路。时代要求跨世纪一代中国大学生更具有竞争意识、责任意识、机遇意识、创新意识和效率意识，具有面向世界、面向未来、面向现代化的素质，而这些往往与自信、外向、乐观、进取、顽强、灵活、守信等人格特征联系在一起。因此，加强对大学生的人格健康教育，培养大学生在人格方面的自我教育能力，乃是新世纪的呼唤。只要当代中国大学生具有了独立人格的行为、整合人格意向、自我实现的愿望，那么，中国的未来一定会变得更加美好。

国际学生表述9：作为留学生，来华之前我没想过亚洲国家教育制度对学生的要求如此高。自从转入本科后才尝试了中国大学生活的一小部分。我意识到在我们学校的大部分学生是来自中国的其他省会，而不是当地人。他们为了考上北京的大学必须在高考发挥得非常好。跟他们打了几天的交道我发现他们果然并不是什么普通的学生。对我而言，在图书馆待一整天是艰巨的任务，而对他们来说易如反掌。

我觉得中国学生都坚持不懈。一位朋友，她学了一年也没考上她理想的研究生，但是她从来没有自暴自弃，反而请我帮忙教她如何学好英语。过了不久她还来找我显示她的进步，进步还不小。但是我认为中国大学生不独立，虽然他们都很聪明，都很勤劳，但我认为最大的缺点是他们不独立。他们都18岁以上，却在经济方面还靠父母的支持。而且，我大部分的中国朋友不是自己选择专业，而是其父母为他们选择的。

国际学生表述10：我在中国留学期间可以和中国大学生进行很多交流。回顾这段经历，中国大学生的人格特征首先可以说具有强烈的爱国心。这不仅适用于中国大学生，也适用于所有中国人。一下子就感觉到中国人的爱国心强大。在中国，他们从不轻视国家的国庆节和节日，通过许多活动共同纪念。他们不仅积极参与，而且真心地珍视国家现在拥有的一切。

其次，中国大学生心地善良。得到过帮助或收到过礼物，即使是小礼物也一定会报答他人。而且还发现了能感恩的人。看着这些报恩的中国大学生朋友，我想到了应该学习的地方。

最后，中国大学生讲究"孝"和"仁爱"，对长辈有礼貌。乘坐公共交通时，他们在公共场所理所当然地给长辈让座的样子给我留下了深刻的印象。在中国儒教思想的品德中，他们很好地遵循了儒家美德的教诲，让我觉得这是需要学习的地方。

国际学生表述11：从我个人角度来讲，中国学生仍然保留着古代学生的一些特点，最明显的就是背诵的学习方式。此外，中国学生非常重视教育，非常尊重老人、教师和学者，学习的时候他们一是比较勤勉的。他们有自学的意志力，复习和预习。对我来说，他们似乎是完美的学生，他们不抱怨，不和老师争论，他们会不问任何问题就去做老师说的。至此，似乎他们没有缺点，但他们的学习方式有问题，因为他们害怕不尊重老师不会经常在课堂提问题，所以课堂没有活力。他们的背诵学习方式让他们掌握一门学科，比如，学习语言的时候他们的语法会完美，缺点是他们因为背诵没有练习口语、发音、怎么交流等。他们能很好地获得知识但不是实践。

国际学生表述12：首先，当代中国大学生的人格特质明显受到了中国文化与父母教养的影响。根据我接触和看到的，我能够详细地描写当代大学生的人格特征，而且表达我对他们的观点。毫无疑问，当代中国大学生在顽强的意志、责任、忍耐等性格特质上表现得很突出，值得注意的是，几乎每一个大学生都习惯于力求个人身心与整个环境相适应，这反映大学生对学习与工作的负责任的态度。众所周知，中国人提倡集体主义，从此可知，当中国大学生要参加任何活动时，每一个人必须要参加，共同行动，团结一致。我也发现了中国人的思维方式是习惯于让人听从群众的意见，"求大同，存小异""随大流"。在中国任何事情的"成功"与否与大家共同的力量息息相关。

在与他人沟通的问题上，中国人通常表现出最大的善意。在我看来，克己、孝顺、正义等人格特性方面中国人领跑世界，从这三个特点当中，伦理学的克己主义是最吸引我的。在二外我所认识的朋友都有相同的人格特点，在处理人际关系时习惯于先考虑到他人的需求，再表达自己的需求与意见。在他们看来，这样一来，朋友之间的关系才可以和谐。"礼尚往来，投桃报李"也是大部分中国大学生的准则，既然他人对你做了什么好事儿，你就应该结草衔环。另一个值得注意的是，虽然中国人习惯于说自己是内向的人，但我却不以为然，正相反，我认为当代中国大学生更为外向，思想活跃，胸怀开朗，精神焕发。

国际学生表述13：在这样的学习环境下，大学生必须要具备高度的责任感，对待学习小心翼翼，时刻处于谨慎紧张状态。中国大学生的人格特质与中国的社会结构和传统文化也有很大的关系。社会文化对人格的影响力因文化而异，这要看社会对顺应的要求是否严格。越严格，其影响力就越大。

一部分人浮夸、不踏实，一部分人过于个性、自私，还有一部分人注重自身的各方面发展，各种类型的都有。说实话，每个人都有自己的特点，这个毋庸置疑。但是他们由于觉得自己很优秀，不太尊重身边的人。"00后"这代人最大的特点是开放、自信。他们为成为世界强国的祖国感到自豪，对中国体制的忠诚心也很大。他们的这种倾向与开放的"80后"和突出个人主义倾向的"90后"形成鲜明对比。"80后"是1978年开始的中国改革开放的见证人，见证了与世隔绝的中国吸收外资快速增长的过程。与此相反，"00后"在以中国为中心的世界里长大。他们没有质量上的欠缺，但是他们追求什么的决定是由父母和社会代为做出的。

我感受到的中国大学生的人格特质中第一是比韩国大学生更开拓进取，勤学好问。他们天天早睡早起，学校到处都能看到努力学习的大学生，以至于尽管不是考试期间，但自习室总是爆满。我觉得他们都可以称得上是书呆子，充满了向往自己梦想的热情。

第二，我见到的许多中国大学生都很节俭，朴实无华。我认为，特别是就中国女大学生而言，她们好像不愿意浪费时间和金钱来打扮自己的外貌和身体，把时间和金钱都集中在自己的学业或未来。

第三，我觉得中国大学生看重自己的面子。留学期间，我和互相交流的中国大学生一起吃过几顿饭，十有八九是他们主动结账。甚至有一天，那天我叮嘱他们我要请客，但是我去洗手间的时候他们已经事先结完账了。通过这些，我才知道他们既友好又亲切，也比较开放而达观，爱面子。

从上面的表述中我们看到国际学生对中国学生的评价一般是总体性的印象，而汉硕研究生的评价是带有文化分析色彩的个体案例。国际学生是对一个群体进行文化上的归因，而汉硕同学带有一定的文化观察色彩，并有进行文化传播的欲望和期待。大部分国际学生看到了中国学生的勤奋努力和进取，也有对个体性格缺陷的评价，如自私、冷漠、不独立等批判。他们汉语能力不同，但是整体评价比较一致。

其实在中外学生之间没有形成文化交融的文化生存地带，基本上是处于"你忙你的，我忙我的"状态，有交集就以礼相待、互相帮助，没有文化矛盾与冲突，这可能跟校园文化的生活单一性和利益冲突少有关系，大家在彼此眼中都是相安无事，中国学生传递出的都是礼貌平和、亲切助人的形象，两者之间毕竟有主客之别。

国之相交在于民心相通，中国高校校园正迎来世界各地的同龄朋友，他们也不断在国际化教育的潮起潮落中去海外展现他们新时代中国年轻人的形象。我们通过双方的案例表述，看到了美好的理解和热情的赞扬，也读出一些尴尬和偏见，但是有一点可以确认，中国还处于被解读和传播的进程中，包括中国的大学生们，他们的人文气质也是这个国家未来的发展气派。

5. 国别与中国认知

不同国别的国际学生对中国的解读均受不同的中外历史关系和自身文化图式形成的影响，我们不能一一描述每个国家对中国的认知，这里以韩国为代表，再结合多国留学生自己的调研，可以提供一些国际教育的借鉴，也可以看出他们来华前后对中国的认知对比。

5.1 如此特殊

我在 2020 年 1 月出版的《在京留学生成为中华文化传播主体的认知与研究》一书中，专门写了"在京韩国留学生对中国文化的认知解读"一章。如今 3 年过后，有必要在此对这一特殊来华留学群体进行再分析。这期间有些数据也借助了汉语国际教育研究生在论文写作中的调研成果，毕竟对韩国留学生的跨文化研究也是汉硕学生在文化研究中不容忽视的选题。

中韩关系之间的地理和文化优势的确是客观存在的，这其中有交往事实的增加，也有新生代年轻人之间的误解。有一种教学中的直观现象，就是韩国近几年的来华留学生对中国文化的熟知度在逐渐下滑，传统上的文化亲近感正在降低。但是从韩国民众角度看，韩国青年个体的中国留学经历还是被社会所接受的，汉语水平和对中国的了解是被韩国企业所认可的，学生来华留学也可以得到家庭的支持。

自中韩开展国际化教育交流以来，韩国来华留学生数量于 1995 年超过日本来华留学生，20 年来一直占来华留学生比例之首。若以 2019 年来华留学生总人数 49 万为基数，韩国近 10 年来平均每年来华学生数量将近 6 万人，占整体来华留学生比例 14%，仅在北京一地，近 10 年在京各高校韩国留学生平均每年也达 3 万余人。对这样数量的留学生群体的跨文化适应教育和专业教育也是中国各高校在国际化教育进程中的重要任务。

对中国而言，韩国是一个文化背景和地缘关系跟中国有着千丝万缕联系的重要友好邻邦，其民族文化和历史渊源都使这个国家在世界上跟中国保持着独特的源远流长的文化联结。自 20 世纪冷战时期以来，韩国的社会意识形态跟中国迥然不同，从民间情感到政治意识形态，两个国家都走向了截然不同的发展道路。韩国在创造"汉江奇迹"的同时，中国正在经历"文化大革命"的动荡。虽然中国在改革开放时就已敞开了国门，但是因为各种历史和文化原因，中韩两国从1992年才开始正式建交。经过近30年的交往，中国已经成为韩国最大贸易伙伴、最大出口市场、最大进口来源国、最大海外投资对象国、最大留学生来源国、最大海外旅行目的地国。正如习近平主席2014年7月4日在韩国国立首尔大学的演讲中所言，"中韩人缘相亲、文缘相通，开展人文交往具有得天独厚的优势"。如何利用这种交往优势，进一步升华中韩之间长久以来的深厚友谊，是中韩两国正在彼此国家留学的青年学生共同的责任和愿景。2020年在新冠肺炎疫情肆虐期间，唯有韩国留学生获得防疫隔离政策的准许来华学习，这在客观上也印证了中韩之间的特殊友好关系。

韩国来华留学生虽然近20年一直居中国各国来华学生数量首位，但是从2015年后的韩国来华青年对中国文化和社会的整体认知来看，同之前的来华留学人员的情况发生了显著变化，他们对中国传统文化和当代社会的正确理解同其留学效度和留学满意度有密切关联，这些文化认知影响其学习动机和后续职业规划，对中韩未来的民间友好交往也会产生一系列持续性的影响。

5.2 "后韩流"与"汉风"

这里我们不得不借用一个中韩之间独特的文化社会学词语"韩流"，与之相对应的是2015年后从韩国青年群体视角来看的"汉风"。"韩流"和"汉风"之间相辅相成，也有一种文化软实力中的博弈。

纵观韩国流行文化对中国大陆的广泛影响，我们可以单向地把文化社会学中的"韩流"现象分为三个时期。从中韩建交到2004年为"前韩流"时期，主要表现在中国的大众文化对韩国社会的好奇和探寻，中国民众对韩国各类流行文化产品的喜爱和青睐；2004年至2015年这12年为"新韩流"时期，韩国官方宣布2004年为"韩流年"，标志着韩国流行文化的海外推广取得非凡业绩。以韩国电视剧和流行音乐为代表的所有对外文化贸易产品均带有强烈的韩民族属性和韩国特质，韩国服装和化妆品已经有稳定而庞大的消费人群，韩国的审美文化也有固定的受众群体，该时期的文化巅峰标志可谓鸟叔的《江南style》和电视剧《来自星星的你》，经济上是"韩流经济"模式日益发展；2015年以后至今可谓"后韩流"时代，"新韩流"时期的文化审美受众日渐冷静成熟，中国的"70后"和"80后"对"韩流"文化能够有客观判断，对"韩流"日渐趋冷。但在互联网和自媒体发展的影响下，竞相模仿的韩国综艺节目取代了韩剧，K-POP等成熟音乐制作风格制造了新的韩星，"后韩流"在中国形成了"90后"粉丝文化热潮，消费性已经成为中国"后韩流"时期粉丝追星的新特点，也标志着"后韩流"时代在中国的大众文化中已经形成了一种典型的"亚文化"。

还有一种休闲消费现象我们也不容忽视，那就是2015年后在中国咖啡市场中异军突起的"漫咖啡"和"咖啡陪你"等简餐休闲服务，在中国餐饮市场表现出独特的韩国经营理念，吸引了大量中国新一线城市的青年消费者，这也是经济和日常生活中"后韩流"持续发生影响的佐证。

之所以从以上视角去观察2015年后来华留学的韩国青年学生，是因为他们自身所处的当下时代使其更具有强烈的文化自信，对中国文化的认同和理解同"前韩流"和"新韩流"时期的韩国来华学生大不相同，来华后所处的中国校园文化使其对宿主国中国失去了以往文化探寻的热情，这种文化自信会带来人际交往中的隐性优越感甚至某种"文化心理膨胀"，并在跨文化适应过程中产生较大的认知偏差。换言之，"后韩流"时代不仅仅是对中国年轻受众产生影响，对来华留学的韩国本国青年也有影响，影响他们对中国传统文化和现代文化的整体认知。目前"汉风"有逐渐由弱变强的态势，但是在网络民粹主义的影响下，中韩青年双方都有这种文化心理的膨胀现象出现。

当下中韩青年学生之间的跨文化交际有着非比寻常的特殊性。韩国学生在来华之前，文化认知结构中已经对中华文化和中国文化有一定程度的认同和认知，这种先天优势在文化认同上不同于非汉字文化圈留学生，他们由于历史积淀和文化认同感对中国传统文化的认知要明显超过其他非汉字文化圈国家留学生，但是这是一般认知下的总体感觉，"后韩流"时代这些优势在减弱。正如前文所述，他们对当代中国社会一般日常生活表示满意，但是对社会制度认同度比较低。从高校学生的民间交往看，虽然韩流的影响在减弱，但是中国青少年对韩国流行文化的喜爱还是"势不可当"的，而来华韩国留学生在日常文化交流中拥有一定的优越感和强势地位，中国普通民众的国民素质问题与经济发展不平衡等问题又强化和固化了他们原有的文化偏见。韩日世界杯比赛、韩国平昌冬季奥运会速滑项目的竞争中，北京高校的一些大学校园就出现了中韩学生之间一些不和谐的矛盾和抵触情绪，看似体育竞赛引发的争议，其实是两国社会历史和民族情感与文化在深层情愫中"爱"与"怨"的另一种表现。2022年北京冬奥会期间我们已经看足了这种在短道速滑竞争中的韩国青年网民对中国"爱恨情仇"的故事演绎，只不过在你方唱罢我登场之后，双方民间交往的理性、宽容和深厚情谊仍然在持续叠加。

在同韩国留学生的深入访谈中，有些学生也直言不讳地说出本国媒体的一些传播倾向，如中国食品的安全性等社会顽疾问题经常被韩国媒体报道，有些电视栏目在节假日会推出中韩蔬菜或农产品的对比节目。这种节目看似有一定的真实性和客观性，但是在潜台词中会有贬抑中国产品之嫌，对于本国农产品的保护更是显而易见。韩国留学生对很多中国食品和饮品抱有先入为主的不信任态度，很多学生在接受访谈时却避免谈及此类敏感话题，怕引起中国人的反感而采取回避的态度。但是他们对于在韩国市场悄然出现的麻辣香锅和麻辣烫等韩国完全没有的食品，也会以开放的态度接受。

韩国留学生群体对中国科技创新所带来的新型电子产品虽然并不排斥，但是消费态度和情感上比较复杂,都会有一定程度的民族品牌保护情绪。韩国国内对于中国电子产品的消费也有一些有趣的现象,很多人通过代购购买小米音箱、小米鼠标,但是到中国留学后才知道小米是手机品牌。一些人不相信中国企业会有这样价格便宜但质量优异的科技创新产品,甚至将此现象称为"大陆的失误"。这里的语境很复杂,一是不愿意承认中国企业自身所拥有的原创能力,认为这是一种偶然的失误才出现了这样的优秀产品;二是这样的优秀产品怎么能如此便宜呢?可见,科技产品和原创能力在当今世界也是文化传播构成的积极要素,是对一个民族勤奋、智慧的直接证明。

我们在教学中发现一些韩国学生在华留学期间对中国有持续的刻板印象,但是回国后开始觉得中国"很可爱"。正如英国记者丹尼尔(Daniel Tudor)在其著作《太极虎韩国》(中译名)中所言:

> 韩国流行文化风头过盛,以至于引起了一些国家的反感。在日本,出现了反韩流人士;中国政府开始限制外国电视剧播放的时长。
>
> 仔细思考,韩流的影响范围已经不仅限于青少年流行文化产业。韩国已经在体育、科技等领域都受到认可,而且具有影响力。多年来,韩国被公认为经济强国,韩流充分显示了韩国文化在国际的影响力日益增强。
>
> 朴贞淑表示,"长久以来,我们是被影响的人,现在轮到我们影响别人"。①

丹尼尔在书中的这些文字具有普遍代表性,在韩国国民自身的文化心理上也有同样的反映。韩国留学生在中国的留学生活中会有更多的兴趣和积极性关注韩国文化对中国的影响,这给他们带来文化自信,也会在写作和中韩高校学生交流中无时无刻不在彰显这种自身流行文化的自豪感,并自觉成为本国文化强有力的传播主体。而在北京高校的中国学生心中,对韩国留学生的这种文化彰显言行也有一定程度的反感,这些都是不必讳言的。在跨文化传播中各国留学生在深层次的精神交往中,几乎都会触及各自的民族利益和民族认同感,要在达到彼此尊重、彼此包容的共同情感态度基础上,才能进行双方的文化互动,这也需要更多更高的物质文化和精神文化来支撑。

以往对韩国留学生对中国的认知问题研究未触及政治和意识形态。由于在京韩国留学生是特殊而重要的来华留学生群体,近几年中国高校学者对其跨文化适应能力和对中国文化的认知一直有各种考察。据本人和指导的一些研究生利用中国知网(CNKI)线上论文查询统计,自2010年以来平均每年有60余篇硕士研究生论文和200多篇各类期刊论文在考察韩国留学生在华学习情况,加上汉语学习偏误研究,仅2019年关于韩国在华留学生的跨文化适应调查研究就有300余篇,但是缺乏有学术影响力的论文成果。众多调研因为

---

① 丹尼尔. 太极虎韩国:一个不可能的国家[M]. 于至堂,等,译. 重庆:重庆出版社,2015:120–121.

受调查问卷设计和访谈情境的影响，样本和结论很难得出客观科学的描述，大部分问卷设计还是没有突破日常文化交际，如留学动机、礼貌问题、言语交际的误解等跨文化交际适应范畴，研究项目和观察视角重复，突破的领域少。在2021年前，大凡涉及宗教和政治、价值观信仰、伦理道德和意识形态等深层交流，都是点到为止，没有进行深入的研究分析，这是大多数硕士论文的调研短板。这些调研之所以有些缩手缩脚，还是在政治文化和意识形态等问题上有些学术忌讳，有科研经验的教师也不好把握，何况汉语国际教育的研究生？

2021年秋季学期后，一些高校开始尝试对来华国际学生进行深入的中国国情教育，同时国际学生的"课程思政"和"思政课程"等概念在一些教学实践论文中被逐渐使用开来，《习近平谈治国理政》三卷本的对外翻译工作逐渐收到良好成效，高校的国际化教育才认识到：要"讲好中国故事"，不讲中国制度和中国共产党的故事是无法完成的。

而实际上韩国留学生对中国政治制度建设、中国共产党执政、民主和中国社会个体自由等议题一直有较大兴趣，但是针对价值观信仰和意识形态的调研几乎没有触碰，这也决定了由此产生的中韩青年学生间的沟通矛盾和交际误会的深层原因得不到研究和深入阐释。

在大量的针对韩国来华留学生对中国文化认知的调研中没有触及深层认知领域，这些深层认知包括中国政治制度、中国社会核心价值观和民众的道德信仰层面。"后韩流"时代韩国来华留学生同"前韩流""新韩流"时期的来华留学人员在群体特征上有差异，对中国文化深层认知受"后韩流"时代数字信息印象的影响也表现出不同的思想态度。围绕两个不同的调研活动，可以看出韩国学生在对待自身留学生活和跨文化交际中表现出的满意度较高，但是这种跨文化体验是浅交流，出于自我保护心理或其他心理因素，这种调查结论具有很大的遮蔽性或隐蔽特点，并不具有客观和科学调研价值。一旦形成新的调研语境，调研话题触及中国文化深层认知领域，韩国学生的回答多呈现负面结论，并表现出对中国社会和整体文化认知的刻板印象。浅交流下的遮蔽性留学感受同"深层文化认知"之间出现正负两种截然不同的调研结论，这同以往的韩国来华留学生跨文化适应研究产生了很大差异。对中国高校而言，有教育责任和义务去纠正韩国学生对文化深层认知领域的偏差或认知偏见，不再回避政治意识形态等敏感话题，在合适的教育场域同韩国学生进行平等而相互尊重的文化交流，充分发挥民间外交丰富的社会元素，利用韩国学生的文化认知优势，解决文化情感障碍，是中国高校面对中国文化阐释和传播的重要命题。

虽然上述研究有缺陷和短板，但是这些研究整体上都认为韩国留学生无论是低文化智力组别还是高文化智力组别，都对本国的文化认同度相当高，相应地对中国文化的认同度和接受程度反而要比某些非儒家文化圈国家（如非洲国家）的留学生要低，而且在北京的韩国留学生形成了典型的"抱团取暖"和"文化游离"现象。韩国在华学生的文化内隐态度虽然对本国和中国文化都比较积极，但是也表现得很固化，而且绝对地倾向于本土文化，这不仅仅是爱国的表现，又进一步形成对中国文化较强的前置刻板印象。韩国来华留学生已经成为彼此相邻、来华最多但是文化认知与心智形成了特殊的"韩国气质"，成为中国学生很难沟通和交流的留学生群体之一。"抱团取暖"是留学人员在异质文化圈中正常的文化保护心理，但是由此形成的在中国文化中长期的"文化游离"现象，需要中国高校和留学生自身去反思。

以上现象也是"前韩流"和"新韩流"时期较少呈现的情况。中韩建交之初，LG和三星等大企业员工在各高校进行汉语进修培训，他们心智成熟有外交经验，对中国各方面的国情有宽容和理解的良好心态，再加之汉字基础较好，对儒家文化的认同使他们跟中国师生很容易产生共鸣。"新韩流"影响阶段，真正的韩国留学生群体开始进入中国高校学习汉语言专业。整体表现为韩国留学生构成了中国各大高校国际生源的主体力量，他们同其他国家留学生相比，成为汉字基础好、汉语文化误解和冲突最少、获得奖学金和人际交往资源最多的群体。他们还是中国学历留学教育的较早学习主体，所以在"新韩流"时期韩国学生成为在中国留学文化调适最成功的人群。但是在"后韩流"期，随着中国"一带一路"建设的推进，各沿线建设国生源逐渐增多，"一带一路"留学生获得了较多份额的奖学金资源，韩国留学生的客观依存环境在改变。从他们自身来讲，近几年的韩国年轻人通过各类自媒体和网络社交，对中国社会发展和文化习俗形成了一种数字资源信息印象，这种对留学目的国的信息印象有别于传统的基于历史文化累积起来的认知，一方面是基于大量的流行文化和娱乐文化信息；一方面是基于互联网民众极易形成的民粹主义影响。同传统国际间形成的文化印象相比，人们不再依靠经典知识和精英文化知识传播所形成的较为科学严肃的认知体系。所以这些新生代青年留学群体不同于以往时期韩国在华留学生。与此同时，中国当下"90后"大学生形成的韩星粉丝新型文化在客观上又助长了这种错误认知。但是不可否认的是，新的韩国来华留学群体中的佼佼者在留学后期对中国文化的整体认知要更深刻全面。韩国来华留学生对中国文化的解读形成了两极化，一端为严重的"文化游离"，只为获得学历的"功利性留学生"；一端为更为成熟而理性地对中国社会进行解读的韩国青年学生。

如果用"身边统计学"的研究方法，通过长期的教学观察和师生体验，笔者在各类教学活动中还是可以得出一些实证推理的结论的。虽然针对文化认知的类似研究没有系统的大量样本的采集和数据分析，但是对代表性个体的深入调研仍然可以取得较为科学客观的结论，这同逻辑建立错误的数据调研分析相比，在很大程度上反而更为可靠可信。本文中的论断就是在这种长期调研和观察中得出的。

韩国学生跟其他国家的留学生相比，虽然汉字文化圈的优势不再明显，但是在学习策略与学习效度上都有比较高的趋同性。笔者采取了不同以往的由中国师生视角进行的调研活动，借助汉语言本科专业的优势，由韩国学生对本国学生进行访谈和问卷调研，并通过高级汉语的密集写作任务分析总结了他们的文化心智。这里不再对韩国留学生进行常规的心智量表的测量,仅对通常所表现出的文化态度与他们的在京留学生活进行分析。以下文本为几组北京高校韩国留学生的自主调研,这些调研虽然避免了中国调查者的主观感受和视角,但是却呈现出遮蔽性。在现实社会和网络虚拟空间之间游走的中国韩星粉丝群体也会反作用于韩国来华留学生,在中韩青年的交往中,中国高校学生对"后韩流"流行文化的关注也在增强韩国学生的文化自信。同时这种潜在粉丝群体也会造成一种假象,使韩国学生对中国文化的认识产生一定程度的"遮蔽效应",并且回避了"文化游离"现象。以下文本保留了韩国学生的中文原貌,未做删改。

第一组调研:

首先,我调查的韩国同学认为在中国的首都留学能使我们感受到更多事物,而且能使我们接触到各种各样的文化,对留学生活有帮助的意见也最多。其次,快速地实现了经济增长,可以让外国人一睹中国的历史发展,也能使我们感受到北京的现代。最后,中国人感情深厚热烈。不仅是校内的老师、学生,无论到郊外的什么地方,都能感受到中国人亲切、热情。有很多人认为,通过这些活动,感觉北京更有吸引力,我的留学生活非常愉快。

相反,也有人因对北京的期望值过高而感到失望。但总的来说,通过上面的一些意见,大部分学生都认为"北京不是单纯的中国城市,而是世界级城市,对拓展学习资源和个人见识很有帮助"。我个人认为,中国的微信、支付宝、淘宝、滴滴出行等使用手机生活的 APP 系统非常发达,这些不仅使留学生们生活上方便,还希望能多向韩国宣传。

年轻人眼中的中国文化富有浓烈的色彩,强烈地表现出对流传已久的传统文化的自豪感和爱国情怀。看到中国文化,首先想到的就是爱国主义。

感觉中国大学生的社会性好像早就培养起来了,他们非常成熟。我认为从这些方面来看中国文化,对国外的年轻人能产生很好的影响。

在中国留学与很多国家的外国人一起听课,见识到世界观的多样性。通过与外国朋友的交流,价值观变得丰富的回答最多。我也很同意这类观点。也有同学表示,了解了非洲国家的文化,感受特别多,很多外国朋友实力突出,自己也受到刺激。另外,虽然中国和韩国是近邻,但可以学习到不同的文化,但我认为我们只是了解很多表面上的文化,如饮食、服装、建筑等,对中国历史了解得太少,所以对中国人缺乏真正的了解。而且为了理解这一点,留学的两年时间似乎显得太短了。

该组韩国学生对其他本国学生的访谈总结中对北京的评价较高,承认北京是世界级城市并将传统与现代结合得较好,而且对手机支付等现代生活方式表示赞叹,也认为北京人的友好热情对他们的影响很大。总体感觉认知还是停留在表面。

第二组调研:

> 对我们韩国留学生来说,北京的美食场景让人兴奋。例如,我们韩国留学生吃过的北京的多汁烤鸭,是在用一层薄薄的甜糖浆上釉后,慢慢地在烤箱里烤,鸭皮香脆、香甜。我们在北京对美食传统的体验很多,也偶尔尝试稍微便宜一点的东西,也到比全聚德还古老但不太贵的地方吃过。
>
> 北京作为首都,给留学生活的回忆不好的印象是空气,对这道采访题每个人想法不一样,雾霾是大家都认为印象不太好的地方。
>
> 中国文化在年轻人身上有什么体现,应该是尊老爱幼吧。我们回忆了我们留学这四年在北京的学习,终于找到了这个短语,集中体现了我们留学生对中国人人生哲学的看法:一种积极重视老一辈人的观点,同时急切地拥抱青春的新鲜感。我们留学生还发现,北京本地同学从小就信任老一辈人。他们很多人在周日的晚餐和假期聚餐中,一定跟包括爷爷奶奶、叔叔阿姨、侄女、侄子、表兄弟姐妹和朋友在内的亲人一起吃饭。他们聚集在一起玩耍、讨论生活,与亲密家庭相关的生活场景无处不在。
>
> 中国人明白,如果忘记文化和政治传统是疯狂的,将失去使他们与后代相联系的机会。中国的年青一代是在经济、社会和政治影响力上成熟的一代,是当今最多样化的一代,他们对长远的未来持乐观态度。
>
> 我们意识到今后在北京待的时间会比我们想象的要长很多,我们才想到该开始做计划。留学生活很简单,很快乐,对我们韩国留学生的世界观的影响就是告诉我们更加国际化了。希望能更多地给韩国学生提供实习机会,这些都是大家比较认可的培养方式。

这一组访谈总结提到了北京的空气污染问题,也对中国文化有其他角度的分析;对尊老爱幼、守护传统的家庭观念给予了高度认同,并深刻地发现了新一代中国年轻人的精神特质的多样性,发现了他们乐观积极的心态;对中国大学的培养方式也提出了实习的建议。但整体感觉还是不够深入,停留在表层印象。

第三组调研较为深刻,但仍有遮蔽性:

> 韩国留学生几乎对中国文化方面的知识都没有深刻的理解。为了改善这一部分,学校应该在所有专业里都开放一两个关于中国文化方面的课程。这样做留学生们能够获得专门知识,也更能深入地理解到中国这一国家。韩国留学生对中国

人的印象是非常好的。他们都说中国人很亲切、很认真、很老实。我觉得韩国人感到的这些是和中国接受的儒家思想有密切的关系,因为中国人在儒家思想中最重视仁爱这一部分,所以他们对待一个陌生人也很热情。我觉得这一部分应该是我们韩国需要学习的吧。

中国大学对留学生的培养课程还是基本令人满意的。不过没有很多为留学生们开展的活动,不是汉语学院的话他们的课程没有关于汉语方面的课程,没有专门的中国文化课等。可是通过这个调查的结果,还能得到很多启示:首先,能发现留学生的主要需求。知道他们真正需要的东西,学校能够更进一步地安排培养课程,这样学校就能够给韩国留学生引导,使他们对在中国留学有满足感,也能够给他们留下更美好的留学回忆。其次,这个调查可以认识到韩国留学生对中国有很大的关注。虽然他们在课程中没有任何的中国文化课,但是为了更加了解中国,他们会亲身去北京有名的地方。最后,通过这个调查的结果能意识到韩国留学生对中国人的印象非常好。尤其我们还感到中国人是非常善良、热情的。这表示韩国人对中国的印象变得越来越好,所以以后能引起很多韩国人访问中国的兴趣吧。

建议:就是他们想达到在这里毕业后自己能够像中国人一样的水平,掌握到中国各个方面的知识,不了解中国的韩国人问他时,他可以像百度百科一样及时给他解释。所以为了留学生,我觉得学校应该务必要设置中国文化课程。

以上报告虽称不上完整科学的调研,但是我们还是可以看到,韩国留学生也有一种很朴素的传播中国文化的心理,"可以像百度百科一样及时给他能解释"的那种水平。

综合以上三组调研,这类自主调研大多数为跨文化交际中的浅交流,多为印象和一般情感体验,虽能说明一定问题,但不是本书所要揭示的韩国在华学生深层文化心理。

5.3 韩国来华留学生对中国文化的深层理解

在另一个闭卷调查的研究中,我们设计了专门针对中国社会和文化的深层认知调研的情境,去掉他们的自我保护心理,以发现无遮蔽效应下的真实回答。但是为了调研结果的客观科学,该调研采取半跟踪式调研,对2018年9月入学的北京第二外国语学院汉语学院的150名韩国本科留学生进行调研,汉语水平均在HSK5级以上,男女比例均等。调查问题为三大类:对中国政府的看法及认知、对中国社会的看法及认知以及对中国人的看法及认知。问卷调查根据这三个角度总共设计了32个观点或问题(前后的认知各为16个),要求韩国留学生对这些问题或者观点发表自己最真实的感受和意见。同时在问卷最后给出一道主观陈述题,请韩国留学生根据以上观点总结自己对中国文化以及中国人的精神最真实的感受和变化。

该调研我们试图发现经过一年半的学历留学生活后,他们对中国文化的整体认知是否会有改变。首先第一个问题就让我们感到诧异,跟前期自我调研的结论截然相反。这些韩国学生虽然来读汉语言本科,但是对中国的前置刻板印象却非常严重,如图5-1所示。

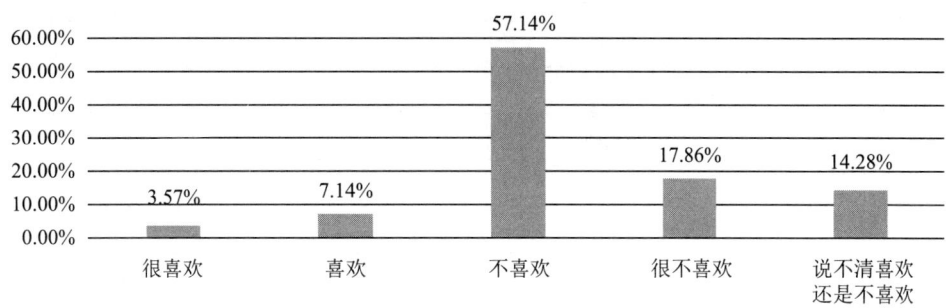

图 5-1　2018年9月调查对象对中国的整体态度和情感

围绕政府形象、言论自由、政党问题和中国崛起等问题,对主观陈述表达最多的话语总结如下:

> 我们的教官就告诉过我们,韩国的敌人有两个,一个是朝鲜,一个是中国。所以我觉得我不喜欢中国这个国家。在韩国看新闻,新闻上总会说一些中国不好的事情,中国是一个不好的国家,我不喜欢这个国家。
>
> 我们家住在仁川机场旁边,经常可以看到一些中国人不礼貌的行为,让我觉得中国人很讨厌,中国这个国家也是很讨厌。
>
> 因为历史原因,我不喜欢中国。历史上中国侵略过韩国,攻打当时的高句丽,还有朝鲜战争的时候也帮助我们的敌人。我身边的很多人都说中国的不好,可是我没有了解中国是一个什么样的国家,我不知道我喜欢不喜欢中国,所以我来中国留学,体验中国的生活。
>
> 我觉得政府禁止的太多,比如Youtube、Google等网站被管制,还有出国时一定要办签证等。比起我们国家不太自由。因为控制媒体,不接受对政府的批评,没有言论自由。以前我看新闻的时候就是这样。中国也是一个共产主义国家,所以可能跟朝鲜差不多。
>
> 只有共产党一个政党,没有别人可以竞争,这样很不民主。
>
> 和平是以中国为主导的和平,不是真的和平,我觉得和美国一样。
>
> 中国有"走关系",经常搞腐败,虽然韩国也有,但我觉得比韩国严重。
>
> 我觉得中国的城市和农村有些不公平,很多资源都是不平等的。

以上这些话题在中国以往的调研中是不涉及的，我们针对中国文化问题开设了中国热点话题和中国文化概论课程，直面这些问题进行讲解。经过一年半的学习实践和他们自身的留学体验，我们在2020年1月再次对这些对象进行调研，结果如图5-2所示。

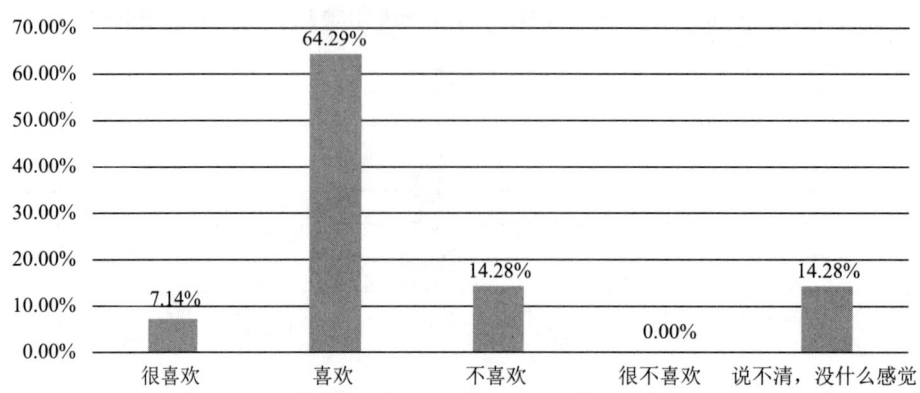

图 5-2　2020年1月相同对象再次调研结果

我们又附加了一个"印象变化"图，如图5-3所示。

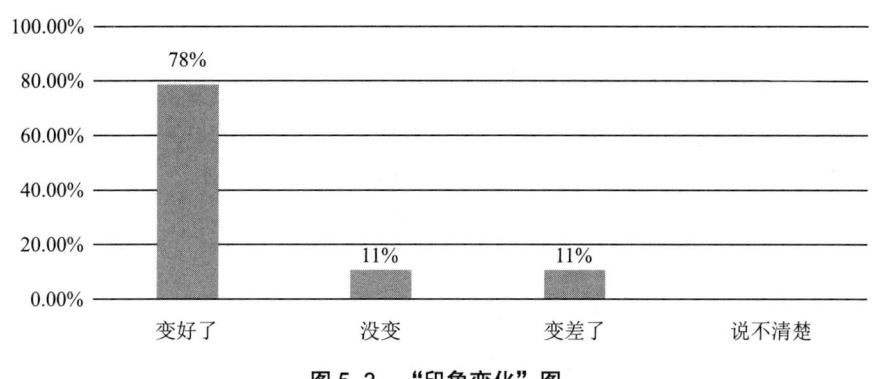

图 5-3　"印象变化"图

再考察他们在哪些方面发生了改变，如图5-4所示。

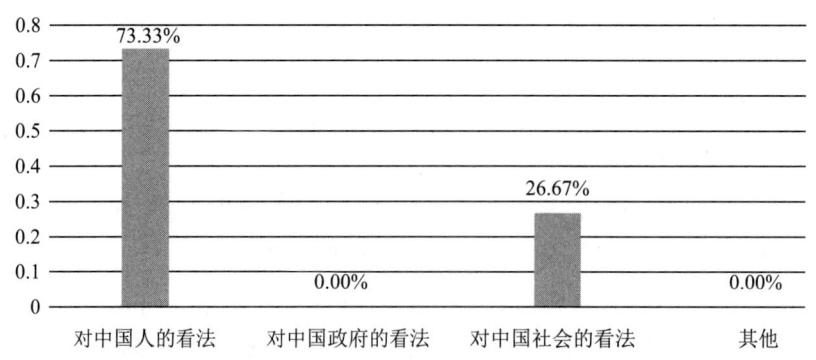

图 5-4　一年半以来的变化

主要话语我们整理如下：

以前觉得在中国恋爱很辛苦，因为会有爸爸妈妈的看管。但是来了之后发现大家恋爱很自由，好像同性恋也很自由，比韩国好。

我觉得中国人真的很随意，他们想穿什么就穿什么，不在乎别人的眼光。但是在韩国大家都很在意别人的看法，不会有人穿跟别人不一样的衣服，那样会被笑话。

没有想象中的不自由，生活中比较自由，人民还是有权利的，感觉和朝鲜不一样，我觉得中国很好。

其实一党运营国家也可以，这也是中国的特色政治文化。

通过"一带一路"政策，中国给沿线国家贷款，然后提各种各样的要求，觉得这部分有侵略性。我不知道是不是可以说这样的问题，原来我没想到国与国之间的内容，但是最近看香港的问题时，不是那么坚持国与国之间的和谐相处，互相尊重。

《哪吒》这个电影就是中国的，真的好看，我给好评，我认为中国有自己的文化输出。

中国有很多国外没有的车，有创新，比韩国有更多的创新。之前被谷歌排除，现在有自己研究的东西，5G也很先进。

虽然还没到理想的公平社会，我觉得中国人的思想是公平的，未来会继续进步的。

以前中国人特没礼貌，来中国之后发现，原来是他们所说的礼仪和礼貌的标准和韩国不同而已，他们其实十分重视礼貌。

今年国庆阅兵的时候我的朋友有些都哭了，他们真的很为祖国自豪。我刚知道现在中国的学生都要学习很多唐诗还有一些文学，我们的国家就不会这样，我觉得中国的爱国文化教育很好。

韩国学生发生的文化认知改变的主要原因是民间交往中的人际关系和感受的社会情境在变化，但是他们对政治制度和中国发展的内在动力以及民主逻辑还是不能理解，这也是韩国学生对中国文化深层认知的隔阂。

韩国学生普遍对中华民族特有的精神内涵加以肯定，并尊重中华文化，这是非常重要的基本情感认同。但是无论在韩国国内还是韩国留学生群体中，都存在着一定程度的对中华文化认知的矛盾的二元对立。一方面是对中国古代文明成就和文化影响力的认同和赞扬，但是同时又表示，这些传统中华美德同中国当代人的具体日常行为有割裂。他们对儒家文化和孔子、道家等文化符号是有着深厚的文化情感的，但是对于中华文化精神的内涵缺乏整体上的理性认知，进而使中韩学生在政治和意识形态领域上产生文化误解和冲突。一名韩国在读硕士在调研中写道：

> 有一天我的中国朋友问我："你们韩国真的像电视剧里那样高层员工和国家领导干部都腐败吗？韩国女人真的都整容吗？"听到她的问题，我就觉得有点不舒服了，我也问她："那你们国家为什么都是战争类的电视剧呢？非常土气，不好看。"其实这都是与国家的开放有关的。20世纪，1945年以后，随着美军的进驻，我国在美国的力量下，被迫开始了现代民主化。韩国接受了西方市场经济体制和欧美文化的同时，儒家文化也受到了西方现代文明的强烈冲击。因此，韩国的文化是在自由民主主义和轻松的社会氛围下生产和发展的，所以决定了韩国影视作品的多样化。
>
> 而中国的社会制度跟我国不同，虽然中国也逐步确立了社会主义市场经济体制，但是是在政府的管理下开展的。影视剧的制作或发行，连出版领域也受到政府的控制，所以在中国电视剧里抗日战争或共产党和国民党的战争故事多的原因就是政府允许的作品大都是这类的。因此，韩中两国影视的不同，本质上是由两国不同的社会制度所决定的。

中国学生的问题显然是"幼稚"的，是跨文化交际中的失败问题。即使想深入了解腐败等政治敏感问题，也要有所准备并进行巧妙的提问。很明显这个问题伤害了韩国学生的情感，也表明中国的大学生在跨文化交际中也是正在学习的阶段，尚需要很多跨文化交际的训练和教学的引导。但是类似的文化冲突在跨文化交际中是很常见的，是深层次文化交往所引发的正常现象。该韩国留学生汉语能力较好，能将这种矛盾和冲突描述出来，并在跨文化交际中进行了理论性和历史性的归纳总结。其言论说中韩差异"跟国家开放有关"有些偏颇，但是后面触及社会意识形态和社会制度的文字是我们在访谈中很难见到的，这是韩国留学生一般不愿意表达的，但是在其他文化态度上我们又可以读出类似的文化认知。

对一些文化认知比较成熟或汉语能力超过一般日常交流水准的韩国留学生，我们采取了深入的访谈形式，触及了很多政治和教育的深层话题。比如在中国大力推广传统文化教育的问题上，一些韩国留学生有这样的表述：

问：你怎么看街道上中国传统文化的宣传画？

回答1：我认为这是政治宣传，而且表现形式过于明显，在生活中我看不到这些哲学思想和文化的体现。

回答2：我和我的韩国同学在街道的宣传栏上会留意这些中华文化的宣传标

语,因为好奇或出于求知,会去认真阅读,但是觉得跟现实生活也相差太远了。

回答3:中国依然是一个巨大的经济实体的存在,也是一个独特的文化存在,但是我觉得在文化影响力上还没有到强大的程度。

问:你选择中国留学的深层心理动机是什么?

回答1:中国是最大的发展中国家,来这里留学是有机会的,把自己的生活尤其是经济生活跟中国联系起来,就注定是有发展机会的。

回答2:至于越南、非洲和印度,韩国学生也会认为是发展中国家,但是由于地理位置和自身定位不同,中国吸引韩国留学生的优势不仅仅是其他发展中国家所不具备的,还有很多独特魅力的吸引。

回答3:还是对中国的发展前景充满信心。通过旅行和参观对中国在近10年的飞速发展有体验和亲身验证。

从上面历时调研中可以看出两点:韩国留学生对中国传统文化有一定的理性认知,但是对于中国当代社会生活的解读缺乏历史和内涵的理解,尤其是中国政治制度建设和民主发展问题;他们的留学动机很多还是跟中国稳定、快速的经济发展有紧密关联,这也是很多韩国年轻人几次留学来中国,或把自己的未来发展同中国联系起来的主要内因。

大部分在京留学生在跟中国同学进行深层次交往时,都会有或多或少的跨文化不适应,在一些集体合作的活动中,有和谐包容,也有文化冲突,但是外显或当面表露出来的较少,多是事后跟其他人员或教师进行反馈,而且情绪较为激动。韩国留学生会有一些人提出"为什么中国学生并不喜欢我们"这类疑问,这样偏激的话语在教学环境中是可以听到的。由于韩国高校的学生社团活动比较活跃丰富,所以大部分韩国留学生认为中国学生的社团活动比较死板,包容性不强,很多外国学生想融入却受到很多客观限制,而且他们会认为中国学生的社团活动大部分跟"政治思想"有关。

中国高校一直在阐述和诠释中国文化,努力讲好中国故事,但是韩国来华留学生中有相当比例者并不关注现实的文化形态,只关注中国的市场和经济发展,这就需要中国高校去做进一步调研并验证。如果是事实,那么不仅说明中国的当代文化元素缺乏吸引力,也说明中国的传统文化同现代生活之间的隔离和割裂。这需要中国高校对韩国留学生进行文化干预和调适的教育工作,毕竟政治和核心价值观认同是文化认知和认同的最关键部分。

中韩两国国际教育之间的交往有两个互相作用的文化驱动力,一是中国日益发展的经济建设和全球化背景下的国际大市场的形成,促使韩国青年学生来华留学;二是伴随着韩国电视剧在中国文化市场的流行,"后韩流"时代下的民间交流和韩国流行文化的迅猛推进,中国学生去韩国学习韩国语的热潮在上涨,其他专业的学历教育也在蓬勃发展。"来华留学"和"赴韩留学"都促使双方高等教育再次重视国际化教育中的跨文化交际和文化传播的课题,同时"来华"和"赴韩"看似相向而行的两国学历教育的流动,都对韩国来华留学生的中国社会认知和中国传统与当代文化的解读产生了新的影响。所以从国际教育的角度重新分析韩国当代青年学生对中国文化的认知和解读，有利于中国高校在国际中文教育的全球总体格局下提高对韩国来华留学生的教育效度，修正韩国来华学生的"学习期待"，促成他们的留学目标的达成，进而提高跨国教育的满意度，同时也促使韩国留学生反观自己对中国文化的认知，达成中韩师生在人际交往和教育层面的高度理解和认同，有利于中韩两国的国际化教育在持续良好的互动道路上不断提升和前行。

5.4 国际学生的调研结果

在一系列的教学研究调研中，笔者组织了留学生组成的调研团队，利用各种课程教学的反馈和社会实践，引导他们完成了一定量的自我调研。这种调研有时会比中国师生进行调研更真实有效。

2020年11月笔者组织了4个不同国家的留学生，以"国际学生来中国留学前后对中国认知对比"为主题进行调查。调查期间，各小组成员分工合作，协作配合，顺利地完成了课题研究。留学生们在调研总结中进行了这样的描述：

一、调查的过程

首先，我们对课题"国际学生来中国留学前后对中国认知对比"进行了全面的分析，并向指导教师于淼老师请教，听取了老师的意见和要求。老师给了我们很多宝贵的建议，他告诉我们，这个课题的重点应该放在调查的整个动态过程，而不只是一个静态的结果。在进行调查研究的时候，要丰富调查的形式和内容，切忌单调。于是，本团队根据老师的指导要求，进行了明确的分工，并积极去访谈亚洲、非洲、欧洲各国的留学生。

随后，我们对调查内容进行了细致的讨论，并确定了调查问卷的制作方向，调查问卷分别由本团队的苏迪（非洲）、美丽（欧洲）、王力和娜娜（亚洲）负责设计和制作。问卷设计完成之后，各个组员将问卷通过网络形式分发给自己的同学，填写完成后，及时收回答卷。然后，本团队对答卷内容进行了整理和分析，并完成调查问卷的总结汇报工作。

在调研的每一个阶段，本团队小组成员都会保持密切联系，相互帮助，并将各自工作进度及时反馈，然后根据老师提出的建议进行修改，不断将我们的研究内容完善，最终呈现出一份调研报告。

二、调查的总结

这一次调研活动让我们每个人都收获颇丰，首先，这个课题本身就给我们带来了丰富的收获，通过了解中国的各个方面，让我们对中国有了一个更深刻的认识。不仅如此，本团队之间的相互合作，也锻炼了我们解决问题的能力，这在我们之后的人生道路上也是一笔宝贵的财富。总的来说，虽然在工作中遇到了一些困难，但我们都一一克服了。通过这次调查，我们也明白了"团结才是力量"这句话的含义，团队的力量是强大的，是不可战胜的。这次的调查成果是我们每个人齐心协力完成的，全组成员能够共同面对问题，针对同学提出的问题认真思考，积极献计献策，共同讨论去解决问题。此外，小组成员也不辞辛苦地去分发与收回问卷，使得问卷回收率达到100%，确保了数据的完整性与准确性。

三、调查中出现的问题

在调查的过程中，虽然有老师的指导，但我们还是不可避免地遇到了一些问题。

首先，一个比较大的问题，因为疫情的原因，有的国家的留学生不得不在自己的国家上网课，无法真正参与调研，只能用微信来和我们讨论，这对采访环节造成了一定的困难。

其次，我们团队自身也有一些原因。大家刚开始的时候对各自的分工不够明确，做了一些重复的工作，这就大大影响了调研的进度和效率。在此期间，小组成员对调查的形式也产生了不一样的意见，但最终还是达成了一致，确保调研顺利进行。

最后，在调研进行过程中，我们忽略了老师强调的"动态过程"这一点，只选择了一个问卷调查的研究形式，导致整个策划显得过于单一。随后，在老师的指导下，我们发现了问题所在，并及时对整个策划进行了调整，重新找回了课题研究的重心。

这次的调研时间虽然短暂，但却让我们真正感受到了从书本到现实的距离。感谢老师组织的此次调查，让我们在此次过程中巩固自己的知识，并加强了自己的实践技能。我们在这次实践中积累了丰富的经验知识，帮助我们更好地提高了自己。期待下一次我们可以参加更加丰富多彩的实践！

5.4.1 对非洲同学的调研

他们对非洲、中亚和东欧学生进行了访谈和问卷调研，结果整理如下。

不同国家的留学生在组成团队后，首先将非洲整体作为一个研究对象。在语言和概念运用中，均采用母语交流，但是在文本呈现上要用汉语。所以他们也会在网络上找到他们认同的中国话语：中国和非洲的友谊源远流长，基础坚实。两者之间有着相似的历史遭遇，在争取民族解放的斗争中始终相互同情，相互支持，结下了深厚的友谊。

他们能够梳理中非交往的历时发展：公元前10世纪左右，中国与非洲就开始了间接的贸易往来。这可以说是中非交往史的源起和开端。自 21 世纪以来，中国一直是非洲最大的经济伙伴。中国在非洲设立了许多项目，两者之间的合作关系丰富多彩，日渐稳固。这些年以来，很多非洲人来华留学、做生意、找工作。中国人到非洲创业的也愈来愈多。为了呈现非洲人对中国的认知，本书通过访谈与调查问卷等形式询问了来自很多非洲国家的留学生，希望该团队的调研可以在一定程度上帮助读者了解非洲人对中国的认知。本团队在采访过程中发现非洲人对中国的看法有褒有贬。

对中国持积极态度的人认为，由于中国在非洲的影响力愈来愈大，中非关系日益受到其他地区的羡慕、嫉妒甚至诟病。尽管如此，中国始终以包容性和开放性的态度处理中非合作关系。他们在报告中描述道：

> 他们都觉得中国是世界上最安全的国家之一，中国是一个特别适合度假的地方。他们都觉得中国是一个很好的国家，在发展中国家起带头作用。发展中国家应该学中国的经验，然后从本国实际情况出发，走出自己的发展道路。中国的发展给落后国家带来了希望，因为曾经有些发达国家对落后国家说过它们的发展是需要很长时间的，甚至还说它们几乎不可能实现。但他们都觉得中国是发展中国家真正的朋友。中国有着五千年灿烂文明的文化，源远流长，博大精深，从未与非洲文明有过直接冲突。中华文明始终尊重非洲文明，欣赏古老非洲的丰富文化遗产和文化传统，喜爱非洲人民的文化艺术，中非文化交流与合作是平等、双赢、友好、互利的，彼此的心灵是相通的。从历史发展分析，合作共赢是中国对非洲援助的根本性质。自万隆会议后，中非合作一直很紧密。中国在非洲大陆的地位和作用在各个方面都发生了巨大变化。中国对非洲发展诉求的响应以及对中非发展合作模式的设定也在不断改进。这不仅体现在中国的援助上，例如医疗、修路、教育、债务等方面，而且还体现在中国在国际舞台上的支持。中国一直反对干涉其他国家的内政，在联合国一直反对单方军事干预，与西方国家的附加政治和人权等条件的"援助"不同。

在访谈非洲人的过程中，这一点得到了许多人的高度评价。他们强调中国政府在疫情最严重的时候提供了很多医疗、经济援助。在非洲人看来，这才叫真正的好朋友。中国在饱受列强欺凌后对国际交往中"平等"价值的珍视，是中非之间能构建起现代意义的国际关系的根本原因所在。在此背景下，中国对非洲的援助自启动之初就有别于西方国家主导的官方发展援助，是发展中国家之间的南南合作。近年来中国对非洲的帮助以中非合作论坛为载体，这种模式也充分体现了双方合作共赢的本质特征，每次论坛召开期间中国都会宣布新的合作措施。

中国对非洲的帮助并非是单边主义的，而是双赢、平等的发展合作。非洲需要资金来自我发展，因此近年来中国在非洲的投资愈来愈多。通过访谈本团队发现许多非洲人对中国的经济、技术、教育、政治等方面是持肯定态度的，很多非洲专家认为中国所提供的帮助都用在了最需要的地方。与西方国家相比，非洲认为中国是一个更为平等的伙伴。显而易见，中国在20世纪末已经成为非洲的一个主要贸易和外交伙伴。中非经济和贸易合作的提升及项目的增加，无疑改变了许多非洲人的视角。中国的到来改变了许多形势，为非洲各国政府提供了新的选择，并使它们能够在与捐助方（欧盟、美国、日本）的谈判中提高地位。两者之间的关系不仅涉及了贸易和基础设施项目，而且还涉及军事领域，这一点使两者之间的关系更为密切。

中国的支持在非洲受到欢迎，中国的发展模式在他们的眼中也很受认可。

也有人对中国持否定态度，很多非洲留学生在来中国之前都认为中国对非洲的援建只是一种新的殖民主义。由于受到西方负面新闻的影响，他们认为中国向非洲国家提供援助只是为了得到非洲的资源和市场，并且认为欧美国家才是非洲真正的合作伙伴，欧美国家对非洲国家的援助是人道援助，是雪中送炭的援助。当中国政府在谈判修路建桥、建造机场的同时，总是以换取非洲的采矿特许权或以国内石油产量的一部分作为交换。中国企业随后将劳动力和材料运来，在这期间非洲没有任何利润，也没有任何技术或技能的提高。他们指责中国无视这些国家所面临的国内政治问题，无视这些国家侵犯人权的行为。中国日益受到非洲独裁者的欢迎，他们认为这是西方外交的一种代替。有些人认为这是对非洲血腥独裁者的支持。他们还认为中国修的路质量很差。还有人质疑中国的债务问题，抱怨中国的企业提供的工作条件不好，认为中国企业造成了很多环境问题。

非洲学生来中国留学后对中国的认知改变很大。自从中非合作论坛开展以来，中国政府加大了对非洲各国投放来华留学奖学金的力度。不仅获得奖学金的人数在不断增加，自费生也在逐年增加。本科毕业后有的学生留在中国继续求学，有的在华做生意，有的回国找到了中资企业的工作。本团队通过调查问卷与访谈，了解了非洲留学生的一些问题。我发现留学生们自己列出的问题很切合他们自己的需求：

留学生与当地人交流有哪些困难？是否存在语言障碍以及文化差异？留学生在中国生活遇到了哪些困难？

本团队所访谈的非洲留学生都反复强调，当他们跟中国人交流时，中国人总是用英语跟他们交流，因为许多中国人以为所有的外国人都讲英语。他们强调中国人不给外国留学生机会练一练他们的汉语口语。有的非洲留学生由于汉语掌握得不够好，经常用错一些词。比如：当非洲朋友向中国朋友寻求帮忙时，经常用"好吧"，因为他们弄不清"好吧"和"好吗"的区别。这可能会让中国朋友怀疑对方是否需要帮忙。再加上有的非洲留学生发音不太好，当他们到社会上跟中国人交流时，他们常常会遇到各种困难。在文化方面，本团队所访谈的留学生都说：很多中国人认为所有非洲人都喜欢听音乐、跳舞。虽然在非洲有很多人喜欢听音乐，喜欢跳舞，但也有一部分人并不喜欢。还有很多中国人以为非洲是个贫穷落后、饥饿盛行、天气炎热的地方，那里一定也脏乱差，人们不讲究卫生，会有很多传染病。一位非洲留学生谈到他们上课的时候，会有一些中国同学不喜欢跟他们坐一块儿，因为这些中国同学对非洲有负面的印象。还有一些中国同学以为非洲到处都可以见到动物。有个人说他跟一位中国同学一起去动物园，他告诉中国朋友这是他第一次看到狮子时，那个同学很吃惊地说："非洲不是有很多动物吗？"

跟当地人的价值观是否不同

中国与非洲的价值观不同。本团队所访谈的非洲人都承认自己的时间观念特别差，在非洲无论是受过教育还是没有受过教育的人都是这个样子。留学生都说他们跟中国朋友见面时经常迟到。在社交礼仪方面，中国与非洲的社交礼仪也不相同。一般来说，在非洲初次见面一定要握手，而且握手的时间很长，握手时彼此之间可以互相问一问家庭的情况，如孩子、妻子、丈夫等；而中国人第一次见面时虽然也会握手，但握手的时间并不长，也不会有很多交流。此外，中国与非洲的消费习惯不同。非洲人有钱时总是大手大脚地花钱，完全没有储蓄概念，而中国人更倾向于把钱存起来。

这里的"价值观念"并非我们所说的价值取向，而是日常生活的文化习惯。

非洲留学生看不懂中国心态文化

本团队访谈的大部分留学生都说，跟中国人打交道时，常常会产生疑惑，他们似乎弄不清到底怎么样才能跟中国朋友搞好关系，因为他们不太了解中国人的思想、观点、行为方式等方面。很多非洲留学生都说他们对中国的心态文化认知不深入。他们虽然很看重自己国家的心态文化，但对中国的却不太了解。

非洲留学生对中国政治制度有什么看法

本团队所访谈的人大部分都对中国的政治制度有很高的评价。他们认为中国以前是一个贫穷落后的国家，通过艰苦的努力找到了自己的发展道路，中国并没有听从西方的要求。大部分留学生都特别佩服中国有自己的选择，他们都承认中国找到了自己的发展道路，而且这条路是正确的。中国特色社会主义制度为世界上其他发展中国家提供了中国智慧和中国方案，能够帮助更多的国家找到适合自己的正确道路。

非洲来华留学生对中国的政治体制持较高的认同度。本团队所访谈的留学生中90%都对中国的发展程度、脱贫政策印象深刻。中国领导人以人为本，全心全意为人民服务，这应该是非洲领导人不可动摇的学习方向。他们都说中国的发展速度真令人惊奇，觉得这真的是不可思议的，中国的发展堪称世界上的一个奇迹。非洲人应该学习中国的这一点，加快发展速度，提高发展程度。

留学生对中国教育制度有什么看法

中国的教育制度提倡尊师爱生，竞争特别激烈，学生普遍感觉压力较大。而非洲教育制度虽然也提倡师生互尊互爱，但是竞争力不太激烈，学习压力也不大。中国的教育制度从古代到现在都由中国政权上层或政府来安排，几乎没有受到任何外来的影响。而非洲国家虽然有些地方很久前有自己的教育制度，但是自从他们被西方国家殖民以来，他们的教育制度被改变了。当前许多非洲国家的教育制度是殖民遗产，与西方国家的教育制度趋同。本团队所访谈的留学生认为中国的教育制度是很好的，与他们国家的教育制度有很大的不同，他们都说很喜欢中国的教育制度。

非洲留学生说中国的教育与他们国家不同的地方是，中国教育要比他们国家的更发达。此外，中国的教育特别看重成绩，而非洲国家的教育不太看重这一点。在中国学习学生们有时候会感到有压力，因为老师总是喜欢让学生背课文，这一点在非洲教育中是没有的。

团队留学生还采访了非洲留学生对中国媒体的感觉，询问了中国媒体是否自由、是否有社会责任、跟非洲当地的媒体有哪些不同等问题。

本团队所访谈的人都认为每个国家都有自己管理媒体的模式。从这个角度来讲，中国的媒体是自由的，并且有强烈的社会责任感。中国媒体不会因为有的国家和中国政治制度不一样就对这些国家加以抨击。跟非洲的媒体不同，中国的媒体更具现代性，它们有先进的技术，在世界许多地方都能见到它们的身影。与此相比，非洲的媒体可能会有一些差距。

团队访谈的非洲留学生对中国饮食有普遍的适应性。但是一般刚来中国的时候并不喜欢中国菜，因为中国菜和非洲饮食相差较大，而且中国菜有些油腻，口味偏辣的菜肴较多。但是后来都较为适应，很多人表示到现在已经完全爱上中国菜了。

非洲留学生都表示中国的交通非常方便、快捷、便宜、安全、干净，相比自己国家的交通更具优越性。他们都说非洲是一个广阔的大陆，许多地区至今因交通不便而仍处于内陆状态。因此，非洲该学习中国的交通发展模式。90%的非洲留学生表示中国的物价很合理，中国的物品改善了许多非洲留学生的生活。只有10%的留学生表示中国的物价虽然合理，但是质量不太好。

非洲留学生均说中国的网络费用很便宜，他们只需要花很少的钱就可以很流畅地上网，这也是他们最喜欢待在中国的一个原因。中国的网络速度快，而且费用合理。很多人熟悉微信、淘宝、百度、阿里巴巴、京东、拼多多、抖音、天猫、微博、QQ空间等公司的互联应用，知道这些自主电子商务品牌对中国经济生活所做出的巨大贡献。在他们的眼里，微信、支付宝好像什么都可以做，用起来非常方便。他们也是强调微信、支付宝促进了贸易和投资自由化，使中国的经济发展更加平衡。他们觉得这是非洲大陆该学习的地方。

调研团队还访谈了非洲留学生如何看待中国的抗疫政策。一些疫情期间留在中国的非洲留学生表示中国在第一时间采取了封闭措施：少出门，出门戴口罩，不建议聚会。在抗击疫情过程中，中国向世界展示了政府高效的执政力和高度的责任感。中国政府每天发布感染人数、死亡数和治愈人数等数据。他们对这一点十分羡慕。因为在他们国家很难采取这样的抗疫政策。甚至有的人说当前非洲国家政府采取不了这样的抗疫政策。此外，他们很佩服中国人民支持政府的态度。中国政府所采取的措施，如果没有人民的支持，就不可能得以实现。中国采取了最严厉、最全面、最彻底的措施，不仅阻止了病毒在中国境内的蔓延，挽救了数十万人的生命，也为世界带来了应对疫情的经验。

他们认为中国政府向其他国家提供医疗物资和帮助，这是一种友好的大国姿态。因为中国在抗疫过程中已经积累了一整套经验，拥有完整的治疗机制，当世界上其他国家处于水深火热时，中国有责任有义务帮助他们，这既是出于人道主义的需求，也是中国承担国际责任的表现。中国将抗疫经验传递给其他国家，各国人民团结起来一同面对困难，战胜病毒。

自从疫情发生到现在他们对中国的看法没有发生很大的变化，很多非洲留学生表示还是一如既往地支持中国。当新冠肺炎疫情在全世界蔓延时，中国向非洲国家提供了紧急援助，及时向非洲联盟和非洲国家提供了大量防疫设备，分享防疫经验，派遣医疗专家小组，并协助非洲各国在中国购买防疫药品。还有中国政府积极响应法国总统的呼吁，暂停非洲国家偿还债务一年。这是中非友好关系的见证，也是中非构建全球战略伙伴关系和中非命运共同体的真正体现。他们意识到新冠肺炎疫情给世界带来了巨大的经济损失，无论是中国经济还是世界经济，都受到了很大的影响。他们认为，现在最紧要的是各个国家团结起来一起抗击疫情。

5.4.2 中亚留学生来中国留学前后认知对比

一般认为，亚洲文化是东亚、东南亚和南亚地理区域内，国家和土著人民传统文化共同体的统称。每种文化都被解释为相对自给自足，但通过单一文化的历史和大文化传统与其他民族联系在一起。这意味着属于这些文化社区的国家和人民的传统文化具有共同的世界观、价值观和定型的行为模式。这些文化社区的框架是依据亚洲大文明区域的文化和历史领域内部划分（如阿拉伯—伊斯兰、印度—佛教和中国—儒家）来界定的。实际上，这导致亚洲文化概念与东方文化概念完全相同，或者在本地仅限于东亚、东南亚和南亚地区，这样划分忽略了中亚文化的存在，所以该团队专门针对中亚留学生进行了访谈。

中亚学生的汉语障碍

　　语言是说话和表达思想的工具，而说出来的话则是人们运用这种工具表达思想所产生的结果。语言作为工具，具有全民性，没有阶级性。谈到语言我们就不得不提到语言的障碍。拿中亚人来说，还没去中国时，他们不会想到会有语言障碍，到了中国后跟当地人交流时会遇到许多困难。如很多中亚人认为中国的众多方言是最大的问题，因此很多中亚人与中国人交流时会经常出现听不懂的情况。

　　说起中国的方言，大家都知道南方北方各地的方言是完全不同的，而南方的方言总体来说更为复杂多变，和普通话差异较大。当我采访一些中亚人时，发现他们到北京以后跟中国人交流时，最大的问题就是"儿化"。儿化现象是普通话中非常具有代表性的一种语言现象，普通话中的儿化与北京话中的儿化又有些不同。很多外国人待在中国的时间超过了一年，但跟当地人交流时还是会有问题，这是因为中国人有时候说正常的普通话，有时候会用儿化音。

留学生调研团队认为北京话中的儿化音是普通话中的难点，在教学中其实儿化音在听力识别和发音上对他们没有那么困难。

　　中国人主流的价值观是"无神论"，而中亚人主流的价值观是"有神论"。所以，中亚人相信人类与万物都是上帝创造的，而中国人则不这样想。

　　吉尔吉斯斯坦与乌兹别克族有民族矛盾，主要是吉尔吉斯斯坦生活着大量乌兹别克族人，几次内乱都是因此而起。两个民族各方面的习惯贴近俄罗斯，人种历史上与汉族有渊源，但现已很疏远，不过也没有什么矛盾。从价值观上看还是与俄罗斯一致的地方多。中国是一个独特的政治文化国家，既吸收了数百年的儒学传统和其他中国哲学与社会教义，又吸收了一些西方政治概念，主要是马克思主义，这在很大程度上影响了人们对中国形象的认知。他们都认同《中国话语解读》课程，希望有更多的课让人们对政治文化的特征更了解，以及这些特征如何影响该国的政治进程提供解读的汉语课程。中亚留学生也关心当代中国的社会政治结构是什么框架，中国共产党和其他政府权力机制在维护社会运营中扮演什么角色。

留学生们自己找出的文化差异解释也很有趣，作为教师在阅读他们的一般性文化常识介绍时也颇有收获。塔吉克斯坦的留学生对我绘声绘色地说过："几十年前，中亚国家的人认为如果他们去中国的话，在中国街头的外国人可能会造成真正的交通拥堵，尤其是在一个小镇上：中国人会停下自行车，积极讨论外国人的容貌，有时还试图抚摸他们。当然，现在不是这样，今天，外国人不会引起任何异样。"

他们对中国教育制度有什么看法？

中亚人一向知道中国人读书很厉害，因为中国的教育好，所以中国人基础才这么好。其实中国的教育制度有利有弊。现在中国选拔人才的唯一方式是应试制度，就是以考试的成绩来决定一个人的水平，但这样的方法却不是很科学。比如，如果你没有一次缺课，而且每天上课的成绩也不错，可是如果你考试得了60分以下就依旧没有通过，得重新考，可在大多中亚国家并不是这样。

刚才说了中国教育制度的弊端，现在就说说中国教育制度的好处。我想说的是，中国的文化和传统在各个领域都留下了印记，尽管不断靠近西方水平，但中国教育保持了自己的特点。

中国的教育园区规模惊人，基础设施便利。在中国的教育园区里，你可以拥有教育和日常生活所需的一切。宽敞的图书馆设有宽敞的阅览室，并在一个安静的环境中提供自习区域。咖啡馆、食堂、食品和家庭用品商店、运动场和健身房、公园和休闲区，遍布整个校园。教育区域在单独的保护区内，并没有隔离的感觉。

他们对中国发展程度如何看？

我进行了关于中亚各国对中国发展如何看待的调查，调查显示不仅是留在中国的学生知道中国发展得很好，没去过中国的人也知道。中国经济虽然有很多问题需要慢慢解决，但经济发展得已经很好了。2020年10月1日，中华人民共和国成立71周年。在过去的一年中，中国人民走上了一条绝对的非凡道路，坚定地实现了自己的目标，一个接一个地克服了困难，沿着自己选择的发展道路逐步前进，一个接一个地创造了"中国奇迹"。

对中国媒体如何评价？

中国媒体是很自由的，是有什么事都可以发表的，言论是自由的。中国媒体是对社会很负责任的，有什么社会新闻，会第一时间发布在网络上，让大家知道社会上每一天的变化和事件发展的过程，会让大家每天看到的新闻都是不一样的。中国媒体对老百姓都非常负责任。我个人觉得中国媒体和中亚媒体的不同是，中亚国家的媒体工作者是比较严谨的，工作方式太过严肃；而中国的媒体比较贴近民众，让大家觉得比较舒服，这就是中亚人对中国媒体和中亚媒体的看法。

随着中国经济的发展，开放程度进一步深化，来华留学生的人数也在不断增加。这给来华留学生教育带来了机遇与挑战。在全球最受欢迎的留学目的地排名中，中国排名第三，仅次于美国与英国。近年来，来中国的塔吉克斯坦留学生越来越多。作为他们当中的一员，我明显地感觉到：中国的文化，尤其是中国北方地区的文化同中亚国家的文化有着较大差异。中国有独特的历史文化、生活习惯以及社会习俗，而对中亚地区的留学生来说，跨越这些障碍是不太容易的。

留学生调研团队在访谈中也会有自己的情感倾向，比如认为中国媒体的开放程度会高于欧洲，认为中国是世界第三留学目的国，普遍对中国的发展表示钦佩。他们会对调研的主题进行中国话语式的概括和总结，但是其中各自的语言思维习惯还是保留了下来，即使是很普通的文化现象和日常生活，也能从描述中看出差异。看下面几段对日常社会生活的描述：

> 中国菜，在中亚留学生眼中是一种独特的烹调产品，具有悠久的历史。几乎所有的中国菜都是以健康的谷物和植物为基础的，中国人是健康生活方式的拥护者。他们不仅追求精神健康，更提倡身体健康。中国人认为，为了保持身体健康，应该食用更多的植物食材，当然也有很多肉类。在中国人的菜单里，几乎可以见到任何食材，这一切都是在调味品和香料的基础上制作的。所有的食物都是用豆油或植物油烹饪，中国人很少用橄榄油。中国菜的做法非常精细，在这方面与中亚国家差异较大。中国人熟知的中亚菜，比如红菜汤、俄式饺子、烤包子等，其口味都是少辣、偏清淡。中亚国家的菜没有那么多口味，他们普遍尊重菜式的原味，不像中国菜调味品比较多。因此，大多来自中亚国家的留学生到现在还没完全习惯中国菜。
>
> 中国人还特别重视饮料。在吃任何食物之前都要先喝一杯茶。中国拥有自己独特的茶叶品种。在中国南方和中部有巨大的茶园，种植着绿色、黑色、黄色、红色和其他各种茶叶。
>
> 对于中国的天气，有一半的留学生都认为比较干燥。此外，他们来中国之前觉得中国空气污染很严重而且很难适应。比如北京冬天的时候刮大风、不下雪、又冷又干燥；夏天的时候会有污染，所以必须戴口罩。但等他们来到中国后发现并非如此。中国人说北京的天气非常干燥，但与哈萨克斯坦相比，北京的天气是非常湿润的。
>
> 1949年新中国成立以后，中国在各个方面都发生了翻天覆地的变化。以前中国人出门办事要走路去，或者用牛拉着车去。大约从70年代开始，自行车成

了中国人普遍的交通工具。到了 90 年代，摩托车又成了人们常用的交通工具。现在，在中国道路上到处可见小汽车，小汽车的喇叭声不仔细听就如同一曲交响乐。现在，号称"中国速度"的高铁极大地改变了人们的出行方式，中国的交通已经是世界上最发达、最方便的。对中亚留学生来说，中国的交通比他们国家方便很多，可是也有一点缺点，刚来中国的留学生或旅行者由于不懂中文也不识汉字，他们并不知道该如何乘坐。虽然有英文字，可是大多来自中亚国家的学生不太懂英文。总而言之，访谈的结果说明中国的交通特别方便，虽然对中亚留学生有一点语言困难，但总的来说比中亚国家的交通发达很多。

通过访谈了解到，中亚人来中国前都认为中国的物品价格以及生活费比自己国家的便宜，因为他们觉得世界上 80% 的物品都是中国制造的，因此中国的产品都应该很便宜。来中国后，他们发现中国的物品价格以及生活费要比他们国家的高一些。

中国一直很看重互联网的发展，最近更是加快了融入世界计算机网络的步伐，希望成为世界信息系统的一部分。中国互联网的使用始于 1987 年 9 月 20 日，钱天白发出了中国第一封电子邮件"穿越长城，走向世界"。从那时起，中国专家开始研究和开发计算机网络。对留学生来说，中国的互联网发展非常快，尤其在网络速度方面中国一直处于世界领先地位。虽然中国的互联网发展很快，可是如果想使用国外的一些软件像 YouTube、Instagram、Facebook 等，则会有很多障碍。因此，如果想使用国外的软件，非下载 VPN（虚拟专用网络）软件不可。

"百度"是中国版的谷歌，而且隐藏了一个非常有趣、浪漫的故事。这个词的字面翻译是"一百倍"，宋代辛弃疾的诗用到这个词。在这首诗中，女主人公为了找到她失踪的爱人，回头看了几百次。因此，"百度"虽然有一个浪漫的名字，但它实际上是一个非常严肃的搜索引擎。新浪网站有来自中国和世界其他地区的新闻、体育、社会问题、教育、生活、有趣的历史等内容，在新浪占主导地位的是体育新闻和一些事件的报道。

通过访谈了解到：70% 的中亚留学生来中国前，对中国的软件与网站了解很少。30% 的中亚留学生来中国前，只了解过几个中国的软件，像微信、阿里巴巴、支付宝与淘宝等。

来中国后他们经常使用的软件主要与交通、社交、购物有关。80% 的中亚留学生与他人交流时使用的软件是微信，20% 的留学生使用海外的一些软件。

出去旅游时，50% 的中亚留学生使用滴滴软件，30% 使用北京一卡通，20% 使用百度地图。在购物方面，40% 的中亚留学生使用的软件是淘宝，35% 是天猫，25% 是京东。

中亚留学生在饮食方面不如非洲学生更适应中国菜，在调研中能简单地梳理中国交通工具的改变，可以看出他们在来华前对中国的了解并不多。中亚留学生对中国互联网软件的使用比例可能具有一定的代表性。当然这种调研并不是全国范围内的准确数据，而是留学生调研团队自己的整理，但是也不能说毫无依据。

你们怎么看待自从疫情发生以来中国的做法？

中国采取了最全面、最严格的预防和控制措施，这是世界上第一个以巨大的努力和牺牲为代价成功解决这一流行病的国家，为世界赢得了时间和经验。

随着国内形势的改善和世界各地疫情的恶化，中国启动了新中国历史上规模最大的全球紧急人道主义行动，为150多个国家和国际组织提供了紧急医疗物资，为多个国家举行了专门的专家视频会议，并派遣了几十个医疗团队前往30多个需要紧急援助的国家，这推动了全球反流行病合作。

中国作为抗击流行病的主要力量，其效力和负责任的态度已得到国际社会的认可和高度评价。尽管困难重重，但团结一致的中国人民为恢复生产做出了巨大的努力。疫情发生后，中国已成为世界上第一个摆脱衰退并走上增长之路的主要经济体。许多受人尊敬的组织，包括国际货币基金组织（IMF）都预测，今年中国经济将比其他国家好得多。

面对新冠肺炎疫情，中国以壮士断腕的决心和魄力，采取最全面、最严格、最彻底的防控举措，在较短时间内取得了持续向好的抗疫成效。中国的抗疫既是为了保护中国人民的生命安全和身体健康，也是对全球公共卫生事业和人类命运福祉尽责。中国的抗疫为世界的抗疫事业做出了卓越贡献，具有道义、精神、物质、制度等多方面意义。

在五千年历史长河中，中国经历了众多深重的苦难。因为中国人民希望和平，反对战争，始终奉行独立自主的和平外交政策，坚持不干涉别国内政、也不允许别人干涉中国内政。所以中国特别希望和平，也希望能帮助其他国家共同发展。中国为全世界提供口罩、做核酸检测的行为体现了中国热爱和平、尊重生命、促进共同发展的愿望。

小时候，我只知道中国很大，但是去了中国以后我才发现原来中国这么大，这么美，而且有如此悠久的历史。在当代世界中，中国将继续发挥大国的作用。

对中国疫情防控和中国政府的付出与负责任的态度，中亚留学生同非洲学生一样，充分认识到了中国的努力所具有的意义，很多溢美之词可能是调研团队同学从留学生基本的态度出发，从网络中找到的类似的汉语表达。但是这不是抄袭，这是对内心情感进行的一种语言仿写，也真实地代表了他们的心声。

5.4.3 东欧留学生来中国留学前后认知对比

调研团队没有将欧洲来华学生整体列出来，是因为2018年后欧洲留学生尤其是西欧学生来华很少。跟20多年前的90年代中后期英、法、德等国家留学生来华数量相比大幅度下滑，这也同国家"一带一路"建设的奖学金倾向于东南欧国家有一定的关系。

本团队采访的东欧留学生来中国前就对中国的发展程度刮目相看，这也是他们来中国留学的客观动力之一。一位乌克兰留学生在中国生活了一段时间后觉得中国不仅制造业发达，而且科学技术也很发达。通过与中国人的交流，他们发现以前的中国贫富差距较大，但是现在中国正在致力于减少地区之间和人民之间的贫富差距。

白俄罗斯留学生认为中国的发展速度已经超越了世界上大多数国家，并且中国的科技创新也使外国人赞叹不已。

俄罗斯和拉脱维亚的留学生也表达了对中国发展程度的赞美，中国在短短的时间内完成了世界上其他国家做不到的事情。他们亲眼见证了中国近两年的发展过程，因此他们十分佩服中国人。

由此可见，几乎所有的东欧留学生都对中国的发展程度给予了肯定的评价。

本团队采访的东欧人当中，只有俄罗斯的男同学有在来华前和中国人交流的经验，他早就发现，中国人的性格比较"内向"，中国学生在俄罗斯的大学沉默寡言，不喜欢出去玩儿。他们以为所有的中国人都跟他们一样。但到中国后，他们才发现并不是这样，只不过是一些文化交流习俗不一样。从此可知，掌握一门语言能减轻人们之间交流的压力。

白俄罗斯和拉脱维亚留学生来到中国前，他们认为中国人比较冷漠，但是到中国后，他们发现中国人既友善又热情，同时又很谦虚。相比之下东欧人比较活泼，所以二者之间的文化性格不同。在乌克兰的女同学看来，语言表达习惯是交流中最大的困难。实际上，一到中国，交流中的问题就逐渐出现了。因为沟通方式不一样，中国人喜欢委婉地表达一句话，而乌克兰人更倾向于直接说出自己的观点，开门见山。

还没有来过中国的乌克兰人不太了解中国的文化和历史，对一些中国文化还不太熟悉，他们从电影里了解到的中国是一个神秘的国家，中国人喜欢吃特辣的菜，所有的人都会打太极拳，中国人喜欢养宠物，特别是小猫。当他们来到中国后，他们发现许多中国人不擅长英语，不会说中文的乌克兰同学在这里遇到了语言障碍。通过跟中国人不断地交流，他们注意到了中国与自己国家有很大的文化差异。从生活方面来讲，中国孩子的将来由父母来决定，父母甚至给孩子安排过怎样的生活；而在乌克兰，孩子们则习惯于自由自在地生活，培养了独立思考的能力，想做什么就做什么，顺其自然。在中国能感受到中国孩子们的生活压力。

有两位白俄罗斯和俄罗斯的留学生，他们已经学习汉语5年了。因此，他们觉得在语言上和中国人交流不会出现什么大的问题，只不过声调不标准而已。白俄罗斯留学生遇到的语言障碍主要是在成语方面，因为她对成语不太熟悉，而且学到的中文词汇与语法都是书面语。

拉脱维亚留学生来中国之前，并没有学习中文的经验，她早就知道肯定会遇到语言障碍。她对中国丰富多彩的文化很感兴趣，所以来到中国后，她很快习惯了中国人的风俗。同时她也发现了两国文化有所不同，比如，在中国有的地方是有等级关系的，而在拉脱维亚人人平等。除此之外，中国与拉脱维亚也有不同的习俗：比如中国人送礼物（红包，凑份子，看重礼物的价格和独特性），发邮件与打电话（注意时间、用词是否礼貌）。最后，在拉脱维亚一般是女士优先，而中国比较注重长者优先。

从几个东欧国家留学生的简单感受可以看到中国的整体社会生活包括儿童教育等跟他们国家有很大差异。有些感受是误会，也并不全面，但是随着调研报告对访谈项目逐渐深入，我们也可以感受到东欧留学生用什么文化心态来观察中国。总之，中国的留学生活对他们而言是陌生的，他们的留学目的跟非洲和中亚学生又有所不同。

跟中国人的价值观是否不同？

本团队所采访的人来中国前不太了解中国的价值观，来到中国才发现与自己国家有很大的不同。比如，乌克兰和拉脱维亚留学生发现了中国人"爱面子"的价值观；白俄罗斯留学生发现，中国与白俄罗斯最大的不同在于白俄罗斯人讲"我行我素，人人平等"，而中国人是群体取向，中国人首先考虑别人的想法；俄罗斯的留学生注意到，在中国人们会尽量通过尊重他人和给对方留面子来维系这种和谐的关系。与中国人相比，东欧人崇尚个人的意志自由和人格独立，东欧人擅于大胆追求，急功近利。为了建立和谐的关系，中国与东欧人一样彼此沟通、互相尊重。但是拉脱维亚互相尊重更多的是体现在不侵犯他人隐私上。有的白俄罗斯人认为中国人更倾向于从他人所处的群体来判断一个人，而白俄罗斯人则是通过他人的品德来评价他人。

对中国政治文化有什么看法？

来到中国前，白俄罗斯、俄罗斯和拉脱维亚的采访者之所以开始学习汉语，是因为他们觉得汉语很有用，并且中国的经济也越来越发达。至于中国的政治文化，很明显他们缺乏相关了解。到中国后，俄罗斯的留学生对中国政治文化有了新的看法。他认为，中国当前社会的政治心理、政治目标正在趋于实际化和世俗化。拉脱维亚留学生认为，目前中国的最大政治目标，就是把经济建设搞上去，满足人民的需求。

因为访谈的样本数量有限，很难说这些说法有代表性，但是也不能说完全是个体表达。东欧学生对中国学生的群体价值取向肯定是觉得陌生的，对中国政治发展的评价主要体现在经济发展上。"满足人民的需求是政治的最大目标"，这种感受也正是我们所追求的。

对中国教育体制有什么看法？在教育方面与他们国家的教育有哪些不同？

来中国读书之前，白俄罗斯、乌克兰和俄罗斯的采访者不了解中国的教育体系。只有一位俄罗斯的采访者之前听中国朋友介绍过中国的教育，因此对中国教育比较熟悉。他知道中国的教育体制有很多优势，中国人提倡尊师爱生。此外，他还觉得中国学生比俄罗斯学生的压力大很多，在中国竞争也十分激烈。与俄罗斯相比，中国教育体制最大的优点，就是在学习过程中学生可以自愿选择自己感兴趣的课程。

在此问题上，白俄罗斯留学生认为中国的教育体制与白俄罗斯的区别在于，白俄罗斯的大学生常常需要学习跟他们的专业不相关的课程，有时候大学生学习某门课程无非是为了通过考试，但是在中国则没有这个问题。与此相反，一位乌克兰的采访者认为，中国的教育体制弊大于利。她认为中国学生学习压力太大，要背大量的内容。但她慢慢也喜欢上了这种方法，她认为背诵成了中国人学习最传统而有效的方法。她认为中国人离不开踏实严谨的学习方法，难怪中国成为全世界发展最快的国家之一。

拉脱维亚的受访者认为，中国教育体制利大于弊，但是有一个不能接受的缺点，中国的教育总是将一个肯定的理论灌输到学生脑袋里而不让他接受其他的思维，其他的有悖于这个理论的观念都要被否定，这是中国和东欧教育体制最大的不同。

其实留学生调研团队对"教育体制和机制"并没有整体的清晰概念，这些访谈并没有真正触及我们的教育制度，而是评价了中国学生在教育机制下呈现出的学习策略。即使如此，他们依然能够感受到中国大学生的学习风气和踏实努力的作风。至于只灌输特定理论这是学生对我们的思政教育抱有偏见。

同样，调研团队也就"中国媒体是否自由，是否有社会责任感，与本国的媒体有哪些不同"这样的问题展开访谈。大多数东欧学生到中国前都认为中国媒体不自由。比如拉脱维亚留学生说当初他们以为中国没有专门展示国际时事的媒体平台，但是到中国后，渐渐熟悉了中国的媒体机构,那时他们才发现中国的媒体肩负着凝聚民心、达成共识的社会责任。中国媒体消除了各种谣言,大大增加了政府的公信力。白俄罗斯的留学生也认为,中国媒体与中国社会息息相关。

来到中国前,东欧国家的留学生认为在中国留学不会出现什么大的问题。但是到中国后他们才发现有些情况并非如此,有很多事情给他们造成了障碍。很多同学表示虽然做好了跨文化交流的心理准备,认为留学生活一定会有困难,但是实际上遇到的紧张和焦虑情感比预期的要多,可以说是充满了酸甜苦辣。

东欧学生在来华前还抱有偏见,认为中国人很有可能有喜欢吃野生动物的习惯。但是很多人来华后认为中国菜和西餐相比特别丰富,即使是只喜欢一种口味的人都可以在中国找到很多自己喜爱吃的食物,这让很多东欧人都惊叹不已,感慨中国的美食文化博大精深。拉脱维亚的留学生一下子就喜欢上了吃中国菜,而且认为很对胃口。

来中国以前,拉脱维亚和乌克兰留学生认为中国的交通比不上自己国家的方便,而且交通价格也会很贵。没想到,当来到中国后,他们发现中国的交通再方便不过了,而且价格也十分合理。他们最喜欢的交通方式是高铁,因为高铁既方便又安全,他们说还没见过这样的铁路系统,现在在中国出行,想要去任何地方都是可以的。说起中国的公共交通,拉脱维亚的留学生提到了中国交通的缺点,每天早高峰和晚高峰的公交车和地铁"简直是一场不可能赢的战争,人山人海"。

白俄罗斯和俄罗斯的留学生到中国前认为自己国家的交通更加方便,但是事实并非如此。白俄罗斯和俄罗斯的留学生提到了中国共享单车的方便性与有效性,中国的自行车给人们带来了一种安全感,上下班高峰期间,地铁里人满为患,路上车堵得很,骑自行车很快就可以到达目的地,既快速又方便。除此之外,白俄罗斯留学生讲到在中国她最常用的交通方式是共享单车。共享经济是一种社会新形态的体现,而在白俄罗斯没有这种共享的交通方式。

来中国前,本团队所采访的东欧人觉得中国的产品和食物价格很便宜,而且在每一个地方都可以讨价还价。到中国后,他们发现中国的物价确实很合理,但是也不能说便宜。比如,北京的价格完全符合北京人的消费水平。但对留学生来说,如果你希望衣食无忧,除了学习以外,还要拼命地工作。另外,他们都注意到了中国的房价并不合理,虽然现在有房价下跌的消息,但是从近期来看的话,房价还是处于一个他们无法理解的高位。

来到中国前,许多东欧人认为中国互联网更像是一个"内联网"。他们对这种现状表示不理解。过一段时间后,他们慢慢习惯了中国的互联网系统,他们认为中国的许多网站可以代替各种外国网站。中国的互联网就好像是互联网大海旁边的一个湖,在这个湖里有大海里的生物,因为环境不同而发生了一定的变异。

另外，一些生物发展得十分惊人。比如，用微信软件可以做任何事情，微信集我们的 Instagram、Facebook、Skype 等软件于一体。

来中国前，除了微信以外，东欧留学生没有使用过其他的中国软件。来到中国后，留学生学会了使用各种中国软件，例如阿里巴巴、支付宝、微博、淘宝、天猫等中国著名软件，这些软件很受留学生的欢迎。俄罗斯和白俄罗斯留学生对中国软件赞不绝口，微信、支付宝、淘宝、抖音、百度都给他们留下了很好的印象。拉脱维亚留学生之前没有用过这些软件，但是一到中国，她就下载好了各种在中国不可缺少的软件，很明显它们解决了日常生活中的很多难题。现在，去中国大部分地方她只需要带一部手机就可以了。在中国，因为这些高科技的发展，她的生活也越来越方便了。乌克兰留学生对中国的软件同样也非常喜爱，除了那些常用的软件外，她还经常使用天猫与拼多多等购物软件。

在东欧留学生看来，疫情的确影响了全世界人民的正常生活。本团队所采访的东欧留学生对待疫情的态度完全相同。拉脱维亚、白俄罗斯、俄罗斯和乌克兰等国家国内疫情发生后，留学生感到很恐慌，他们呼吁千万不要出门，出门的话一定要戴口罩。白俄罗斯的留学生认为，既然发生了疫情，那么我们就要团结起来共同对抗疫情。俄罗斯的留学生认为，在此情况下，我们要充满信心，尽量避免前往人群聚集的地方，保护好自己。值得注意的是，许多年轻的东欧学生并不担心疫情，只不过他们担心自己家里的老人和亲人的身体状况。通过网上查找的资料，本团队发现疫情对已经回到了自己家乡的留学生的生活产生了严重的影响。许多学生坦言，他们不喜欢上网课，主要原因有两个：一是无法保持精神集中；二是在家上网课时，学习效率难以保证。

白俄罗斯的受访者很认同中国的防疫政策，他们为中国人感到骄傲。疫情发生以来，中国政府采取了一系列措施抗击疫情，取得了显著的成效。俄罗斯留学生说，中国不仅有效控制了自己国家的疫情，还为全世界的抗疫做出了巨大的贡献。拉脱维亚和乌克兰的受访者说，在疫情出现的时候，中国政府在第一时间采取了严格措施，现在看来是极其正确的。在东欧国家中，白俄罗斯和俄罗斯是率先收到中国提供的口罩的两个国家，他们国家的人民对这种帮助表示衷心的感谢，他们还认为中国为世界抗疫做出了重大贡献，积极承担社会责任，是负责任的大国。本团队所采访的其他东欧学生，对这个问题也表达了积极的态度。疫情发生以来，没有一个东欧留学生对中国表达消极的态度，他们认为"这并不是中国的错。我们现在应该做的就是团结起来共同面对疫情"。并且在抗疫期间，中国政府向其他国家提供了大量的援助，积极捐助口罩，做核酸检测，并且还派医疗团队和专家去各个国家抗击疫情。中国在抗疫过程中做出了重大的贡献，东欧人民都特别感谢中国。

中国对很多国家来说还是遥远的，虽然都知道中国是"快速"甚至"极速"发展的国家,但是由于自身发展同西欧不同,所以很多国家对中国了解不多。正像一个阿尔巴尼亚留学生在论文中写道的:"多年来,东方文化一直是阿尔巴尼亚人民眼中的神秘事物,无论其是来自日本、印度还是中国。在巴尔干半岛,从来没有或极少受到东方国家的影响。这有很多原因,第一个也是主要的一个是我们一直忙于解决我们自己的问题。具体来说,为自由而努力。我们一直是一个在地中海具有战略地位的国家,因此,总是容易受到更大、更强大的国家的入侵,这些国家为寻求更好的战略点或希望利用它可能拥有的潜力。阿尔巴尼亚人总是不得不自卫,因此没有奢侈去探索遥远的土地。第二,这些国家实在是太遥远了。几个世纪前,旅行受到限制,如果幸运的话,东方大国可能会进入邻近的土地来探访我们,只有少数强大的帝国有能力前往遥远的未开发土地,阿尔巴尼亚肯定不是其中之一。在18岁离开祖国到中国北京留学6年多之后,我现在回到了家乡,我发现我又回到了一个与我在北京生活习惯不同的现实中。我在中国的时光非常美好,我不能要求更好、更令人大开眼界的体验了。这同时是我生命中最艰难、最鼓舞人心的美好时光,也是我做过的最好的决定之一。回到阿尔巴尼亚的家中,我才发现对中国或那里的文化仍然知之甚少,这也引起了我更大的研究兴趣。我没有任何不好的回忆,无论好坏,都对我尽可能公正地看待这个国家、人民和文化有很大帮助。"[1]

其实在很多语境中我们无法把来华留学生群体当成一个整体来看,虽然他们有一个共同的社会行为——到中国来留学,但是由于各国同中国友好交流的历史和现状各异,个体自身成长受中国认知的影响也各不相同,因此不能一概而论。韩国于1992年才跟中国建交,但是从2015年后就成为来华留学生最多的生源国;日本在1995年前一直是位居各国留学生数量之首,但是受"少子化"影响日本来华学生已经不多;美国曾经在2015年前是来华留学人数最多的国家;欧洲在2016年后就呈现出下滑趋势;非洲留学生在2010年后逐渐增多,并占据了中国政府奖学金的绝大比例并大多为长达5年的预科加本科的学历教育。这些变化今后还会持续。随着国际格局的改变,国际青年对中国的认知会逐渐摆脱偏见和误导,中国稳定和谐的社会环境也会越来越受到世界青年的认同。

留学生们的调研虽然浅显,但是也可以从中感受到普遍与特殊的辩证法、政治性或"存在强度"等问题,他们没有受到咄咄逼人的"文明冲突"的影响,但是也并不都是温情脉脉。文化在终极意义上是对生活世界的自我陈述,有着隐秘的政治性,只是在利益受损或特定条件下人们在群体中才会释放出文化中的政治性的斗争意愿。我们在这些调研中尚看不出青年学生的这些情绪,是因为我们虽然面对美国"脱钩"论调,但是还能够秉持改革开放和创新的道路,参与和吸纳全世界发展的积极因素,这就是和而不同的魅力。

从中国大学生和外国留学生对彼此的评价中,可以看到在对外交往中我们的大学生承

---

[1] 引自北京第二外国语学院阿尔巴尼亚留学生维瑞拉2021本科毕业论文前言。

认他人的生活准则和价值根基,并通过哲学意义的感知和理解,已经建立起了一种富有创新意味的"主体间性"。正如张旭东(2021)指出的,中国的全面工业化及它所带来的当代中国人劳动和社会组织的质的、不可逆转的改变,决定了当代中国人集体经验的历史性和未来的可能,这需要我们成为更善于学习、倾听和自我更新的民族。①

---

① 张旭东.全球化时代的文化认同[M].上海:上海人民出版社,2021:9-11.

6. 课程与实施影响

2016年全国高校思想政治工作会议上习近平总书记指出,"要提升思想政治教育亲和力和针对性,满足学生成长发展需求和期待,其他各门课都要守好一段渠、种好责任田,使各类课程与思想政治理论课同向同行,形成协同效应"。在全面贯彻中国特色社会主义思想、坚持社会主义办学方向的过程中,课程思政成为改革思政教育的方向与手段,逐渐构筑起"三全育人"的工作方法和"大思政"的工作格局。在全面推进课程思政建设、开启高校"三进"工作的大背景下,高校来华留学生的思政教育进入视野,是新形势下加强中外人文交流、提升我国国际教育教学质量、促进国家形象传播的重要课题。各高校结合已有的课程思政基础,对来华留学生实施课程思政进行尝试,取得了初步的教学成果,但同时也出现了留学生"不理解"、教师"不重视"、机制"不明确"等问题。但是事实证明,有课程跟上去,就会看到课程带来的影响。本章将在后面讲述课程实施的效果。

自2014年起,我国出台了《关于进一步加强和改进新形势下高校宣传思想工作的意见》(2014)[1]、《关于加强和改进新形势下高校思想政治工作的意见》(2017)[2]、《高等学校课程思政建设指导纲要》(2020)[3]等一系列的文件,大力强调发挥课堂教学在高校学生思想政治教育中的主渠道作用,充分挖掘各学科中所蕴含的思想政治教育资源。同时,召开了一系列的思想政治工作会议。在2016年全国高校思想政治工作会议上习近平总书记强调,高校要把思想政治工作贯穿教育教学全过程,实现全程育人、全方位育人,努力开创我国高等教育事业发展新局面。[4]在2018年全国教育大会上,习近平总书记系统回答了为谁培养人、培养什么人、怎样培养人这一根本问题,提出要坚持中国特色社会主义教育发

---

[1] 中共中央办公厅、国务院办公厅印发《关于进一步加强和改进新形势下高校宣传思想工作的意见》[EB/OL]. 2015-01-19. http://www.gov.cn/xinwen/2015-01/19/content_2806397.htm.

[2] 中共中央 国务院印发《关于加强和改进新形势下高校思想政治工作的意见》[EB/OL]. 2017-02-27. http://www.gov.cn/xinwen/2017-02/27/content_5182502.htm.

[3] 教育部关于印发《高等学校课程思政建设指导纲要》的通知[EB/OL]. 2020-06-01. http://www.moe.gov.cn/srcsite/A08/s7056/202006/t20200603_462437.html.

[4] 习近平.把思想政治工作贯穿教育教学全过程 开创我国高等教育事业发展新局面[N].人民日报,2016-12-09.

展道路，建立德智体美劳全面发展的人才培养体系，打造过硬的教师队伍。①在2019年学校思想政治理论课教师座谈会上，习近平总书记提出要用新时代中国特色社会主义思想铸魂育人，贯彻党的教育方针，落实立德树人根本任务。②

由此可见，以"立德树人"为根本任务，通过推进"课程思政"建设，构建高校课程思政教育教学体系，成为进一步深化高校思想政治教育工作的重要路径和有力抓手，是当前全面加强和改进高校思想政治教育工作的一项重要而紧迫的任务。

6.1 国际学生要不要提"思政"

长期以来，高校思想政治教育的对象主要集中于中国学生，逐步形成了"思政课程"与"课程思政"协同育人的局面。近年来随着来华留学生数量和结构的改变，留学生工作成为我国教育事业、外交事业、新时代高校思想政治教育事业的新的关注点。教育部统计数据显示，2019年来华留学生的学历生比例比2016年提高了7%，达54.6%。③这意味着在高等教育国际化发展的背景下，我国来华留学生的结构逐渐优化，这也意味着对来华留学质量与体系提出了更高的要求。2018年教育部印发《来华留学生高等教育质量规范（试行）》（下称《规范》），明确提出要推进中外学生教学、管理和服务的趋同化。④2020年印发《高等学校课程思政建设指导纲要》，要求所有高校、所有学科专业全面推进课程思政建设。⑤至此打破了思政教育对象仅为中国学生的局面，开启了各高校对来华留学生思政教育的探索。由于来华留学生的特殊性，暂未开设专门的思政课程，思政教育多以专业课程教学与实践教学相结合的方式展开。

来华留学生思政教育与国际中文教育的发展紧密相连，初期更多地将重点集中在帮助留学生适应环境上，并未将思想政治教育作为留学生教育内容。1985年我国颁布《外国留学生管理办法》，其中规定"结合留学生的思想情况，要经常进行勤奋学习、遵纪守法、团结友好的教育，帮助他们了解我国的政治、历史、文化、经济和风俗习惯""思想政治工作要有针对性，通过耐心细致、灵活多样、生动活泼的方式进行"。⑥这是关于来

---

① 习近平.坚持中国特色社会主义教育发展道路 培养德智体美劳全面发展的社会主义建设者和接班人[N].人民日报，2018-09-11.
② 习近平.用新时代中国特色社会主义思想铸魂育人 贯彻党的教育方针落实立德树人根本任务[EB/OL].2019-03-18. http://www.moe.gov.cn/jyb_xwfb/gzdt/201903/t20190318_373973.html.
③ 中国发布丨教育部：来华留学生结构不断优化 2019年学历生比例达54.6%[EB/OL].2020-12-22. http://www.moe.gov.cn/fbh/live/2020/52834/mtbd/202012/t20201222_506945.html.
④ 教育部关于印发《来华留学生高等教育质量规范（试行）》的通知[EB/OL].2018-10-09. http://www.moe.gov.cn/srcsite/A20/moe_850/201810/t20181012_351302.html.
⑤ 教育部关于印发《高等学校课程思政建设指导纲要》的通知[EB/OL].2020-06-01. http://www.moe.gov.cn/srcsite/A08/s7056/202006/t20200603_462437.html.
⑥ 国务院批转国家教育委员会、外交部、文化部、公安部、财政部《外国留学生管理办法》的通知[EB/OL].2015-03-25. http://www.cqie.edu.cn/html/18/content/15/03/12333.shtml.

华留学生思想政治工作较为明确的早期论述，对当今来华留学生思政工作仍有较强的指导意义。2000年发布的《高等学校接受外国留学生管理规定》中要求"结合外国留学生的心理和文化特点开展教育教学活动""汉语和中国概况应当作为接受学历教育的外国留学生的必修课；政治理论应当作为学习哲学、政治学和经济学类专业的外国留学生的必修课""高等学校组织外国留学生进行教学实习和社会实践，应当按教学计划与在校的中国学生一起进行"[①]，这为来华留学生思政工作提供了较为具体的实施方法。2017年教育部、外交部、公安部联合发布《学校招收和培养国际学生管理办法》，规定"高等学校应当对国际学生开展中国法律法规、校纪校规、国情校情、中华优秀传统文化和风俗习惯等方面内容的教育，帮助其尽快熟悉和适应学习、生活环境"[②]。

上述文件和2018年教育部制定的《来华留学生高等教育质量规范（试行）》，为来华留学生思政教育的内容和方法提供了依据。目前学界对该问题的研究主要在对留学生实施思政教育的必要性、内容、方法、途径等领域，具有代表性的学术研究成果有：《加强来华留学生思想教育工作的思考与几点措施》（金春花，2005）、《关于来华留学生思想教育工作的几点认识》（关秋红，2010）、《加强来华留学生思想道德教育的必要性及其途径》（王春刚，2012）、《如何开展来华留学生的思想道德教育》（张宗利等，2013）、《趋同管理背景下高校来华留学生思想教育问题探析》（李慧琳等，2014）、《高校留学生群体思想政治教育策略研究》（翟国，2015）、《趋同管理背景下来华留学生思想教育工作问题及对策》（何正英，2018）、《来华留学生趋同化管理的实践与研究》（伏云辉，2021）等。由此可见各高校逐渐重视将思想政治教育作为解决留学生来华面临相关问题的整体策略。

随着来华留学教育事业的不断发展和后疫情时代教育教学呈现出新的特点，在思政教育方面，来华留学生的思政教育多以隐性方式展开，相关的研究有：杨昱华（2019）、陈峥（2020）、王维丽（2021）等人结合留学生汉语类课程特性，找出对外汉语课堂教学改革的切入点，探索让留学生在学习汉语的同时，正确认识和理解中国的路径；苏瑞（2019）、邢瑞雪（2021）、李超群（2021）等人建议将思政内容与来华留学生的通识类文化必修课结合，提高国际学生对中国发展概况、历史文化及社会热点问题的总体认知，增强学生的跨文化交际能力；陈大远（2021）、臧华（2021）、温国强（2021）等人尝试采用 OBE、CBE、CDIO 教育模式，以留学生能力培养为目标，结合时代背景和国家需求融入思政教育要素；丁文阁（2020）、牛百文（2020）、郭秀颖（2021）等人提出在实施趋同化管理的基础上，积极探索来华留学生特性化的思政教育模式。

通过对现有研究的梳理我们发现，针对留学生的课程思政研究起步较晚，2019年过

---

① 高等学校接受外国留学生管理规定［EB/OL］. 2000–01–31. http://www.moe.gov.cn/srcsite/A02/s5911/moe_621/200001/t20000131_81859.html.
② 学校招收和培养国际学生管理办法［EB/OL］. 2017–06–02. http://www.moe.gov.cn/srcsite/A02/s5911/moe_621/201705/t20170516_304735.html.

国娇在《在留学生教学中开展课程思政的教改探析——以"中国概论"课程为例》一文中首次提出；面对数十万计的来华留学生，当前的研究规模较小，截至 2022 年 2 月，相关期刊文献仅 89 篇；研究内容较为片面，没有较成体系的实施方案，也多偏重于理论层面。

6.2 海外孔子学院的教学与课堂

留学生的情感价值取向是一个不断内化的过程，学生必须经历理性和感性的反思过程，才能将目的语的语言和文化转化为自己信奉的内化价值。我们在提出来华国际学生课程思政这一概念的同时，也要面对很多在课堂上冒出来的问题，这些问题很具体，却真实地代表了很多国际学生的困惑，有些问题回答起来很棘手。

很多来华国际学生也会问到香港和台湾问题。有些留学生会突然发问："你们都说台湾属于中国，是中国的一个省，怎么台湾人都有自己的护照呢？"当然类似的问题的解答有很多种，但是我们对此的准备并不充分。

"一国两制"是中国领导人的政治智慧结晶，世界历史上还没有哪个国家有这样和平解决国家统一的策略。对于"台独"势力和香港事件不能孤立地去解读，应该首先让我们的教师和中国学生有充分的准备去回答这些随时随地会冒出来的问题。我们国家在粤港澳大湾区的建设中离不开台湾地区的经贸参与，同宗同族的血脉联系和经济往来都在促进着两岸实质性的联结，这些都在表明我们正向和平统一的方向迈进，港澳台都是我们中华民族不可割裂的一部分，我们的文明和文化血脉有能力传承下去，最终完成祖国的统一。我们的军事力量从来不是为扩张和侵略做准备的，但是我们有足够的力量完成国家的防御性任务，捍卫国家尊严。对于这些问题的回答，可以表明我们的认知是高度一致的。

很多类似的问题在海内外不同的文化交流语境中要有不同的策略。海外孔子学院和孔子课堂中的中国文化传播可能面临的风险和成本会日益增大，相反，国内汉语强化课堂的教学可能需要更大胆地尝试和创新，而海外孔子学院的教学可能面临收缩和策略化的局面。

孔子学院在世界许多国家的建立对促进中华文化走向世界起到了巨大作用，但是也出现了一些严峻挑战，以致在某些国家的孔子学院停办，这是世界上同类性质的文化机构很少发生的现象，这已经引起了我们的反思。到底是应该由国家出面组织还是由民间出面，海外孔子学院布局是否合理，过分强调文化技艺活动是否符合当地国情民情，"孔子学院"的定名是否需要我们再去谨慎思考和推敲等问题已经引起了我们的反思。

汉语国际话语权的问题同英语还不能相比，这就说明世界还大量缺少掌握汉语书面语的真正汉语人才，背后的原因当然有些是显而易见的，但是这条路径我们要认清楚。这种思考一定关联思想观念与道路选择，是非常复杂、极具挑战的战略层面的问题。

孔子学院的贡献是不是"全方位"的，"高举高打"后的新常态发展如何构建新格局？2021年孔子学院的转变隶属关系和放权已经进入实质阶段，这也必然对高校的办学理念、战略规划和资源配置提出新要求。

孔子学院的中华文化传播和国内来华留学生的文化传播要有所区别，在国内可以对在华学生进行全方位传播，但是在海外要淡化意识形态，要把文化和语言资源知识平衡好，易于对方接受。

其实我们缺乏的还是能适应海外教学环境的教师，他们在适应之后应该能开创出文化教学的新局面，而不是被动生存。我们所派出的汉语教师必须是高质量的、能解决问题的汉语人才。目前所派的志愿者在各项素质上虽有大幅提升，但是距离我们的要求还不够。

日本著名汉语学者古川裕说他自己在日本从事的是"在外汉语教学"，所面临的问题是教什么、为什么教和怎么教的"三教"问题，不同于中国国内说的教材、教师和教学法的"三教"问题。本土中文教师会问当地学生"为什么学汉语"，这相当于商家进行的市场调查，调查一下我们的顾客需求。这个过程中当地外国教师们也会扪心自问为什么要教汉语。古川裕在2021年10月的商务印书馆国际中文教育学科建设高端论坛上曾说："我并不希望我的学生学会包饺子、剪纸，倒希望我的学生能用汉语从外国人的角度代表他们自己表述他们的想法。"其实他提出了本土教师也有教书育人的教育本质问题。这也涉及我们外派的教师能否和本土教师一起解决这个教学动力问题。但是这样的问题对中国的本土英文教师来说并不存在，谁都知道英文教学的重要性。可是汉语在海外就要首先解决这样的问题，这不是生计和生存需要的职业饭碗那么简单。

孔子学院的命名也会给当地一种推广儒家文化的印象。而塞万提斯学院和歌德学院是以文学家命名，不会给人推广哲学思想的感觉。孔子本身无可厚非，但是"孔子学院"听起来似乎并不是以一般的语言文化教学为主。

孔子学院给当地提供实用的中文教育资源的途径应该主要围绕提供中国教育、文化等信息咨询服务。我们抓汉语教学的同时应该以培养本土汉语教师为主要目的。在当地社会进行招生现在看并不科学，有些孔院的主要生源是老人和孩子。正如陆俭明先生所言，开展国际中文教育的根本目的是为世界各国建造通向中国和各华语社区的友谊之桥"汉语桥"，而不是中国文化的国际推广。

孔子学院文化教学中的中国历史故事不好讲，特别是讲给儿童和青少年的时候，要注意成人对历史的分析跟青少年与儿童的视角与感受是不同的。有些故事和历史事件中的人物性格与人格分析需要教师进行精妙的筛选，添加的枝叶要恰到好处。有些故事我们现在分析起来，似乎在英雄人物的背后都有一些诡计和狡诈，有些英雄气概其实也是一场豪赌。但是对华裔青少年讲解我们的历史又是必需的，那么哪些故事构成的元素是非常复杂的呢？又该如何拆解其中的多种精神价值呢？

苏秦和张仪的"合纵连横"可谓是一场大气象的恢宏历史故事。这个故事要从哪个角度去讲？从秦始皇统一中国的历史去切入，还是从战国时期英雄豪杰的创业史开始？这些我们从小耳熟能详的故事要讲给别人听的时候，还真的要好好构思一番。讲历史很难不做评价和判断，但是我们是不是要把这些评价和判断交给我们的华裔孩子或者是完全在异质文化基因下成长的外国学生？是否应该让他们这些第一次听这些故事的人好好去思考这些中国历史上的英雄是如何做人做事的呢？历史的魅力往往不是结果和答案，而是引发我们不断地思考。用直接给出评价和结论的方式，就会使本来充满血与泪、欢笑与悲歌的故事变得索然无味，故事要是无趣了，那学生就不会有心灵的共鸣了。这个文学和历史工程可能很少有人去做，也太难做了，这也就是我们在文化语境下所说的"传承"的复杂意义。传承不是记住，而是要把内涵阐述清楚，越来越有价值。作为汉语教师，一说出来或写出来，就会有文本诞生，而文本一旦呈现出来，就不是讲完的问题，而是一场奇妙的思维和思想旅程在不同的见解和感受中如何进行回味的讨论。很少有人会记住我们的观点和评价，但是听者会记住这段旅程的风景，就像旅行的意义从来就不是到达目的地。

广袤的国度曾经分割成无数块你死我活的战场，为了各自的权益和生存去斗争，最后都在历史的刀光剑影和血汗中提炼出了"中华民族"这样的共同精神家园，这是多么的来之不易啊。如果按照欧洲的历史发展轨迹，中国现在的版图上也可以划分出很多民族各异、文化多元的不同小国，这些在南北朝时期都发生过，但是最后又都在一种巨大的力量下汇聚成一个"大一统"的国家。元对唐宋是另一种延续，清朝又何尝不是对大明王朝的一种续写呢？异族并没有割裂我们的历史，终究都成了中华家园的少数民族，这就是中华民族的独特发展史。我们天天讲历史，但是这种历史感要明晰地讲出来的确不容易。中国的存在绝不仅仅是一个地域、一个种族概念，而是一种文明精神或"仁爱""民本"思想的载体，这才使中华文化薪火相传，历经时代更迭而从未让世界忽视过，这个民族是经历过困顿和迷思的，荣耀和智慧不是偶然产生的。如果我们不能让华裔青少年从我们的历史上找到人生经验的参照和人格的追求、找到未来情感理想和审美情怀的追求，那这个历史就没有力量，也就找不到文化的灵魂和根脉。

台湾的陈卫平在《写给儿童的中国历史》前言中曾说历史可以帮助小朋友们"打开胸怀，不再为眼前事烦恼"，这不仅仅是历史给我们的智慧，也是一个很大的命题。我们的讲述者要帮助学生"打开胸怀"，用祖先的历史经验化解我们对未来的迷惘和痛苦，这个任务是多么光荣而艰巨！

面对海外华裔汉语学习者，要把延续至今的民族文化习俗讲清楚也是一种挑战，因为很多文化传统和仪式涉及生死以及灵魂的问题。我们对本国年轻人可以讲敬天敬祖、慎终追远，但是对海外学生不能这样直接去讲概念。

我们讲中华民族热爱和平，世界上没有哪个民族说自己是不热爱和平的，同时，和平的故事背后还应该有发展的故事，只和平不发展也不行。和平的薪火代代相传，但是中国社会发展的动力源源不断又来自哪里？

以海外华裔汉语教学为例，一般华人后代有一定的汉语口语基础，但是对为何要掌握汉语书面语以及对父辈要"寻根"的情感不甚理解，对中华文化的深层认知缺失的同时对父母的期待也缺乏情感认同。对海外华裔而言，"我是谁"这样的哲学命题可能很困扰他们，是中国人还是当地人，祖籍国到底意味着什么？族裔身份的确在很多时候会让人产生困惑，其实大可不必，教师可以引导其在心理上拥有一种多了一个"精神故乡"的感觉。既然多了一个故乡，就需要多一种精神智慧，这也是一种注定和宿命，因为民族特征不同，需要华裔在家庭和宿主国之间有多种生存智慧，这不是文化缺陷或认知混乱，而是上帝的一种偏爱。

所以我们可以想象，海外华人汉语教师的任务是很复杂和艰巨的。对于海外华裔后代而言，文化传播的任务似乎很清晰，但是具体整理出来，可能内容还是聚焦于古代中国的优秀传统文化，但是如果讲的东西没有现实生活的指导力，也就没有说服力，文化的吸引力和感召力就毫无体现。既然我们说中华文化是有生命力和生产力的，那么教师的思想源泉就不能枯竭，否则就会面临只能讲古代而不敢讲当代的困境。

中华传统文化和社会主义先进文化之间的中间发展状态是一个什么文化逻辑，这是很多人在思考但是却很难归纳的问题。如果这个中间发展状态有问题，那么人民生活是如何发展到今天这个程度的？只靠管理和法制显然不是社会发展的主要成因。对他们把共和国简史讲好也不容易，如何把抗日战争后的90年的历史讲清楚，这也是教学功夫。

中华优秀文化和社会主义先进文化之间的内在联系应该是什么？从新中国历史的起点发展到如今的新时代中国特色社会主义文化的进程应该如何描述？这不是小问题。如果不讲这些，共和国简史就很难讲清楚。如果直接用历史唯物主义和辩证法等概念去灌输，可能就不是讲故事的话语，因为唯物主义和辩证法在中国古已有之，是我们的文化法宝，但是在当代话语的转换中还需要新的智慧和实践。对我们本国青少年的教育来说，有学者指出要把"革命文化"讲清楚，因为中国革命历史是新中国从成立到发展的前提，"革命文化"恰恰是传统文化和当代文化承前启后的部分，是这个中间发展状态的最核心部分。传统文化具有宝贵性，革命文化体现了我们现代文化的先进性，在革命历史的进程中反映出我们这个民族的文化立场，折射出我们的中国价值和主张。这是内容的创新，革命文化会涉及很多立场问题，在给国际学生讲解时要同本国青少年的教育有所区别。比如中国传统文化中的一些成分在历史上限制了中国科学精神的发展，这种立场很明显，也是毋庸置疑的，大可不必遮遮掩掩。

教育和教学是有区别的，教育是情感和心灵的付出，教学是具体的技能。作为教师尤其是语言和文化教师，一定要时刻记住我们是用教学去完成教育的使命，否则教学就失去了动力和目标。用教育的情怀去教学，就需要师生双方不断去创造、创新。

面对来华留学生的文化传播，"历史中国"我们可以不断地以高校课程体系建设为依托进行阐释，但是"当代中国"的文化发展和"未来中国"的文化形象还需要经济建设和社会建设作为背景，通过经济和文化生活的深刻变化促使国际学生在高校内感受中国生活在前进中的活力。

在海外的语言教师还是要讲好中国哲学：比如2021年的国际中文教师资格证面试中就有两个问题提得很好：①在教会大学上高级汉语，教师要讲孔子，学生说拒绝任何宗教传播；②教师讲中国人望子成龙望女成凤，希望子女有好工作，引发外国学生审辩式思维的反对。这些问题引发了原本就存在的文化偏见的凸显，教师在回答时要审慎。

民间交往到底要怎么办，面对华裔孩子和国外孩子可能还是要区别对待。美国的不义之战——贸易战、科技战和媒体战几乎是极限施压，意识形态越来越敏感。但是意识形态和文化情感又是紧密相连的，以古喻今这种文化隐喻越来越难，要从民俗生活中找出美好情感，找出中国的人和中国的事，这些同语言教学融合起来就非常有意义。对刻意反华污蔑我们的人要斗争，但是要把教学策略和生活场景区别开。

要努力赋予中国文化以能接受的色彩，或者去改变文化的色彩。我们真的很难知道一个个体学习其他民族的语言的动机。跨越边界比跨越文化更难。因为每个教师都已经给了自己一个文化定位了，本身就是各类边界的交叉点。我们对教育的理念、汉语教学以及中华文化的观念都是给我们的教学行为制定了各类边界。这些都是海外孔子学院教师要意识到的问题。

我曾经在几次面对海外孔子学院教师的培训中讲过很多文化传播的注意事项。首先我强调了汉语并不难学，教师要突破这个藩篱。语言是有力量的，历史更要有力量，文化是力量之魂魄，所以要把这几种力量合在一起，像学习功夫一样来克服汉语汉字的"难"。

其次，国外的孩子们其实也可能关注中国学生的日常，日常生活才能吸引人们思考。文化在国际间传播越来越有风险，如何规避？不是不做，而是要想好怎么做。社会生活不断改变，青少年喜欢网络视频，可以在对话和生活中去挖掘素材。现在有很多影像资料，教师可以去CCTV9网站下载一些好的片段，自己编成课文，把重要的目标词讲一下，这样就形成了因地制宜的教材。这个时代不适合按部就班地讲一部教材，要把教材变成师生自己的教材，而不是让现有教材成为教师和学生的障碍。很多老师要别人的课件，如果是批评的话还可以，但是如果直接使用别人的东西也会失去自己的教学自主权，应该自己用心跟学生共同制作课件，因为只有你知道你的学生要什么。我曾经播放过一个中国10岁的学功夫的孩子和26岁学功夫的青年在寺庙中和社会中所接受的考验和经历的迷惘，这样的故事很感人，因为很真实，跟电影中的侠客故事不同。

韩国小说《82年生的金智英》被改编为电影并引发热议，可见这个时代我们还在深入地探讨男女平等和女性在社会的独立与人格尊严的问题，这是老话题了。我们的《你好，李焕英》也一样，也是在讲母爱，也是老话题，新时代的老话题总是给人新的教育意义。《菊次郎的夏天》也表现出一种男性的"母爱"，但是这并不仅仅属于日本文化。贾玲其实讲了一个最好的中国故事，谁不知道自己的母亲最可爱，谁没有失去至亲的永生的痛苦和遗憾？但是偏偏她讲出来了，一个中国式的穿越和最现实主义的超现实主义，导出了一个最不像电影的电影。讲一个笑话让你哭，让喜剧有了悲剧的力量，我们语言教师也应该有这种转化教育的力量。我们很多人面对的是华裔的孩子，这道文化菜肴很难烹制也很容易烹制，但是教师的本事是熬制出来的。

我们的课能不能像电影一般，让我们的学生永生难忘。因为教师有话语权，即教育的话语权，请珍惜这种权力和权利。

最后，一些故事本身会体现出我们自己是什么人。比如，秦始皇是不是英雄？恺撒是不是英雄？两个人可不可以对比，屋大维呢？后唐李煜的故事怎么讲？只要是中国人谁不知道"春花秋月何时了""一江春水向东流"？这不就是我们的灵魂所在吗？我们就是这样慨叹年华和一世繁华的啊，怎么能不讲呢？诗词大会也是大众文化。苏秦本身就是草根，是穷小子，受到亲人冷落，但是发奋苦读取得了成功。张仪和苏秦的人格和策略本身就很中国化，容易引起误解，认为心机太多。同时问题也出现了，战争能不能解决问题，如果不能为什么还要有战争，为什么不能由正义和和平来主持公道呢？再比如"纸上谈兵"，赵括的母亲知道自己儿子的弱点，而赵王为什么不信呢？

BEYOND乐队的经典作品《Amani》，不就是和平之歌吗？这样的歌曲是不是可以教给你的学生呢？我想完全可以，这些都不要期待有什么现成的教学资源平台，而是我们自己来组织，其来源就是我们丰富多彩的历史和现代人文资源。

被编成的京剧故事都是几经提炼的，或者说戏曲故事是生活故事的高度提炼，是每个民族最有张力的剧本。

京剧演员的故事本身就非常感人，比如梅兰芳大师的故事，中国第一部电影《定军山》的主角谭鑫培先生的故事。这些故事是真实的，是有历史影响意义的。

海外孔子学院中国故事的选择还要面对精英文化和大众文化的筛选。小野丽莎的音乐传播，是大众文化还是精英文化？《波萨诺瓦》和《夜来香》本身就是大众文化，但是这种改装和明星在社交媒体上的传播，普通人是做不到的。抖音汉语的传播也是值得挖掘的。我倒希望一些海外汉语教师成为网红，网红拥有的不是一般的能力，网红是大众文化的精英。如果我们能经营好一个账号，无论是在Youtube还是Facebook，我们的传播就是具有一定意义的文化教学，因为我们有了受众，并不是欣赏一段古琴就是精英文化或中华文化的传播了。再如，国外也有广场舞，为了避免误会我们或者应该把"广场"这个词换掉，在教学时采用健身或娱乐等字眼儿。《弟子规》可以进教材，《千字文》也许也可以编进教材，哈佛的文学课可以让学生翻译孟子名篇，我们的古文教育和成语结合起来，也是精英文化的课堂教学。

在中国文化形象的阐释上我们还缺乏创意，缺乏不断更新的外围资源。在海外的文化宣传上不能只依靠中国菜、功夫、剪纸、长城等文化标识，更要依靠我们的科技创新故事、我们中国制造业的新发展和中国巨大的数字贸易资源优势等新案例。我们还要不断地面对被曲解和质疑等问题，如民主、人权、政府强势、民众言论不自由、中国人太功利等长期存在的负面误解问题。在民间交往中很多中国学生被留学生问到我们不开放Facebook和谷歌等软件平台的原因,其实这是全球在数字信息时代的竞争特点所致,我们优渥的数字资源不能拱手让给第三方,这些很容易解答的常识却被误认为是我们的意识形态问题。

我们强调国家的传统文化具有独特性,这种思考方式我们已经秉承了很久。但是现在来看,"独特"并不就是一种优势。我们在介绍民族传统音乐时离不开展示一些经典曲目,但是这些曲目有特定的审美习惯积淀下的审美要求。我们已经看过很多用西方乐器甚至电吉他演奏中国古琴曲目的表演,也见过民乐团演奏西方的交响乐,但是这些在表现力上一定是有差异的,有些曲目就不适合。当然我们的汉语教师不是演奏大师,不能要求我们每个人都中西合璧、表演得美轮美奂,但是可以在文化教学中养成这样的审美心态,遵循艺术规律和特定艺术品类的审美特征,将这种类比心态或具有转换色彩的尝试融入我们的教学。如中国民族舞和西方 Break-Dance 等街舞带给人的审美冲击是不同的,我们的舞蹈语言是极其细腻的,情感是相当热烈的,但总体是一种有序的抒发,很少有像后者那种跨越性和破坏性的爆发,但是我们并不能因此就断言中国民族舞要优于西方现代街舞。

我们承认东西方文化差异的同时,在很多文化层面上也可以寻找或提取出趋同性。中国的《论语》也可以看成我们的道德圣经;即使是我们的功夫和原始神话,包括一些历史原型,都有一些跟西方或其他东方国家相通的部分;"宫斗剧"、《权力的游戏》在每个国家都可以找到,公与私的对立、理性与感性的关系、"己所不欲勿施于人"等命题都有着我们人类共同借鉴和取舍的价值。我们要注意的是,不能总是想着一些文化特质是中国独有的,这容易使我们的教学走向一种极端和困境。我们有书法艺术,但是几乎所有的语言都有书法训练,要从共性中看出我们书法艺术的不同特征,不能首先强调不同。这种思维或思想不能直接讲给海外青年学生,要进行编码转换,要变成新的故事引入,又要和语言教学相融合。在教学中我们会遇到一些内容较深入但是故事本身却极其精彩的元命题,比如辩证法和思辨色彩等问题,庄子的"子非鱼"和"庄周梦蝶"等都触及人类认知中的逻辑学,这些元命题都是给一个民族的青少年建立哲学和逻辑基础时要讲的故事。无论我们科技如何发达,信息如何丰富,古希腊苏格拉底与庄子等哲学先贤们的问题都永不过时,每一代人在提升自我认知时都会再思考一遍他们的问题:道德和智慧如何获得、"庄周梦蝶""子非鱼焉知鱼之乐"等这类故事值得我们长久思考。

以茶道为例,对中国文化中的茶我们可以有很多种展示方式,但是很多年轻人很难理解到"茶韵"。一讲中国文化我们就离不开茶,茶道在很多人心中都有多元解读,但是作为教师在讲解茶道和茶文化时,我想每个操作者都会有不同的切入点。茶是茶文化的载体但不是感受主体,喝茶的人才是受用主体,我们是否应该注意这种感受体验,而不是不厌其烦地讲茶的种类和发酵烘焙工艺。

古诗中的"溪花与禅意,相对亦忘言"是一种什么境界呢?这样的审视世界的生命体验也并不是中国人所独有的。我们如果认为这种生命体验是人进入社会认识社会现象的一种历史视角，是对当下人生境界的一种独特理解，那么这些人生感悟都是人在尝试与社会和自然建立各种和谐舒适的产物，也是"天人合一"境界的广泛投射。

我们都很珍视那种初见中国文化就着迷的可遇不可求的事例，比如有的外国留学生初见京剧就痴迷得不得了，然后到北京戏曲学院去留学学习京剧。这种对异类文化的迷恋在个体中发生的概率并不高，只有个体生命中的某种契机来到时才会将喜爱付诸行动。从教师的角度反思，我们从事教学的都希望给予学生这种生命中的厚礼，在教学中要探索这种"可遇可求"的高概率发生。

6.3 来华留学生的思政界定

"留学生课程思政"现在终于进入了我们国际化教育的视野。

在上方提到的来华留学生课程思政研究中，大量学者提出结合文化课展开对留学生的思政教育，究其原因为两者具有天然的适配性。留学生来自不同的国家，有着相异的文化背景，对了解中国文化有着不同程度的需求和目的，通过文化的教学能帮助留学生获取知识，同时适应新的环境。文化里还蕴含了丰富的教育智慧和思政元素，且受众广，可复制性强，目前学者主要从教学内容、教学形式、教学方法等方面提出建议。例如孙岚、魏建华（2020）认为应从健全高校系统保障制度、加强传播主体的责任意识、重视课堂教育和丰富传播内容、搭建传播平台、创新传播途径几方面入手；梁珊珊和王国长（2020）通过调研广州地区五所高校得出来华留学生认为重要的文化项目排名前三的为社会、经济、政治，可见留学生对文化认知的需求发生转移；陈丽（2020）提出文化课教学内容应与时俱进，反映中国物质文化和精神文化成果，体现当代中国文化，并通过文化教学向外界展示中国新兴大国的形象；杨瑞玲（2020）建议帮助留学生树立正确的文化观，凸显多元化、包容性的文化传播理念和态度，提升文化认同感。

传统的《中国概况》《当代中国话题》《中国文化概览》等通识课能帮助留学生了解文化基本知识和中国国情，但内容上偏重于对文化本身的感知与体验，形式上局限于课堂的读概念、讲道理，整体而言较为低效，留学生经常会"不买账"。面对困境，各高校陆续尝试，形成了系列的典范做法，如上海某高校开设《今日中国》课程，以"知华讲堂"的形式，邀请中国社会、经济、文化、历史、艺术等方面的专家学者主讲，引领留学生了解中国社会全貌。又如有高校以"民俗文化"为出发点，开设"中国社会与风俗""中国风俗概观""中国民俗"等选修课程，通过风俗文化、成语谚语、寓言神话，向留学生讲述中国传统文化和优良品德。再如，高校发挥慕课的跨时空性，积极开发线上资源，形成了《中国社会与文化》《中国文化概况》《中国文化导论及经典文本选读》《今日中国概况》等中、英文课程，助力留学生或境外人士对中国发展的正确理解，避开常识上对中国社会的偏见和误解。

综上所述，面向来华留学生展开思政教育在近几年来备受关注，成为思政教育研究的新领域，并逐渐从宏观的政策解读进入微观的课程设计领域，开始了课程实践。加之文化课程的特殊性，在文化课中探索实施路径将成为改革创新留学生思政教育工作的突破口。美国著名高等教育家阿特巴赫（Altbach：1991）曾经一针见血地指出，在所有发达国家，接受外国留学生都与该国基本的政治外交政策联系在一起。①新时代背景下将中国特色社会主义道路"政治文化"纳入文化教学内容已成为不可阻挡的趋势。然而课堂没有文化实景，对文化的理解需要结合历史、哲学、逻辑和当代价值来看；思政教育没有固定模式，对留学生的引导不是价值的灌输，需要结合时代语境来看，语言理解在先，内容和思想理解在后。

思想政治教育概念本身及其内涵在不同国家是不一样的，但在维护国家主流意识形态方面有着同质性和共同性，这决定了中外思想政治教育有很大的相似性和共通性（郜厚军，2017）。思想政治教育具有强烈的时代性和民族性，任何国家的思想政治教育都是从自身出发，并在各自国家和民族的发展中发挥作用，在各国的说法不尽相同，有公民教育、道德教育、义务教育等。

6.3.1 美国的思政教育

美国重视民族教育和道德教育的培养，提出要构建美国精神，强化全国的道德教育，提高美国公民的整体素质和水平，培养具有美利坚精神的"合格美国人"，促使公民形成对美国政治体制、经济体制的强烈认同感以及对美国国家、民族的自豪感和归属感。

美国是一个以多元文化并存为特征的移民国家，注重培养公民民主意识和社会责任感、公民参政议政意识及能力。美国核心价值观中的诚信、勇敢、忠诚等教育也是深入公民人心的，高校的道德教育除重视公民教育课程以外，还把其渗透到心理学、经济学、政治学等学科当中，在显性课程和隐性课程中都公开地支持美国的主流文化，以此来消除文化的差异，使学生适应美国社会的主流文化。

学生种族与文化背景的多样性会影响到教学、学习及师生的行为，如何从教学上做出有效回应，是美国教育面临的一项严峻挑战。与中国留学生一样，人文历史类课程也是留学生了解学习美国文化的必修课，例如《美国历史》《人类学》《美国文学》等，这些是通识教育最基础的部分。《美国历史》任课教师会带领留学生通过合作学习、口述历史资料、参加电视节目等多种途径，批判性地来调查文化历史，让他们在实践过程中自觉形成敢于质疑、挑战的素养，这也是非常具有代表性的美国教育文化。哈佛大学哈佛学院前院长哈瑞·刘易斯在谈到哈佛的本科教育计划时强调："作为美国公民，学生应该理解民主社会

---

① 夏人青，张民选. 高等教育国际化：从政治影响到服务贸易［J］. 教育发展研究，2004，24（02）：23-27.

的基础；作为在哈佛读书的外国公民，也应该了解美国制度中弥足珍贵的价值观。"[1]从这一点上我们就可以看出美国对国际学生的思政教育强度。

6.3.2 英国的思政教育

树立"核心英国价值观"是英国留学生文化教学的育人要求，经过几百年的发展，在学生、校园、社区的综合作用下，专业知识传递与价值观引导协调并进，以相互渗透的方式存在。

早在20世纪80年代，英国政府就明确承认英国是一个多元文化社会，并积极倡导学校开展多元文化教育，促进学生对不同文化的理解，以实现教育权利和机会平等（吕耀中，2014）。20世纪90年代，全球公民教育兴起，英国把全球公民教育纳入公民教育体系中，旨在培养公民的全球意识，是应对全球化和多元文化发展的积极行动。2000年，公民教育引入中小学课程中，2002年，公民课成为英国中学阶段的法定必修课，公民教育成为英国国家课程体系中的一门基础学科，主要包括以下几个方面：民主；法治；个人自由；相互尊重和包容不同信仰的人以及没有信仰的人（仝耀斌，2020）[2]。

在《从经济收益到学生体验——英国高校留学生政策转向述评》一文中，丁笑炯（2011）指出英国在历史上通过两期"首相行动计划"，使留学生教育从追求"数量"提升到"质量"，利用社区、家庭提供就业、实习等辅助，并且对留学生和承担留学生帮扶工作的人士展开调研，了解他们对留学生教育的满意度，以便及时调整教育方案，力求全方位改善留学生留学体验。在《英国外国留学生教育管理及对我们的启示》一文中，徐海宁和张务一（1996）指出英国留学生的管理和服务由学校承担教学相关的内容，全社会参与共同承担德育和文化教育的任务。

6.3.3 日本和新加坡的思政教育

日本和新加坡尤为注重留学生公民意识的培养。众所周知，日本奉行教育立国的政策，在"二战"后迅速发展为世界重要的经济体，在1985—1987年间出台了一系列公民教育相关的文件，并于两年后出台教学大纲，强调公民教育的重要性（杨晓，2017）。早在20世纪80年代初日本就实施了"30万留学生计划"，服务于日本的国家形象构建，日本的公共外交措施涵盖了留学生入学前、在校期间和归国后的各个阶段。日本高校思想政治教育注重采用隐性教育的方法，提倡多学科交叉融合、密切配合形成综合效应。例如大阪大学开设《全球化人类学》课程，不仅涉及人类学的基本专业知识，还涉及全球化视野下世界公民意识的养成。在留学生归国后，日本还会通过各类跟踪服务工作与留学生建立

---

[1] 刘易斯.失去灵魂的卓越：哈佛是如何忘记教育宗旨的[M].侯定凯，译.上海：华东师范大学出版社，2007：英文版序言.
[2] 仝耀斌."英国价值观"与英国公民教育的实践反思[J].思想政治课教学，2020（12）：83-85.

长久的关系。

与中国有相近文化传统的新加坡，较为推崇以儒家文化提高公民意识的方式，思想政治教育以培养"新加坡人"为目标，要求全体新加坡公民要认同"一个国家和一个民族"（丁嘉，刘峰，丁平，2020）。新加坡1991年颁布了《共同价值观白皮书》，在小学阶段使用《好公民》一书作为教材，中学阶段开设《新公民学》和《公民与道德》等课程，大学阶段集中体现为"精英教育"，高校安排与公民教育相关的选修课，除涉及共同价值观教育之外，更为强调大学生的国家责任意识教育。例如南洋理工大学开设《转型中的新加坡社会》《全球化背景下的社会问题》等课程，主要介绍新加坡的社会起源、种族关系、思想意识形态、家庭等方面内容（王利雪，2013）。这些教育内容也在不同程度上辐射到留学生课程体系。

可见，思想政治教育因各国国情和社会制度的不同而存在差异，但其教育目的均为增进留学生对宿主国的政治理解、社会认同和对留学生主流价值观的培养，各国之间既有特性，又有共性，这对加强和改进我国的留学生思想政治教育有一定的借鉴意义。

有人指出关于"留学生思想教育的具体内涵是什么，用什么术语指称"这一问题，当前研究界还有不同认识。思想政治教育、思想道德教育、道德素质教育、德育、思想教育等提法均曾见于研究者的文章中，对内涵的界定尚未达成统一。

也有教师撰文采用来华留学生"思想教育"的提法，但是做出了界定："留学生思政属于情感和意志品质范畴，不涉及政治或意识形态问题，其具体内涵是指在留学生培养的全过程中，在课程学习、能力养成基础上，用潜移默化的方式对留学生的意志品质、情感情操、心理健康等方面产生积极、正面的引导和促进，目的是实现'知华、友华、爱华'并学有所成的教育目标。"[①] 笔者对此持保留意见，因为不涉及政治或意识形态就没有所谓思想教育。

探讨来华留学生思想政治教育是当今时代发展和教育改革的迫切需要，具有十分重要的理论价值和现实意义。在全面推进课程思政建设的大背景下，来华留学生的课程思政被提上日程，这既是"趋同化管理"的题中应有之义，也能通过思政教育更好地服务留学生的教学和管理。探索来华留学生课程思政的路径是推动高校思政工作、教育国际化和国际学生教育内涵式发展的必然实践，是中国故事深入阐释的必然结果。

"留学生课程思政"是党和国家对高校思政工作的新要求，是促进高校思政工作向"全"覆盖的应有之义。因此从课程思政的基本概念入手，明确概念后，再分析留学生课程思政的深层内涵。本章主要对我国高校课程思政的概念及其向留学生课程思政领域的延伸进行解读，为后续研究提供支撑。

"留学生课程思政"的出现，是留学生教育管理需求和高校课程思政概念延伸的共同

[①] 李怡. "课程思政"背景下高校来华留学生思想教育理念与方式探索[J]. 科教导刊，2021（34）.

作用。从留学生教育管理需求的角度出发,留学生在华的学习生活出现"环境不适产生心理困惑""法律、规则意识不够强烈""观念不同导致矛盾频发"等诸多问题(薛梅,2020)。各高校希望能通过加强留学生教育,寻求一条共通的途径,为改善留学生教育管理中的问题提供思路,于是从"趋同化管理""文化认同""文化传播"等角度的探索应运而生。自课程思政的概念形成以后,逐渐被留学生教育管理者接受采纳,并在高校教育教学中付诸实践。

至于文科的交叉问题,以后的语言教学也会面对更多的交叉学科。仅仅靠对外汉语的教学去满足来华留学生对汉语和跨文化适应的需要是不够的,也需要民族学、人类学、社会学和国别区域研究逐渐跟上。对大多数高校而言,留学生数量与中国学生相比较少,且留学生从小接受不同文化的涵养,高校对留学生的思政培养没有硬性要求,一直以来未受重视。从课程思政概念延伸的角度出发,"来华留学生"是高校"学生"的组成部分,课程思政理应覆盖留学生群体。

参照上述的两个逻辑,本书将"留学生课程思政"定义为:在中外学生"趋同化管理"的模式下,全面贯彻落实高校"立德树人"的根本任务,构建面向来华留学生的全员、全过程、全方位育人格局,将各类课程与留学生思想政治教育同向同行,形成协同效应。经过各高校的探索实践,来华留学生的思政教育呈现出如下特点。

第一,将思想政治教育融入学科教学中,以专业课为载体开展隐性或柔性的中国概况、哲学思想、审美情趣、道德规范、价值取向等教育。如南昌某高校将疫情"危机"转化为开展思政教育的"契机",在《高级英语》课程教学过程中插入中国疫情防控的内容,对中国抗疫过程中采取的措施和取得的成果进行宣讲,在传授专业知识的同时,塑造学生价值观、培育学生家国情怀,凸显了来华留学生思想政治教育的实效性、现实性和信服力。

第二,将思想政治教育融入校园活动中,通过加强校园文化建设,丰富活动内容和活动形式,搭建中外学生跨文化交往的平台,让思想政治教育既"有意义"也"有意思"。例如举办汉语语言知识能力竞赛激发留学生的学习热情,举办国际文化节促进对异域文化的包容,举办中外学生共度传统节日的活动增强对中华文化的人文理解等。

第三,将思想政治教育融入社会实践中,以第二课堂为依托,从知、情、意、行等多方面进行留学生思想品德教育。如北京某高校在《北京市生活垃圾管理条例》实施后,推出多语种垃圾分类宣传教育短片,帮助在京留学生全面了解北京市垃圾分类的相关知识和理念,倡导来华留学生在实际生活中做好垃圾分类,增进来华留学生对中国社会文明的认知。

总的来说,目前各高校在推进留学生思政教育工作时,主要从隐性课程入手,将思政元素融入不同专业课中,通过专业知识与思政元素的互动,开展留学生思政教育教学实践。

6.4 留学生教育"三进"工作开启探索

2020年5月,习近平给北京科技大学全体巴基斯坦留学生回信,写到希望留学生多了解中国、多向世界讲讲所看到的中国。① 随后中共教育部党组发布《关于学习贯彻习近平总书记给北京科技大学全体巴基斯坦留学生重要回信精神的通知》,提出要加强对来华留学生中国法律法规、国情校情和文化风俗等方面的教育,增强来华留学生对中国发展的理解和认同。② 2021年6月,习近平总书记给北大留学生的回信中,提到了解中国国情和中国共产党历史对留学生了解中国的过去、现在、将来十分有益。③ 可见在华留学生对中国社会治理的解读是"讲好中国故事"的基础,是中国对外形象的机遇和挑战。真实的、立体的、全面的解读将为培养新时代国际传播人才提供示范路径;错误的、曲解的、带有偏见的理解极易导致"低级红""高级黑"的认知误区。

为贯彻落实高校课程思政建设,发挥好每门课程的立德树人作用,提高人才培养质量,各高校结合教育教学实际推进习近平新时代中国特色社会主义思想"三进"工作。2019年,《习近平谈治国理政》多语种版本进高校、进教材、进课堂(以下简称"三进")第一批试点工作在北京外国语大学、上海外国语大学、四川外国语大学展开,为打造中国特色对外话语体系提供了教学参考。2020年,《高等学校课程思政建设指导纲要》中将中国特色社会主义和中国梦教育、社会主义核心价值观教育、法治教育等纳入思政教育的内容,这与留学生趋同化管理的要求和留学生适应在华生活的需求不谋而合。2021年7月,笔者所在学校北京第二外国语学院作为第二批试点院校开始进行《习近平谈治国理政》"三进"工作项目,汉语学院在中高级汉语综合和阅读课中都融入了"中国之治""中国道路""中国共产党为什么行"等内容的讲授,并同步进行《智慧汉语——当代中国话语解读》的教材编写。

传统上我们认为思政教育的对象是中国学生,近年来对留学生课程思政的关注刚刚起步,且现有相关研究多为对宏观政策的把控,少有结合高校具体案例的分析。本书的资料获取方面有上海外国语大学国际教育学院的2020年"三进"课程方面的课题教学资料、笔者所在学校北京第二外国语学院的"三进"工作实施方案和汉语学院"智慧汉语系列"教材编写,加上《北京语言大学全面推进本科教育课程思政建设实施办法》,均为目前留学生思政教育教学最为前沿的一手资料。

长期以来,我们对来华留学生的培养基本是结合派遣国需求及留学生实际要求,教育

---

① 习近平给北京科技大学全体巴基斯坦留学生回信[EB/OL]. 2020-05-18. https://www.ccps.gov.cn/xxsxk/zyls/202005/t20200518_140355.shtml.
② 中共教育部党组关于学习贯彻习近平总书记给北京科技大学全体巴基斯坦留学生重要回信精神的通知[EB/OL]. 2020-05-27. http://edu.china.com.cn/2020-05/27/content_76094880.htm.
③ 习近平给北京大学的留学生们的回信[EB/OL]. 2021-06-22. http://www.xinhuanet.com/politics/leaders/2021-06/22/c_1127586707.html.

引导他们掌握所学专业的基本理论知识和实际应用能力，同时了解中国和对华友好。教育管理遵循的方针是学习上严格要求，认真帮助；政治上积极影响，不强加于人；生活上适当照顾，严肃管理。① 近年来课程思政已成为国内高校课堂教学改革的一个重要内涵和导向，高校学生思想政治教育"孤岛化"困境不仅存在于思想政治教育与通识教育、专业教育之间，还存在于中国学生与来华留学生之间。面对留学生群体，一方面无专门的思政课程，很多高校在十几年前还去掉了国际学生的政治理论课程；另一方面授课教师对留学生培养目标的认知存在偏差，认为思政教育是水到渠成的事，不必另外开课，其实这种做法是不愿意做实践探索。作为中国特色社会主义高等教育体系的组成部分，来华留学生教育理应坚持把"立知华之德、树友华之人"作为培养的中心环节，与中国大学生的教改目标同向同行。

针对上述问题，一些高校开始进行课程实践，共识是课程内容要反映时代特征，要注意政治话语传播效果和方法。疫情后国内外形势、留学生结构、教育教学方式均发生较大变化，但是从"文化理解"到"社会政治解读"，再到对"中国之治"的认同和传播，这条路径已经越来越清晰，突破了以往知识讲授的局限。通过课程思政突破留学生与中国学生思想政治教育间的壁垒，探索出的路径和对外话语体系可成为改善我国国家形象和舆论环境的有力助攻。来华留学生群体应该是想倾听中国社会治理的方案的，因为这个群体的主要目标就是通过专业学习来了解中国。

即使疫情期间调研只能选择线上的形式进行，针对课程反馈我们还是利用问卷星平台发放了调查问卷，但线上调查问卷内容呈现上较为受限，需要回避"政治"和"涉外"相关的词语，否则无法实施。而且调研样本数量较小。疫情后大量留学生回国，除韩国学生外其他国籍学生无法来华，目前在中国境内的留学生数量有限，文中调研对象大部分来自北京几所承担来华留学生教育的高校。通过"发现问题—分析问题—解决问题"的思路，为留学生课程思政实施路径提供思路，所形成的建议重理论层面，在实践层面的论述仍需结合各高校的实际予以实施论证。

以北京高校在读留学生为调查对象，通过线上的方式发放调查问卷，回收调查问卷近百份，主要涉及以下几方面的内容：个人信息、课程思政的现状、对外传播情况。重点访谈对象为北京高校的5名高年级留学生和2名留学生管理工作者。考虑到"课程思政"的概念提出时间尚短，且留学生不易理解，在调研和访谈中均未直接提及。

6.4.1 调查对象基本情况

所调查的留学生来自韩国、俄罗斯、赤道几内亚、圣多美和普林西比、马里、委内瑞拉等27个国家，遍及亚洲、欧洲、北美洲、南美洲、非洲、大洋洲，其中以亚洲和非洲

---

① 陈大远，金向阳，刘辰洁，等.基于"课程思政"理念的高校留学生培养途径探析[J].绥化学院学报，2021，41（9）：126-128.

留学生居多，分别占比为 58.6% 和 25.9%。从国籍看，因为疫情发生后国家政策的原因，调研对象中韩国学生最多，有 23 名，占比 39.7%。

调查对象中女性比男性占比高，女性为 65.5%，男性为 34.5%；年龄跨度小，平均年龄为 24.6 岁，其中最小为 20 岁，最大为 33 岁；来华时长不一，最短的仅半个月，最长的有 12 年，来华 2 年以内的均为韩国留学生。

其中本科生占比为 79.3%，研究生占比为 19.0%，预科生占比 1.7%。涉及的专业包括汉语言、国际经济与贸易、国际关系、酒店管理、旅游管理、汉语国际教育、工商管理等，其中汉语言专业占比 60.3%。

从以上基本信息来看，受访对象呈现出亚洲、非洲学生多和语言学专业学生多的特点，国籍和所学专业范围广泛，来华时长分布较为均匀，调研结果具有一定的参考性。但总体样本量较小，只能做整体的概括分析。

6.4.2 学习需求和留学生课程思政现状

在回答来中国学习的原因时，被提及最多的词是"学习汉语""喜欢中华文化""中国发展快""朋友或家人推荐""喜欢中国"，由此看出来华留学生普遍对华友好，对语言和文化有很大的兴趣。

在参与调研的留学生中，仅 14 位调研对象表示非常了解中国，其余调研对象表示希望在以下方面更多地了解中国：文化（19 人）、政治（16 人提到政治、12 人提到社会主义、12 人提到中国共产党）、历史（8 人）、就业和个人在华发展（4 人）。

在对现有课堂的了解上，调研结果显示教师在课堂上除了讲授专业知识以外，有 62.07% 涉及与当代中国、人民相关的内容，有 46.55% 涉及帮助学生个人成长的内容，31.03% 会涉及职业规划和人生规划的内容。考虑到《中国概况》等文化课是来华留学生的必修课，在此就未作为选项，只设置了国情范畴下的"当代中国、人民相关的内容"、德育范畴下的"个人成长""职业规划和人生规划"，选项内容与留学生在华的学习和生活息息相关。从调研结果看，以上三方面仍需加强。

对语言和非语言专业学生进行分析，我们发现非语言专业各项数据均比语言专业的高（见图 6-1），意味着从目前样本看，非语言专业在专业课中将以上元素融入得更好，分析可能有以下两点原因：其一，语言专业老师注重语言形式的教学，忽略对相关内容的关注；其二，非语言专业的学生往往和中国学生在一起上课，在课堂上能拥有更为中式的环境。

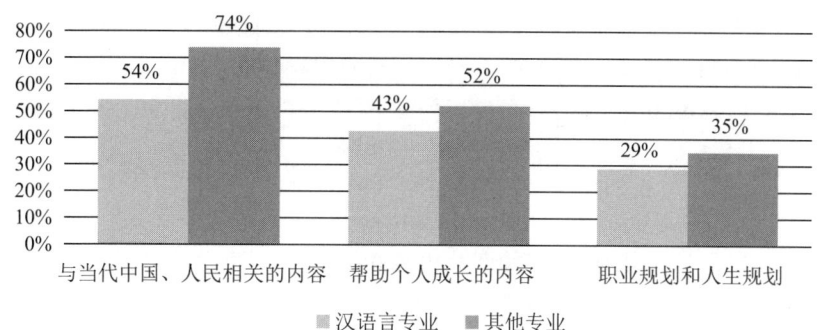

图 6-1 专业课教师授课涉及内容

按调研对象来华时长进行分析时，我们发现在来华 2—5 年的学生课堂里，教师将国情和德育都融入得较好（见图 6-2）。这与学生语言水平较高有关系，相关内容在课上展开更易于理解。值得关注的是，对于在华时间最长的群体（5 年及 5 年以上），学生反馈教师讲授过职业规划和人生规划的人数反而占比最少。但对于这个群体，他们面临着毕业、深造、求职等人生大事，需要长者对他们的关心和引导，尤其对于想在华长期发展的学生，更应加强相关的内容。

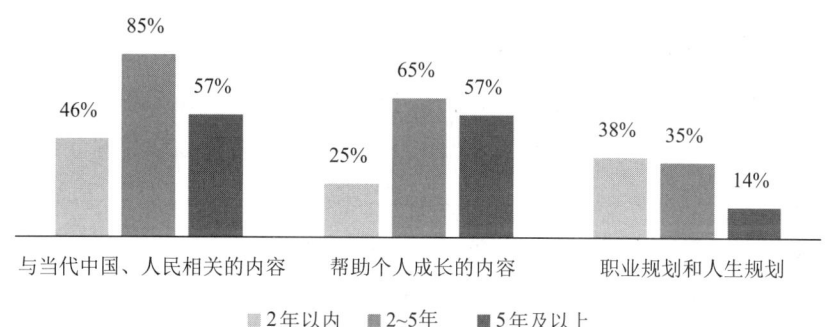

图 6-2 按来华时长分析专业课教师授课情况

当问到"听说"过哪些日常生活中常见的概念时，排名前三的是"中国梦"（58.62%的受访者）、"中国特色社会主义"（41.38% 的受访者）和"人类命运共同体"（36.21% 的受访者），并有 4 人选择"以上均没听过"（见图 6-3）。参与调研的留学生里，有 70.69%的学生认为有必要了解相关概念，但只有 22.41% 的学生觉得现有课程能很好地满足对相关概念的学习需求，29.31% 的学生认为老师能很好地解释这些概念。以上调研数据表明来华留学生对当代中国的相关概念有较强烈的学习欲望，但现有的课程和教师教授能力并不能满足。

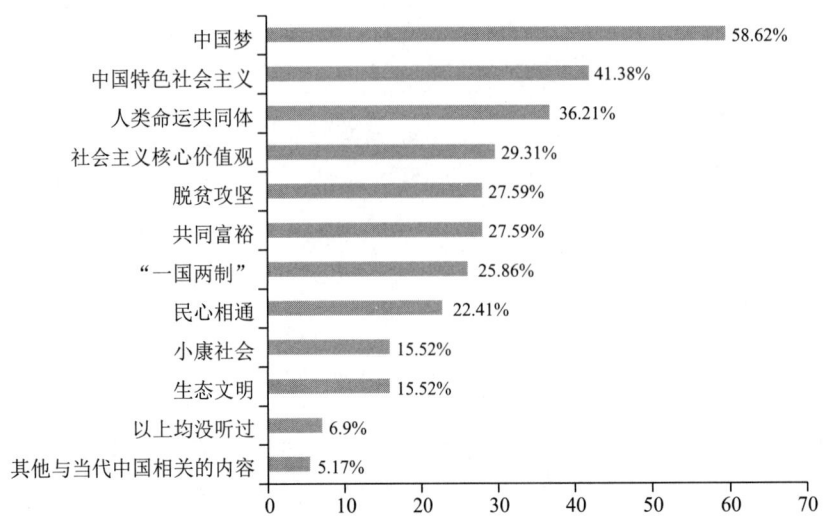

图 6-3 来华留学生对相关概念的了解情况分析

调研留学生的学习习惯时，他们更喜欢通过"与人交谈"（56.9% 的人选择）、"参加活动"（41.38% 的人选择）、"看书"（39.66% 的人选择）和"上网"（36.21% 的人选择）这几种方式去了解问卷中提及的"中国梦""中国特色社会主义""人类命运共同体"等与中国当今社会息息相关的内容。此外有 10 人（17.24%）选择喜欢"专门讲述当代中国的课程"，这一点可为今后是否需要面向留学生开设专门的思政课提供参考。

从调研结果看，当问及"身边人/母国人对中国/中国人的误解"时，有人提及"political issues""被政府洗脑，没有言论自由的国家""中国人很脏""many people think they are rude, no manners and don't follow the rules when they travel to other countries""中国人很吵""eating weird things, and that Chinese has the same looks""education system in China is very low compare to western countries""中国人很保守"等内容。面对误解，调查对象里 22.41% 的留学生表示几乎每次都会主动发声说明中国真实的情况，58.62% 的留学生有时会予以澄清，15.52% 的学生会偶尔解释，还有 3.45% 的学生表示从来不会。由此可见外界对中国还存在不少误解，在让来华留学生有意愿"对外讲中国"这件事上，还有待加强。

除了了解传播中国形象的意愿以外，我们还需要探讨对外传播的方式和渠道。通过调研我们发现，62.07% 的留学生喜欢通过短信、图片、视频的形式直接向亲人朋友分享在华见闻，有 15.52% 的留学生喜欢分享至社交媒体。使用最多的海外社交媒体有 Instagram（70.69%）、Facebook（31.03%）、what's up（24.14%）（见图 6-4）。虽然各国常用的社交媒体各不相同，但有 70.69% 的留学生选择 Instagram，可见该平台全球普及程度高，可考虑作为中国对外传播的重点渠道。

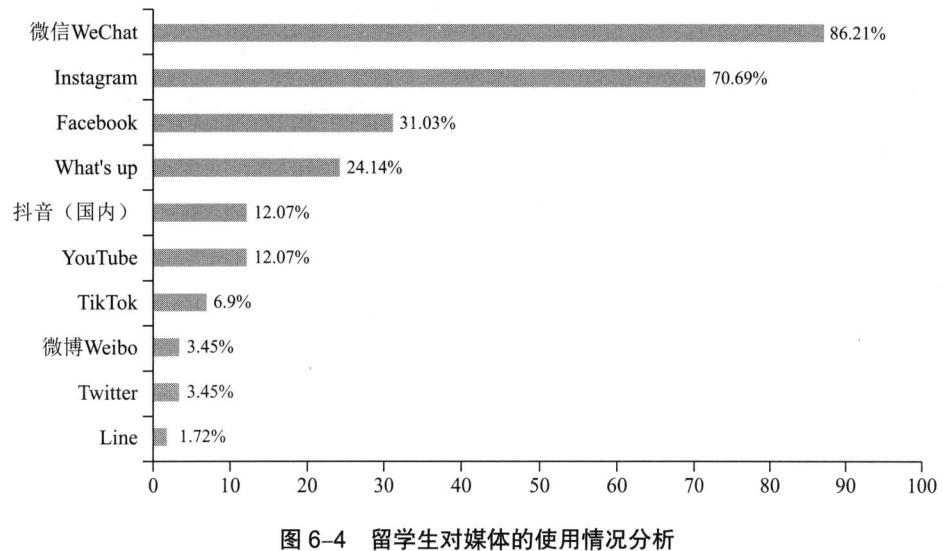

图 6-4 留学生对媒体的使用情况分析

6.5 高校来华留学生课程思政建设访谈调研

访谈对象为北京高校的 5 名在读留学生和 2 名留学生教育工作者，主要围绕留学生课程思政的必要性、执行办法、效果评价这三个方面展开。具体如下。

第一，关于留学生课程思政的必要性。

对学生的提问：你认为留学生需要了解"中国共产党""中国梦""人类命运共同体"等内容吗？为什么？

对教师的提问：你认为有必要对留学生进行课程思政吗？

5 名留学生都认为应该了解与中国政治和治理相关的内容，他们提到"每一个国家都需要一个政党来管理，了解这个政党才能了解这个国家的发展""我们会看到很多新闻，但不知道真假，只有了解了中国的政治文化，才能知道真实的情况""在中国学习，我们只有了解了中国政治，才能更好地习惯，才能知道中国人做一些事的原因""我觉得中国共产党把中国管理得很好，我希望我的国家也能这样，没有贪污、没有游行、没有暴乱"。2 位老师认为面向留学生开展课程思政很有必要，他们谈到"我们学校留学生很多，在管理过程中发现了各种各样的问题，很多是因为他们不了解社情、国情、校情，不理解中国人为什么这么做""留学生来中国学习，在学好知识的同时，我们希望他们也可以学到好的文化、制度、经验，带回去发展自己的国家"。

我认为中国高校对留学生的服务非常好。拿二外来说，每次留学生到北京的时候学校去接学生们回来。学校里有留学生办公室，办公室里老师们会帮助留学生处理签证、保险等问题。学校和老师们也会帮助留学生顺利毕业，只要自己努力毕业就没问题，而且拿到奖学金也没问题。

我个人的要求是想要学习中国的政治和地方政府构成。大部分接收外国留学生的学校都有关于中国汉字、文化、历史的课程，可是没有关于政治的课程。我觉得来华学习中文，学习中国文化的时候也要学习中国的政治特色。因为我是韩国人，中韩两国的政治制度完全不同，所以有的时候我无法了解中国中央政府或者地方政府的政治和行政，但是没人告诉我。如果可以学习中国的独特政治制度和性质的话，对留学生来说应该可以更深入地了解中国。

第二，关于留学生课程思政的执行办法。

对学生的提问：你是通过什么方式了解这些概念的？你觉得最喜欢的方式是什么？

对教师的提问：你所在高校是如何开展留学生课程思政工作的？你觉得较为有效的方式是哪些？

学生认为大部分是通过文化课、上网、参加活动来了解的。4位留学生都提到喜欢通过参加活动的方式。"我知道中国共产党的知识，是因为老师带我们去了中国共产党历史展览馆，我了解了中国是怎么发展的，它是中国人共同的梦想""我因为在自己国家参加汉语桥比赛拿到第一名，有了机会来中国学习。来中国以后参加了平谷世界休闲大会、全国大学生红色旅游创意策划大赛、中华人民共和国成立70周年群众游行纪念。通过参加这些活动我看到了中国有多美好，知道在很短的时间里，中国共产党带领人民取得了伟大的成就，十分不容易""我会经常参加使馆和学校的活动。世界园艺博览会的时候我去帮忙，很开心我可以帮助我的同胞了解中国，也可以让中国更了解我的国家""我学习国际关系，在课上老师讲过'人类命运共同体'，但理解不够。后来看到很多人唱《一起向未来》，还参加了冬奥会开幕式，我和很多来自不同国家的人一起排练，努力完成表演，我们就像'共同体'"。两位教师被访者则提到了通过语言课融入思政元素、打造具有思政功能的第二课堂、创造机会让留学生走入媒体视野主动发声等方式。

第三，关于留学生课程思政的效果评价。

从调研结果和访谈内容来看，留学生课程思政的开展具有较强的可行性，主要源于几个方面：留学生有了解中国、适应环境的需求，拥有一定的学习动力；留学生已有的文化课和语言课中含有丰富的思政元素，积累了一定的课程和教材基础；留学生实践活动丰富，提供了一定的实施载体。但调研和访谈同时也反映出留学生课程思政存在的一些问题。

对学生的提问：你觉得了解这些概念对你有什么帮助？

对于这部分问题，留学生的回答多倾向于表示自己可以更加了解中国，了解中国人一些行为的原因，消除误解，其中有一位学生提到"可以帮助我的专业学习"，还有一位学生提到"可以让我的国家学习"。

对教师的提问：你觉得如何评估留学生课程思政的效果？

教师在这个问题上则谈道："留学生没有专门的教学部门或者管理部门关注他们的思政情况，目前只能一方面寄希望于任课教师去尝试，另一方面通过举办活动来引导，但留学生究竟能掌握多少无法估计，不像专业课有考试，可以看到成绩，我们只能通过平时的观察，根据他们的日常表现、参加活动的积极程度进行考量。"其实对于思政传播效果的考察需要教师采用多元评价手段，传统测试和成绩显然不合适。课程思政应体现在课堂内、外两个领域，部分教师对来华留学生课堂外的情况漠不关心，忽视了课堂外的行为习惯、感情认知对课堂表现也会产生影响。教师应对留学生课堂之外的生活予以更多关注，深入进行沟通交流，及时掌握留学生的所思所想。归根结底，就是要站在学生的角度思考，弄清学生"学什么"的问题，同时，打破学科成见，在教书过程中增添育人的趣味性，进而更好地引导学生"怎么做"，学生才能不抵触、不反感、不讨厌。

调研中留学生反馈，希望在了解文化、政治、历史、在华个人发展等方面得以提升，部分高校在课程设置上、实践活动设计上有所涉猎，但未考虑留学生群体特征和个体的差异性。处于不同专业、不同学习阶段、拥有不同国籍的学生，他们的需求不尽相同。纵观已有研究成果，分年龄、国籍、专业对留学生做细化分析的研究尚未开启。

区别于思政课堂，专业课教师重"知"而不重"德"（杨金铎，2021），普遍认为教授好专业知识即完成了本职工作，忽视了"德育"的内容，且部分教师持有"思政教育是中国学生课堂的事"的观点，默认无须对来华留学生展开。上述的思维困境和认识偏差，导致来华留学生思想道德和价值观学习不足、对中国国情感知不够的情况长期存在。

区别于思政课教师，专业课教师在思政教育上"心有余而力不足"。一则教学动力不足，教师在专业课教学上很容易取得成就感，学生知识和技能的提升能及时得到反馈，而思政教育教学成果需要日积月累方能显现。二则教学能力不足，专业课讲授的是教师擅长的内容，当涉及自己不熟悉的领域时，教师会因为担心自己讲不好而选择回避。三则全员育人支持力度不够，目前高校对教师的培训较少，未有出台留学生课程思政相关的实施办法，教师在实际工作中显得吃力。

课程思政虽然更为注重潜移默化，注重学生精神层面的熏陶和行为习惯等方面的养成，但并不意味着不需要对课程思政进行评价。① 访谈中发现学生和教师对课程效果和反馈关注不够，这和留学生课程思政起步较晚也有一定关系。

思想政治教育具有复合性，留学生的思政教育工作更为复杂，是专业课教学、留学生日常管理、生活环境等诸多方面产生的叠加效应，很难区分哪些变化是由某一特定原因带来的。只有通过科学的评价和充分的反馈，才能发现课程思政实施的效果以及对学生的影

---

① 陆道坤.课程思政推行中若干核心问题及解决思路：基于专业课程思政的探讨［J］.思想理论教育，2018（3）：64-69.

响，从而做出调整，改进设计和方法。由于思想政治教育是对学生成长成才的引导和塑造，是一个潜移默化的过程，其效果具有滞后性和偶然性，不可能立竿见影，因此形成合适的评价反馈机制对促进留学生课程思政改革具有重要作用。

作为中国特色社会主义高等教育体系的组成部分，"来华留学生教育理应坚持把'立知华德、树友华人'作为培养的中心环节，与中国大学生的教改目标同向同行"[①]。通过前文对留学生思政教育现状的梳理，可见留学生课程思政正越发引起学者关注，受到高校重视。上海外国语大学、北京第二外国语学院均为外语类院校"三进"工作的试点单位，北京语言大学是大量来华留学生的"第一站"——语言进修，因此三所学校在留学生课程思政上均有较多的实践基础，下方做详细分析。

6.5.1 上海外国语大学来华留学生课程思政的概况

2019年底，上海外国语大学成为中宣部组织的"三进"（即《习近平谈治国理政》多语种版本进高校、进教材、进课堂）试点高校，实现课程思政在所有院系、所有专业全覆盖。[②] 截至2021年围绕《习近平谈治国理政》多语种版本组织相关培训研讨46场，留学生较为集中的国际文化交流学院从教材建设、教师培训、课程建设等方面形成一系列的成果。

教材建设上，针对当代中国专题课程编撰《当代中国专题》教材，教材内容主要取材于《习近平谈治国理政》（第一卷、第二卷），精选中国梦、改革开放、协商民主、经济建设、民生发展等十个当代中国治理专题。针对高级口语课程编撰《乐学汉语（进阶编3）》、《乐学汉语（进阶编4）》两本教材，在进阶3里融入中国人民个人奋斗、尊敬老人、人生意义等元素，在进阶4里融入环境治理、一带一路、人类命运共同体等元素。教师培训上，举办"汉语教学中融入习近平治国理政新理念的原则和方法"和"习近平新时代中国特色社会主义思想走进来华留学生课堂：观念、方法与途径"的培训，提升留学生任课教师的思政教学能力。课程建设上，结合"当代中国专题""高级汉语综合Ⅰ-Ⅱ""报刊阅读""高级口语""中国概况""日汉翻译""汉语精读Ⅲ-Ⅳ""公共汉语"共计8门留学生课程挖掘思政元素，融入课程教学，课程具体情况如表6-1所示。

---

① 刘严欣，于淼.针对国际学生课程思政建设的实证研究[J].教书育人（高教论坛），2021（12）：74-77.
② 上海外国语大学课程思政所有专业全覆盖[N].光明日报，2020-08-24.

表6-1 上海外国语大学国际文化交流学院课程建设情况

课程名称	对应专业	融入内容	开课学期
当代中国专题	汉语言、汉语国际教育、国际经济贸易	本课程（教材）主要取材于《习近平谈治国理政》（第一卷、第二卷），选择中国梦、改革开放、协商民主、经济建设、民生发展等	2
高级汉语综合Ⅰ-Ⅱ	汉语言	个人奋斗、环境治理、民主政治、一带一路等	1~2
报刊阅读	汉语言、汉语国际教育	中国梦、"一国两制"等	1~2
高级口语	汉语言	环境治理、经济发展、人类命运共同体等	2
中国概况	汉语言、汉语国际教育、国际经济贸易	中国历史、文化、民族政策、宗教信仰、体制优势等	1
日汉翻译	汉语言	个人奋斗、人类命运共同体、四个自信等	1~2
汉语精读Ⅲ-Ⅳ	汉语言	生态文明、"礼"文化、民族团结等	1~2
公共汉语	研究生（留学生）	《习近平谈治国理政》的相关内容	1~2

我们总结了上海外国语大学来华留学生课程思政的特点如下。

第一，推动留学生课程思政向纵深发展。

通过改革《中国概况》课程授课方式，采用1:1的同步、异步授课比例，帮助留学生在课堂内外整合思政元素相关的资源、构建文化知识体系。同时推进思政教学内容深度融入多门留学生课程，发挥协同育人效应，构建多方覆盖、类型丰富、层次递进、相互支撑的课程思政"课程链"。

第二，开设向留学生直接讲授政治文化的课程。

当代中国专题课程取材于《习近平谈治国理政》（第一卷、第二卷），专门面向留学生讲授能够反映当代中国国家治理、社会形态、价值观念等方面的内容，涉及中国梦、改革开放、民主政治、经济建设、民生发展五个方面，彰显新时代中国特色社会主义思想和习近平治国理政新理念（见图6-5）。

从课程反馈来看，该课程能较好地兼顾语言知识和学术训练。留学生通过对课程的学习，对新中国成立特别是改革开放以来中国在经济腾飞、民主建设、民生发展等方面取得的进步有了进一步认识，对中国的治理模式、治理方案有了正面的了解，对一直以来模糊不清的，甚至受西方媒体所迷惑的认识有了清醒的判断；同时能提高使用汉语书面语的能力和汉语表达能力。学生普遍表示，学了这门课才真正了解了当代中国，才明白了中国为什么发展得这么快、这么好。摘选"中国与其他国家长期计划对比"课后作业中一名来自加纳的留学生的反馈。

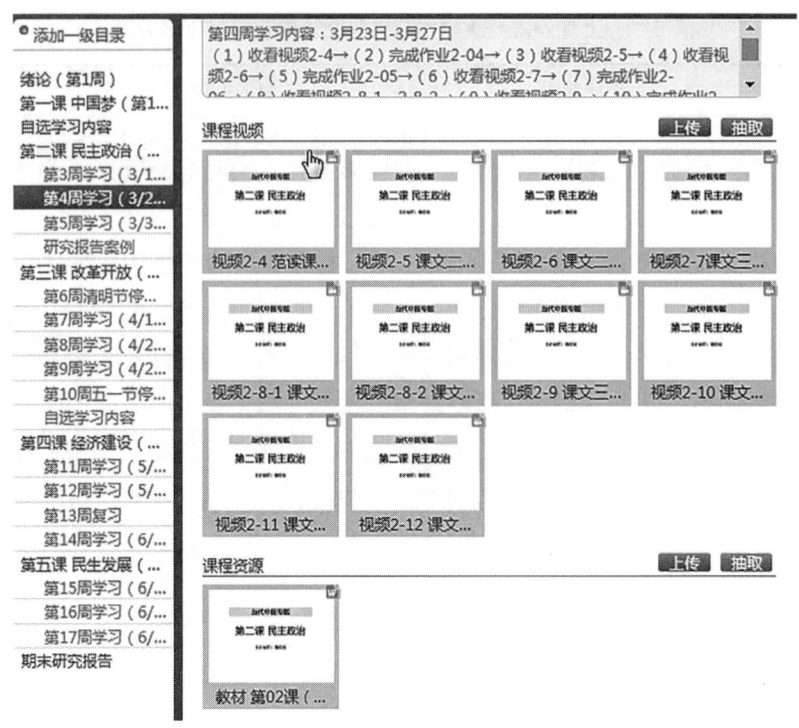

图 6-5 当代中国专题课程内容

就像加纳有七年计划，中国也有他们的计划，但是不同的是中国的长期计划是五年。五年计划，是中国国民经济计划的重要部分，属长期计划。主要是对他们国家重大建设项目、生产力分布和国民经济重要比例关系等做出规划，为他们的国民经济发展远景规定目标和方向。

首先我们要知道中国的政治制度与加纳不同，比如，中国的主要政党就是共产党，因此无论换了领导人还是没换新的领导人，都要把之前领导人有过的计划认真完成。而加纳却不一样，有各种党派，所以每个党的想法和计划不同，新上来的领导人可以随时换掉之前领导人的计划。

我们可以看到中国和加纳虽然都是对国家发展有计划的，但是因为政治和想法不同，一个最终没有取得成就，而一个取得了成就。

因此我认为每个国家应该有一个制度来统一国民意见，这样大家的思想会相当一致，而不是用国家的潜力来各做自己的。

第三，提炼课程思政有效融入专业课程的有效做法。

思政元素在专业课中的融入要自然，既要实现入脑入心的目标，同时还要不引起留学生的反感。从上述国际文化交流学院的案例中，提炼出以下做法：

合理使用例句、范文，教授典范汉语时巧妙融入思政元素。语言教学需要大量的典范例句和例文进行学习，教师在讲解语法、修辞、写作、报刊阅读等课程或语言技能训练时，可有意识地选择《习近平谈治国理政》（第一卷、第二卷）中的内容。其一，该书语言准确，文风平实，文体清晰，通用性强，是典范的现代汉语的书面表达；其二，书中的内容包含着丰富的思政元素，学生在学习语言的同时可以正确地了解中国。例如在《汉语精读》中选择以下内容讲解排比句：

> 人世间的美好梦想，只有通过诚实劳动才能实现；发展中的各种难题，只有通过诚实劳动才能破解；生命里的一切辉煌，只有通过诚实劳动才能铸就。
> ——摘自习近平2013年4月28日在同全国劳动模范代表座谈时的讲话内容

柔性解读概念、逻辑，讲述中国理念时加强学生汉语表达。语言是形式，意义是内容，形式是为内容服务的。对中国治理内容的解读不是单纯对概念的解释，而是结合留学生可感知到的社会现象和自身实际情况，剖析语言和现象背后所蕴藏的逻辑，加强学生对当代中国治理内容的正确理解，并以平等对话的形式，引导、训练学生运用汉语来表达相关内容。例如在《高级汉语综合》课程《文明因交流而多彩，文明因互鉴而丰富》一课中，引出神话小说《西游记》，通过中国佛教的传入和演变进一步说明中国文化中的包容。

客观表达观点、态度，解读当代中国时引导学生主动发声。教师通过线上线下互动、交流、分享、讨论等环节，为学生提供表达自身观点态度的机会，让学生来对融入思政内容自然地发表意见，有意地引导学生正确理解，尤其是用客观公正的眼光来看待当代中国。摘选作业及反馈如下：

作业：对于《习近平谈治国理政》中，"香港、澳门与祖国内地的命运始终紧密相连。实现中华民族伟大复兴的中国梦，需要香港、澳门与祖国内地坚持优势互补、共同发展，需要港澳同胞与内地人民坚持守望相助、携手共进"，你怎么看？

留学生反馈：我认为习近平主席的观点非常符合实际。在历史上，香港和澳门一直是中国不可分割的一部分，他们与中国紧密地联系在一起，只有中国强大了才能保证香港和澳门的发展，而香港和澳门发展了才能进一步促进中国的强大。同时，香港、澳门与中国内地各有各的优势，一起协同发展就会取得更大的成就。

6.5.2 北京第二外国语学院来华留学生课程思政的概况

留学生来中国学习，首先接触到的就是语言和文化，笔者所在的北京第二外国语学院汉语学院抓住留学生的这一特点，从2019年开始，在课程建设和教学模式创新上开启了探索。

通过对来华留学生进行大量的访谈调研，我们了解到随着留学生语言技能的不断提升和对文化理解的不断深入，他们感受到来华前后对中国的印象出现不同程度的反差，进而产生了对自身文化刻板印象的反思。面向留学生的教学从对跨文化交际的适应转向对文化逻辑的探讨,再转向对自身经历传播的第三个阶段,并向留学生自我反思和社会发现的第四个阶段迈进。2021年,北京第二外国语学院成为《习近平谈治国理政》多语种版本"三进"工作在外语类院校推进的第二批试点高校,汉语学院面向不同语言水平的留学生分别开设了《告诉你不知道的中国》《智慧汉语——中国文化解读》《智慧汉语——当代中国话语解读》三门课程,情况如下:

《告诉你不知道的中国》于2021年在学堂在线和中国高校外语慕课平台上线,面向汉语水平较低的在华留学群体和潜在的来华留学群体,主要针对留学生在常识上对中国社会生活的认知偏见和误区,以当代中国的社会发展和"你不知道的"为主,由在华留学生用汉语、英语、西班牙语三种语言介绍"留学中国、留学北京"的情况,增强对中国发展变化的正确理解,以此打破国际青年的潜在文化偏见和刻板印象。

《智慧汉语——中国文化解读》于2019年开设,2020年慕课上线并出版教材。截至2021年底约200余名留学生参与课程,主要是高级汉语学习阶段的学生。内容偏重于对中国传统文化中的哲学思想的总结和归纳,通过了解中华优秀人文精神的发展历史,去探索当下中国文化现象中映射的文化根脉。"生命""释、儒、道""佛教"等话题极具代表性,能较好地引导学生深入了解富含中国味的真理,展开文化对比和文化反思,加深对中华文化背后的逻辑理解和对文化多样化的思考、包容。该课程在学堂在线慕课平台上也有10 000名中国学习者选修。

《智慧汉语——当代中国话语解读》于2021年9月开设,目前是试点教学,同样是面向高年级的学习内容,通过直接对当代中国话语进行解读,将中国梦、中国之治与中国道路阐释清楚,增强对中国发展变化和对中国共产党的领导的正确理解。在课堂实施中很具挑战性,以往的文化课堂中极少出现"中国共产党""社会主义""中国道路"等话语,而该课程是将中国主流意识形态的话语与语言学习结合,借助语言和文化学习的两翼来实现思政教育的目的。

针对以上课程,汉语学院配备了一些社会实践活动,如组织留学生参加高端学术论坛,观摩论坛的意义要高于一般的文化活动。很多论坛活动的外溢效果是组织者想象不到的。有人认为学生听不懂,有语言障碍,但是其中的情境代入是非常重要的。学生会利用网络搜索关键词,也可以录音,利用软件再翻译出来。临场感的学习是带有突破性的,很多论坛本身就有国际化色彩,对外国留学生的职业规划有引领作用,一些用中文发言的记者和学者的语言风貌本身就有示范作用。

这些课程结合社会实践,效果反馈良好,很多留学生对中国政治的表达比教师预期的要更直接和贴切:

> 首先,感谢中国共产党历史展览馆、北京第二外国语学院汉语学院的所有

人。这次活动给留学生带来了了解中国共产党的机会和跟中国人交流的机会。作为来华留学生，在课堂上或者在日常生活中可以经常见到"中国共产党"这个词。虽然明明经常听说过，但是我并不能够充分了解中国共产党是什么政党，有哪些关于共产党的历史，等等。今天通过参观中国共产党展览馆，我获得了不少知识，同时也了解了中国共产党为中国与中国人民做出了如此伟大的贡献。我认为我们从了解中国共产党出发去深入地了解真实的中国是一种最基本又最好的方法。再加上，我们也有责任把我们在中国体会到的所见所闻传播到全世界去。我们还需要彼此分享自己对中国的观点和看法，来交流意见，共同感受中国。而对我而言，我很高兴能来到中国这么富强昌盛的国家留学。

——汉语学院　裴紫妍（韩国）

不知道自己的历史，就没有自己的未来。现代中国是什么样的？为什么变成了这样？中国人的精神、思想、行为等都有什么背景？参观中国共产党历史展览馆就知道了。

这次我校安排的活动比较特殊。一般来说，中国共产党历史展览馆不被视为北京旅游点之一，但是如果想更好地了解中国就一定要去参观。

通过观看展览厅的雕像、图画、照片、报纸和文件等，你不但可以获得历史知识，而且也可以感受到那个时代的气氛、看到那个年代的生活，有机会了解共产党获胜的原因，从而明白为什么"没有共产党就没有新中国"。一旦参观了中国共产党历史展览馆，就不得不对中国发展之途充满好奇和尊重。

这次中国共产党历史展览馆的参观活动，也让我对中国发展历程有了新的认识。

——汉语学院　娜思佳（俄罗斯）

在 2021 年秋季学期的汉语课上，俄罗斯留学生马卓然通过《汉语视听说——新时代中国故事》虚拟仿真实验学习了兰陵代村和"全面建成小康社会"的故事。如今，他就在主讲教师的带领下，和另外两位留学生同学来到了代村，亲身"验证"课堂上学到的内容。有机会和实验中虚拟人物的原型——"时代楷模"王传喜书记本人进行座谈，马卓然自称有种"不真实"的感觉。

在兰陵，留学生们开展了为期三天的调研活动。这里是汉语学院"跟我回家乡"系列主题活动中的一站，也是虚拟仿真实验负责人宋飞老师的家乡。这次来兰陵，三位留学生带着一项任务，就是以"乡村振兴"为切口，从经济、政治、社会、文化、生态文明多个角度，尽可能深入地理解发生在这里的"新时代中国故事"。我们在这里引用北京第二外国语学院官网 2022 年 10 月 11 日的要闻快递内容，可以看到课程负责教师宋飞副教授所描述的课程效果：

"因为有中国共产党"

在课上，他们就了解到了王传喜带领的村党委班子有每天早晨六点钟开会的工作习惯，基层党组织的服务意识让他们感到吃惊。此次调研，他们也已经提前了解了王传喜未来三天满满当当的日程，知道如果错过了今天，恐怕只能下一次再拜访了。7月24日下午3点，留学生们刚出高铁站，立刻马不停蹄地奔赴80千米外的代村。

按照原计划，王传喜将在代村村委报告厅向村民宣讲习近平总书记"七一"重要讲话精神。借此机会，留学生们将同村民一起，聆听王书记的宣讲，并在会后和王书记进一步深入交流。

见到王传喜，留学生们听得特别认真，聊起了代村的发展历史，也提出了自己的问题。

"我一直想弄明白一个问题，就是为什么在中国，社会主义制度就能行，能够让中国人民过上好日子"，俄罗斯学生梦力来兰陵之前就带着这样的疑问。宣讲会后，梦力认为自己的疑问得到了解答，"这是因为有中国共产党。习近平总书记说，中国特色社会主义不是从天上掉下来的，是中国共产党和人民历尽千辛万苦、付出巨大代价取得的根本成就"。

"共同富裕"从不只是一句口号

来到兰陵的第二天一大早，留学生们就参观了位于代村的兰陵国家农业公园。在课上，他们了解到这个公园每年能给代村带来3000万元的收入。真正身入其中，他们进一步体会到园区内各种现代农业景观的魅力。

"农业对中国来说是个天大的问题"，马卓然说，"我们知道，30年前中国还在使用粮票。能用30年的时间让刚吃饱饭的十几亿人都过上好日子，是一件让人难以置信的事情，但中国去年年底实现了'全面建成小康社会'的目标，中国做到了！"

"在实验中我们就知道，中国的'海水稻'的研发解决了新疆大片盐碱地的粮食种植问题，帮助当地人摆脱了贫困。同样地，代村富起来以后，新建的旅游休闲区域优先给邻村贫困户经营。不让任何地区的任何人落下，这是真正的共同富裕。"

感受中华历史文化之道

儒家思想在中华文化中处于重要的地位，荀子是儒家学派的代表人物。兰陵是荀子的故乡，荀子墓就坐落于兰陵镇。参观了兰陵国家农业公园后，留学生们来到了荀子庙，学习领会新时代儒家文化新内涵。

兰陵县东方荀子研究院院长焦子栋老先生亲自为学生们讲解荀子思想。他向学生们提出了一个有趣的问题："在你们看来，人性本善还是人性本恶呢？"几位留学生都表示自己相信"人性本善"。焦子栋解释，在荀子看来，人类族群的一大特点就是人的社会性，荀子强调人们需要克制自身的欲望，有礼才有道德，才能实现整个人类族群的共同发展。"我同意。因为'我们是人类命运共同体！'"马卓然套用了虚拟仿真实验中的一句话。其他两位同学都笑了。

焦子栋还谈到荀子的一个观点："礼者，以财物为用"，意指人们要更好地遵礼守德，有一定的社会财富是一个重要条件。李成结合这次调研的主题，认为自己理解了"全面建成小康社会""乡村振兴"的重要意义，那就是"在发展经济的基础上，实现社会各个领域的全面发展，让老百姓过上好日子"。

少年强则国强

来到兰陵的第三天上午，留学生们来到位于代村的兰陵县第十小学，开展师生座谈，同这里的孩子一起畅聊未来。

在聊天的过程中，三位留学生和孩子们互相提出了很多问题。他们发现孩子们多才多艺，很多人既对中国传统文化满怀感情，有古筝、武术等特长，又对国外的文化充满兴趣，会弹钢琴、说外语。"归根结底有一点，就是他们都热爱祖国，要为实现中华民族伟大复兴而奋斗，他们是有远大理想的一代年轻人。"梦力说道，"当地老师告诉我，无论在中国的城市还是乡村，孩子们的教育都受到极大的关注，这让我真正理解了'少年强则国强'这句话的含义。"

我为当地做点事

在紧张的调研过程中，三位留学生深深感受到当地群众和小同学们的热情，决定自愿开展"我为当地做点事"志愿活动。马卓然、李成分别有篮球、足球特长，在和十小的同学们交流后，他们分别带领同学们打篮球、踢足球。而梦力在俄罗斯时曾是一名英语教师，她则跟小同学们围坐在一起，热情交流英语学习的方法。

从兰陵县第十小学出来，留学生们到访了兰陵县网上群众服务中心。一款叫作"兰陵首发"的小小APP背后反映出的扎实有效的民主监督方式，给留学生们留下了极为深刻的印象。"兰陵首发"平台直属于兰陵县委领导，APP将这些诉求分类，派单给责任部门，明确办理时限，要求咨询类问题半天内办结，一般性问题、较为复杂问题、特别复杂问题办结的时间分别是3天、5天和7天，涉法涉诉类问题1个月内办结。这款APP的广泛应用，让群众提出的诉求全网可见，形成了解决问题的舆论压力；乡镇和部门办结后回复也是公开的，让虚假回复无处遁形。

尽管这种基于移动互联网技术的透明、高效的民主监督方式是他们前所未见的，留学生们还是提出了心中的疑问："如果遇到问题的是老人，只会使用'不能上网'的手机，甚至没有手机，他们的问题要怎么解决呢？"工作人员回答："我们将全县所有村镇像网格一样划分成了很多小片区，每个片区都有专门的'网格宣传员'，他们的职责就是帮助网格里生活的所有群众，让他们的监督意见能够有效地提出来。老人不会上网，没关系！找网格宣传员就好。"

工作人员的回答让大家内心深受震撼。调研结束后马里学生李成写道："这次调研让我深刻理解了'为人民服务'这句话，中国人民可以真正行使'当家做主'的权利。"

VR 视角的中国故事

此次调研是北京第二外国语学院汉语学院 VR "中国故事"课堂教学的线下延伸。

近年来国际社会风云变幻，特别是新冠肺炎疫情发生以来的国际局势，使得中国声音和中国故事的重要性越发凸显。但受疫情和经济形势等因素影响，不是所有留学生都像马卓然他们一样，能获得来华留学的机会。即便能够来华留学，留学生们受身份和语言限制，人际接触面有限，对我国政治、经济、社会的理解也往往难以深入。而现实生活中受访者讲述"中国故事"的能力高下有别，跨文化交流的障碍无时无刻不影响着留学生对中国的认知。急需具有沉浸式、探索型特点，同时内容高度凝练的仿真教学形式，满足国际学生来华留学了解中国语言、文化、社会的迫切需求。

针对讲好中国故事、传播好中国声音的现实需求，在学校的大力支持下，汉语学院宋飞团队研发了《汉语视听说"新时代中国故事"》这门虚拟仿真实验课程，并形成了一种创新型线上线下混合教学模式，也就是"线上沉浸式体验+线下实地调研"的教学模式。

实验以培养知华友华的国际中文人才为目标，精选了《习近平讲故事》一书中环境和经济、中国式民主、全面建成小康社会、慎终追远的传统、构建人类命运共同体五个主题，利用 3D 建模、动画、语音识别、真人虚景等技术研发虚拟仿真实验，将我国政治、经济、文化生活中的"硬道理"，用适合国际学生的语言程度设计到故事场景和互动环节中，使其在实验互动和汉语学习过程中，更加深刻地领会中国历史文化之"道"、中国改革发展之"道"、中国大国外交之"道"。

本次调研之前，让留学生通过线上学习《汉语视听说"新时代中国故事"》虚拟仿真实验中以山东兰陵代村为背景的故事，先对代村和"脱贫攻坚""乡村振兴"等概念有身临其境的了解，线下从经济、政治、社会、文化、生态文明五个方面在兰陵开展实地调研，从而帮助他们对乡村振兴中的中国智慧、中国方案从感性认识上升到理性认识,向国际学生切实讲好"新时代中国故事"。

"一直觉得我们这些住在中国的留学生,和不住在中国的学生相比,对中国的了解多得多。因为除了课文中的故事以外,我们能够亲眼看到真实的中国,可以亲耳听到真实的故事。"马卓然如是说,"让我没想到的是,虽然身在中国仍是一种幸运,但现在的国际学生也许不需要亲自来中国,也可以身临其境地了解中国的改革与发展了。"

实验负责人宋飞老师总结道:"在国际中文教育中融入中国话语和中国叙事体系,以语言为载体,在语言教学中更加充分、更加鲜明地展现中国故事及其背后的思想力量和精神力量,让学生充分理解中国主张、中国智慧、中国方案,深刻领会中国特色社会主义道路、理论、制度、文化的优势,培养知华友华的国际中文专业人才,是新形势下国际中文教育的必然要求。"

我们总结了北京第二外国语学院来华留学生课程思政的特点如下。

第一,语言、文化、思政"三融合",彰显课程思政内容的文化属性。

面向留学生的语言文化教学中充斥着丰富的思政教育内容,在实施思政教育过程中一方面以语言为工具加强对中华文化的学习和对中国之治的理解,另一方面以文化为载体加强对语言能力的训练和对当代中国的感知,并利用文化的自修性对思政元素进行隐性阐释,加强留学生对不同文化的尊重和对中国语言文化的传播,语言教学、文化教学、思政教育三者深度融合、相互促进、合力育人。

在《智慧汉语——中国文化解读》课程中,北京第二外国语学院结合对教学过程的观察和留学生的作业反馈发现,在课程的帮助下,留学生对中国文化中儒道互补、兼容并包、自强不息等人文精神的理解不断加强,在打破留学生文化刻板印象和跨文化思维定式上取得了较为明显的成效。例如在《生命的意义》一课后,请留学生结合他们所在民族或国家的传统文化教育来谈对生命的看法。几乎所有学生都提到生命可贵的观点,以对生命的共识为起点,选取抗击疫情中的真实故事为素材,达到让留学生理解中国人"舍身取义""生命至上"的义利观的目的。摘选作业反馈如下:

韩国祖先为保卫国家而殉难,所以产生了爱国心和看重国民生命的观念,不过虽然强调生命的价值,但如果危害国家的财产和国民的生命的话,就会受到严重的惩罚。

——韩国留学生

生命的价值也体现在奉献,我的国家提倡我们为他人做出奉献,奉献得越多,得到的尊重就越多,生命就越有价值。看一个人的生命价值,不是看他活了多久,而是看他为本民族做了多少事情,是否促进了本民族的进步。

——圣多美和普林西比留学生

人们会为自己的家献出自己的生命,这个家也许是小家,也可能是我们的国家。

——阿尔巴尼亚留学生

随着《习近平谈治国理政》"三进"试点工作的推进,我们需要进一步探索对留学生进行课程思政教育、讲好中国故事的具体内容和话语模式。例如讲到"中国梦"时,我们是照搬"实现中华民族伟大复兴,就是中华民族近代以来最伟大梦想"的定义,还是结合授课对象加入教师自己对"中国梦"的解读?这对文化课教师授课和教材文本呈现均有较高难度。《智慧汉语——当代中国话语解读》这门课中,教材编写时将"中国梦"解释为"对于中国人民而言,中国梦就是中国政治、经济、文化、社会和生态文明的总括性理念",对世界而言"中国梦"与"美国梦""欧洲梦"等其他国家的梦互补,"是为全人类建设公正、民主、和谐的世界秩序的梦想"。如此说明了"中国梦"里既有儒家文化的哲学基础、仁爱思想,同时还说明了中国逐渐摆脱了极端集体主义的束缚,在强调集体主义的同时也不排斥个体的需要。留学生通过对"中国梦"的学习,逐渐过渡到"中国之治"的内容。

第二,课堂、校园、地域"三结合",注重课程思政空间的社会延伸。

立足课堂,集中化、理论化、系统化地讲解知识性的思政内容,通过建立协同育人的课程思政队伍和趋同化管理机制,集中力量建设与通识课程或专业课程相融合的精品示范课,汇编可承担留学生思政教育功能的优秀教材。立足校园,有效利用第二课堂打造富有思政教育功能的学生活动,如举办入学教育、文化体验活动、汉语言文化知识竞赛、国际文化节等,增强留学生对中华文化的人文理解。立足地域,深度挖掘学习生活所在区域的思政教育资源,将课程思政与社会实践有机结合,通过参观企业、工厂、社区等极富当代中国精神的场所,全方位了解新时代中国的政治、经济、文化、生态文明建设等方面的成就。

第三,线上线下、课内课外"双联动",打造课程思政育人的闭环模式。

当代大学生是网络原住民,对互联网工具的使用和网络信息的依赖直接影响了教师教授内容的权威性,增强了学生学习的自主性,留学生课程思政形成了以教师和社会成员为引导主体、学生为反思型学习主体的"双主体"模式。"一言堂"已成为过去式,线上线下相结合才是未来教育教学的主流趋势。一方面疫情后大部分留学生在境外,课堂主阵地由线下转至线上;另一方面在慕课资源的辅助下,学生在网络上就可以完成一般性的知识学习,节省的时间用于师生、生生之间的探讨,在提升课堂效率的同时,学生自身的语言表达能力和思辨能力也得到了锻炼。

如前文所述,以北京第二外国语学院的《汉语视听说——新时代中国故事》虚拟仿真实验课程为例,留学生在汉语课上通过虚拟仿真技术学习了兰陵代村"全面建成小康社会"的故事,使学生真正走入了新时代的中国故事里,亲身"验证"课堂上所学到的内容。

2021汉语桥"游学在北京"中文训练营由北京第二外国语学院承接,由汉语国际教育专业的中外学生采用直播和录播相结合的方式,充分利用VR技术,带领60余名俄罗斯学生云游中国。走进北京高校、体验北京文化,感受学习汉语的现实意义,是疫情下对外讲述中国故事的生动实践。

6.5.3 北京语言大学来华留学生课程思政的概况

北京语言大学从2018年起全面推进课程思政建设,截至2021年共建设35门课程思政示范课程,完成《北京语言大学全面推进课程思政建设实施纲要》的拟定。对于大量的来华语言留学生,学院和国际学生管理处紧密合作,形成了良好的育人合力:汉语进修学院承担来华留学生汉语言教学,在教学中融入思政元素并探索思政育人方法;国际学生管理处则通过开展丰富多彩的活动引导留学生知华、友华。

我们总结了北京语言大学来华留学生课程思政的特点如下。

第一,整合国际中文教育思政资源,形成协同育人机制。

在国际中文教学领域,北京语言大学针对初级汉语、中级汉语、高级汉语系统地梳理教材中的思政切入点,再从《习近平谈治国理政》中选择语言素材在课堂中呈现。初、中级阶段由于来华留学生汉语言水平较低,选取能体现中国基本国情和普世价值观等易于理解的内容融入,随着留学生语言能力和对中国文化理解力的提升,选取当代中国治理话语相关的内容融入。这与上海外国语大学、北京第二外国语学院课程设计中所采用的思路相一致。课堂上遵循"不无聊、不生硬、不反感"的教学原则,采用"课文教学—中外对比—课堂讨论"的模式,把《习近平谈治国理政》中思想、战略、理念有机融入与留学生学习、就业、生活等方面密切相关的话题中。例如"小康"一词经常出现在中、高级汉语的教材中,但通过观察发现学生并不能很好地理解该词,于是在初级汉语课程中结合"当代中国人的生活方式",选取习近平总书记在全国卫生与健康大会上的讲话内容"没有全民健康,就没有全面小康"进行讲解,既帮助留学生掌握"小康"一词的含义,为中、高阶汉语言学习打下基础,又引出中国重视人民健康,通过共建共享提高全民健康水平的可持续发展观,达到知识传授和价值引领的双重目标。

2021年11月,汉语进修学院举办思政教学研讨会,研讨会由汉语专任教师和马克思主义学院思政教师共同参与,就国际中文教育领域的课程思政进行了深入的探讨和交流。会上提出在汉语国际教育领域实施课程思政存在思政效果评价机制不明确、教师在语言教学中发现和关联思政元素的能力不足、课程中价值引领和知识教授比例把握不准等问题，鼓励汉语教师围绕"专业知识与思政教育的融合领域""语言课程层级水平影响思政融合的方向侧重""中国教育者的思想情感导向功能"三个主题进一步深入研究。

第二，打造留学生课程思政第二课堂，形成思政育人氛围。

北京语言大学留学生工作处是学校国际学生工作归口管理部门，统筹全校国际学生的日常管理、学业学籍、评优评奖、活动指导等工作。留学生工作处设立国际交流协会（AIU，Association for International Understanding），以学生社团为抓手，注入来自中国、韩国、日本、泰国、越南、俄罗斯、非洲、印度尼西亚、哈萨克斯坦等多个国家的学生力量，搭建中外学生交流协作的平台。通过组织文化体验、展览展示、知识技能竞赛等活动，增进中外学生的国际理解，培养学生的国际视野，发挥自我教育的作用，激发学生探索中国的自觉性和主动性。从留学生参与活动的情况中可以看出，北京语言大学从细微处着手，在关键点用心，于大事前用力，打造有温度的留学生第二课堂，助力思政育人的目标的实现。

从细微处着手。通过浏览"北语 AIU"公众号推送发现，推送内容包含知识普及、活动通知、校园生活、疫情防控等多方面，为来华留学生提供一站式线上服务，方便在华的学习生活。考虑到留学生里有大量的语言生，汉语水平较为有限，推送语言均为中英双语，一定程度上缩小了跨文化适应过程中语言带来的障碍。

在关键点用心。在组织留学生过新春的活动中，除了邀请学生品尝水饺、汤圆体验中华传统文化以外，还向学生发放来自学校对口扶贫地区的特产，既表达了学校对留学生的人文关怀，又让学生对"扶贫"有了初步了解，为理解"脱贫攻坚""共同富裕""全面小康"等概念打下基础。

于大事前用力。在共同抗击新冠肺炎疫情这场战斗中，北京语言大学的留学生参与《疫情防控外语通》的翻译工作，帮助疫情期间在华外籍人士即时了解疫情防控信息；加入新冠肺炎疫情志愿小组，将中国抗疫经验翻译成母语向世界普及；在社交媒体上积极转发中国全民抗疫的真实场景，为中国抗疫精神点赞。

6.6 如何讲好中国之治

2020 年以来，来华国际学生已经感受到了中国目前在建设社会主义精神文明中要彰显的精神主旨，用我们的话语就是举旗帜、聚民心、育新人、兴文化和展形象，这是坚持文化自信的必然结果，他们虽然不会用汉语这样表述，但是在社会见识中他们是能感受到的。我们经历了全球化的很多考验，中国人在当下同其他国家相比，没有谁比我们更需要向国际社会展现我们国家的新形象，讲述我们的成果，阐释我们的逻辑和历史必然。

在文化和意识形态领域，很多人认为不能急于求成，更不能在政治等敏感话题上去宣传,包括孔子学院等中国文化的海外传播都要避免受到不必要的质疑和误解。这样的想法可能会在民间外交中避免很多麻烦,但是很多情况下离开政治和意识形态的解读,文化的交流就无法达到真正的理解和认同。我们自己是清楚的,但是我们面对的误解和偏见随着国际化全球化的进展也越来越多。我们的学人和教育者都深知面对中国大学生的课程思政的重点和难点在哪里,也可以讲清楚中国社会主义的一切都源自马克思主义,但是面对来华留学生对我们的政治误解,在众多的课堂教学中却很难设置一门这样的课程来细细讲授。这个话题对我们而言事关国家的长治久安,事关民族的凝聚力和向心力,这也是破解文化深层认知的一个重要话题,我们为什么要回避呢?

在高校的文化自信教育中,已经是全员全程全方位地进行马克思主义教育,这么重要的教学任务我们是否要逐步对来华留学生进行尝试,因为他们已经感受到了这种文化话语氛围。社会主义核心价值观要是像空气一样无所不在、无时不有,那么我们也没有理由将这种中国特色的教育氛围同来华留学教育分割开来。

在高校给留学生的具体课堂内容建设中,可以用文字表述出中华文化的主干和鲜明代表,作为概念进行讲解,这样可以给学生一种理性的记忆去回味。对于一些课程体系的延伸还可以进行挖掘,比如目前高校就没有一门《中华人民共和国简史》课。如何概括新中国70年的历程,把拨乱反正的作用讲好,把中国不同于西方发达国家的工业化道路讲好,把中国特色社会主义道路讲好,这也是当代国际政治和巨大时代变化的历史总结,这门课应该比传统的《中国概况》课更有说服力,讲起来也应该更有互动探讨的空间。在高级汉语的学习实践中,我们可能遇到很多中外师生思想碰撞的实例,如果我们能及时加以总结,可以摸索出很多值得借鉴的话语,这些经验会胜过一般的跨文化日常交流的文化冲突案例。在高级汉语的一本主流教材中,《尊重知识,尊重人才》这篇课文讲述了中国知识分子政策在新中国成立之初到"文化大革命"之间的摇摆和错误倾向,也讲述了邓小平的理论思想如何发挥拨乱反正的作用,这样讲述只是一些概念的叠加,学生根本没有情感体验。从2015年开始,笔者利用张艺谋的电影《归来》充分讲述了当时知识分子遭受的迫害和给国家带来的政治灾难。来华留学生在观看了电影后,都提出了很多问题,有些是针对人性的,有些是针对政治的。埃及一个交换学生在学期末快回国前,专门来办公室找到我问道:"老师,我一直不明白,您为什么给我们看电影《归来》,那不是说共产党不好的吗?"我反问道:"看了电影之后你是否理解了课文?"他说当然理解了,之所以这么问是想表达感激,但是很惊讶,以为中国共产党人从来不许别人说自己的错误。我说共产党人知错就改,曾经的历史悲剧不能被忘记,这样我们才能不断前进。这个事例背后值得我们思考的可能多于这样的对话,但是试想,如果我们不选取这样的课文,不做拨乱反正的历史解读,那么留给国际学生的误会会更多更深。由此可见,政治历史文化的解读可能比一般意义的文明的解读更具有当代价值。很多深藏于来华留学生心中的误会和误区如果我们不去触碰,不帮他们解决,那么这种文化历史的误会将会延续下去。

具体到一些高校的做法是逐渐在强化和深化来华留学生教育。以北京第二外国语学院为例，在号召中国学生进行"扶贫宣讲"演讲比赛中，直接邀请留学生加入每个选手的演讲，留学生要根据中国学生的讲述和阐释，结合自己国家的情况，对中国的扶贫工作发表自己的见解。演讲语言用汉语和母语均可。这种比赛形式就很自然地起到了国情教育作用，因为中外年轻人之间很容易沟通，由中国学生向留学生讲述自己家乡的扶贫变化和成绩，来华留学生也很容易接受。他们大部分被中国同学所讲述的内容感染，在准备的过程中，对每一件事、每一句话都进行了认真思考，这是一个了解真相的过程。中国的扶贫成绩给一些第三世界国家和"一带一路"国家也提供了榜样。国际学生在中国学生的扶贫体验演讲后，都会谈一下自己的感悟，他们也认识到了中国政府为民服务的力度，甚至形成了要珍惜自己的中国政府奖学金的共识，表示回国后也要进行教育扶贫的探索。尤其是非洲学生，对中国科技的发展速度和力度、中国各级政府在扶贫工作中的领导力和组织力、中国各族人民团结的力量表示惊叹和赞扬，对中国脱贫攻坚树立的榜样作用他们感悟更深，都认为这是对中国国情的一次深入了解。有人明确表达了"中国的社会主义制度在努力呈现给全国人民向上发展的力量和希望"。

中国为什么要坚持社会主义制度，坚持马列主义，坚持公有制？我们相信马列主义揭示了社会发展的本质规律。中国共产党领导社会主义建设，也是以经济建设为中心，按照市场经济配置，鼓励多劳多得，按劳分配。

改革开放后我们开辟了自己的社会主义道路，确立了社会主义制度，发展了社会主义文化和价值观。我们一直完善和坚持公有制，在此基础上，也发展出了多种经济形式。

我们基本的民主政治是建立自己的政治文明，坚持和完善人民代表大会制度、中国共产党领导的多党合作和政治协商制度，发展更加充分、更加科学、更加健全的民主制度。

我们有民主选举、民主管理、民主决策和民主监督制度，有中国特色的社会主义法律体系，这些都保证了国家各项工作的法治化。

还有一个问题，我们是社会主义国家，那么社会主义的先进文化是什么？我们的价值体系的核心是什么？很多学者讨论了文化自负和文化自卑对国家软实力发展的不利，也对文化保守主义和历史虚无主义进行了多角度批判。胡锦涛同志在庆祝中国共产党成立90周年大会上的重要讲话就提出了"坚定不移发展社会主义先进文化"；习近平主席在中华文化和中国特色社会主义文化的关系上也有很多论述。我们近些年的文化建设研究已经明确的共识是中国特色社会主义文化建设是一个总体布局，要走在时代的前列发挥引领作用和凝聚民族力量的作用，而中华优秀传统文化是社会主义核心价值观丰富内涵的重要来源，是社会主义价值体系的根脉。

要讲清楚这个价值体系，还有一个哲学基础，那就是马克思主义与中国优秀传统文化、与中国的客观实际发展相结合所释放出的巨大正能量。我们有指导思想优势，这些马克思主义中国化创新成果，充分体现了合规律性与合目的性的统一，即合"共产党执政规律、社会主义建设规律、人类社会发展规律"与合"为人民谋幸福、为民族谋复兴、为世界谋大同"的目的的有机统一。这个统一使作为党和国家指导思想的科学理论,既站在了真理制高点,又站在了道义制高点,必能引领党、国家和人民沿着正确道路前进。我们党带领人民始终高举指导思想的精神旗帜,方向明确、步履坚定、持之以恒。从文化视角看,这可谓读懂中国成功故事的第一秘诀。

马克思主义是具有西方文化特征的哲学,其在中国的两次历史性飞跃和转变完成了马克思主义哲学的中国化,所以我们的社会主义文化的本质内容其实是三个部分:中国化的马克思主义哲学、中华优秀传统文化和创新生成的特色社会主义先进文化。我们如何把这个体系利用语言课程和文化课程讲述得再直接再清楚一些,这对高校而言是非常重要的任务。实际上我们常常割裂地讲解一些零散的故事,且常常找不到合适的场域去讲述。

对一个来华留学生来说,为了真正理解中国的社会发展,必须要了解中国的哪一方面呢?这次,我通过中国话语解读课,对这个问题有了新的认识。

虽然我三年级的时候学过中国历史,但没有那么深入地思考过中国共产党的意义。不过,我现在才知道,我的这种学习态度是非常错误的。历史就是一面镜子,它照亮着现在,还照亮着未来。中国共产党的历史属于中国核心的历史之一,如果不了解中国共产党的历史,就等于不了解现在的中国。

"读懂今天的中国,必须要读懂中国共产党",习主席给北京大学留学生的回信,再次提醒了我留学的真正意义:为了成为一名优秀的文化传播者,为了把我在中国的所见所闻正确传播到我们国家,我必须要读懂中国共产党。这次,因为疫情的原因,我不能在中国参观历史博物馆,于是我就通过百度上的一篇文章,全面地了解了共产党是一个什么样的政党。这篇文章主要告诉我们共产党是一个什么样的政党、共产党党员是什么样的人、共产党为什么"能"。

中国共产党既是一个为中国人民谋幸福的政党,又是为人类进步事业付出很多心血的政党。她自诞生以来,就把为中华民族谋幸福、谋复兴确立为自己的奋斗使命。在这一百年的艰苦历程里,中华大地发生了翻天覆地的变化,而在这变化的背后是中国共产党,没有共产党,就没有新中国,就没有中华民族的伟大复兴。另外,中国自身是一个发展中国家,对其他发展中国家所面临的痛苦感同身受,于是她为那些国家摆脱困境毫无保留地提供各种援助。这就是中国共产党获得高度评价的根本原因。

除此之外,我在百度上还看了一个小视频,其内容为外国留学生踏上"读懂中国共产党"之旅,他们带着我们去瞿秋白烈士纪念馆、瑞金,在那里亲身感受瞿秋白的精神,还亲自体验编草鞋。"百闻不如一见",这句俗语令我深有同感。我们在学校学习汉语,学习中国历史当然是很重要的,不过我们还要到中国各地走走看看，从而更加深入地了解真实的中国。

下面，我要加上我所看的文章和视频的链接。

————韩国留学生赵恩珍

我前几天在搜索百度时，看到了这段视频，正好是我去年看过的《不可能完成的任务》。这是我看过的最感人的中国电视剧！为了实现共产党的任务，把一个叫蓝天的孩子送出城，当时的共产党员放弃了自己的生命。我通过这部电视剧了解了以前中国人和日本人的矛盾，中国人在日本人手里遭遇的种种伤害。我真没想到现在的中国曾经有那么艰苦的过去。我也感受到了以前的中国共产党员的团结、信仰、奋斗、努力，我认为这也是中国人的优点。

————非洲留学生桑多斯

作为一个外国留学生通过我的爱好（看电视剧）来学习真是两全其美的事情。

2021年电视剧《突围》向我们毫不避讳地展示了人性、党性和道德使命之间的博弈，在私利、道义和初心使命的纠缠下，每个人物都表现得极为复杂，但是这当中，中国人的文化属性和生活原则体现了出来。同样，韩剧《鱿鱼游戏》也表现了韩国社会畸形的竞争和人性的挣扎。同样两部电视剧对揭示文化人格都有较深的触及，而不是简单地将社会现实呈现出来。

————韩国留学生

为了更具体地说明国际学生思政课程所要求的强度和效度，在本章后附了北京第二外国语学院汉语学院两门课程的期末考试试卷，这些试卷可以反映出在《中国传统文化》和《当代话语解读》等课程中教师的教学要求。实际教学中未发现学生认为过难的问题，这其中有任课教师在教学过程中不断和学生沟通、商榷的因素。但是这两张试卷在十年前的对外汉语教学环境中是肯定不会被接受的。

6.7 如何讲好中国道统

学者王绍光认为应该把"中国道路"翻译为 Chinese way 更好，road 一词没有吸引力；pattern（模式）也没有更深的含义，"中国之道"也符合中国哲学的概念表达。

黑格尔把德国民族精神提到了一个至高无上的地位。在不同历史时期，世界精神体现为某些民族的民族精神。黑格尔的逻辑是世界精神最早的童年是东方，希腊是青年，罗马是壮年，而真正成熟时是日耳曼民族。他的无稽之谈是中国没有任何民族精神，没有中国精神。

辜鸿铭在1914年写了《中国人的精神》，他没有提及黑格尔，但是其实是怒怼黑格尔。辜鸿铭认为中国人的性格是深沉、博大、淳朴和灵敏。中国的民族虽然古老，但是到现在还像孩童一样，这不是发育不良而是永不衰老。中国精神是一种永葆青春的精神，不朽的精神。

钱穆直接针对黑格尔，说德国是一个很可怜的国家，他的由东向西的文明发展轨迹是黑格尔的"幻想"。钱穆认为中国文化是一种道德精神，在太平盛世，这种民族精神不会很显眼，而到危难之时才能"始为人知"。

张岱年比较系统地概括了中国精神是爱国报国、自强不息、厚德载物。爱国报国是出发点，自强不息是钢铁意志，厚德载物是价值取向。他说这种精神现在也依然支撑着中国人推进改革开放，进行社会主义现代化建设。

中国文化精神由精英和文人志士所书写，也有千千万万普通大众的笔触。鲁迅所说的"自古以来有埋头苦干的人，有拼命硬干的人，有为民请命的人"；"他们有确信不自欺，一面总是被摧残、被抹杀，消灭于黑暗中，不能为大家所知道罢了"，他们就是中国的脊梁，是中华民族精神的支柱。

学者杨平也总结了140年来的历史框架，历史因爱国、牺牲、改革、奋斗而获得统一性，历史不因意识形态和利益冲突而被人为割裂。中国人注重历史，历史是我们的哲学、价值观和信仰的载体，历史也是我们的民族宗教。"留取丹心照汗青"是中国人较高的价值追求。中国有着深刻的经史互译的传统，经义因历史而长盛不衰，历史因经义而获得正确的价值观。历史框架也是精神框架，是从衰退、沉沦到振奋、复兴的奋斗历程。

简辉认为我们国家有主流意识形态优势。自觉维护和巩固社会主义意识形态，是当代中国社会稳定、政治稳定、人心稳定的重要基础和支撑，也是中国显著的政治优势、文化优势之一。我们也有优秀的传统文化优势，有中国人的文化基因及其独特精神标识，这些就蕴含于中华优秀传统文化之中，也决定着中华民族鲜明的个性和辨识度。[1]

先进文化是弘扬中国特色社会主义共同理想的文化。人民有信仰，民族有希望，国家有力量。当年中华民族濒临危亡，中国人却常被视为一盘散沙。他们没有理想信念指引，因而没有凝聚力、向心力，成为散沙状态。如今，先进文化建设使共同理想、核心价值观和中国梦深入人心，中国人的凝聚力、向心力空前增强。

换言之，通往幸福的道路需要我们在万千变化的世界中不断观察与思考，从古典哲人那里获得智慧的启迪，从而在当下的每一时刻创造美好的旅程。这恰恰是孔子所倡导的"人能弘道，非道弘人"。中国哲人强调事物之间的相关性，强调日常生活中的反省与修行，强调伟大的成就发源于日常中的点滴积累。正如荀子所言"不积跬步，无以至千

---

[1] 简辉.当代中国发展的文化优势[J].红旗文稿，2019（20）.

里；不积小流，无以成江海"，这些思想对于生活在个人主义与工具理性盛行的美国社会中的年轻人来说耳目一新、弥足珍贵。这就是中国哲学课在美国受到广泛欢迎的一个关键原因。

科学在不断地突破伦理，让我们很难像梁实秋所说"不如雅致过生活"。个人的审美可以焕发光彩，生活审美是情感需要也是物欲需求。中国人对生活之美的追寻可能是比较强烈的，所以蔡元培说用美育代替宗教。"人文化成"的审美教育占据了中国社会的文明发展主导。

公共艺术提供给我们的就是艺术福利和审美福利，远远不是文化福利。既然爱美之心人皆有之，找回中国人的生活美学，就是为中国生活"立美之心"，我们不乏中国人文化的理性内核的梳理，但是我们的感性内核也要传播。

中国人为何是中国人，不是因为我们的生理特点、语言和饮食独特，而是因为我们拥有共同的故事，而我们本身又是故事本身。就如同弗洛伊德在1938年逃到英国后苦苦探求犹太人的特性一样，我们也到了一个要认真定义中国人的时刻，这也是时代的要求。

每个中国人都应该找到中国故事中的自己，并明确自己在整个宏大叙事中的位置。我们不能总沉浸于古代故事，在久远的历史长河中去缅怀先祖，更要在当下社会中来设定自身。我们总会遇到很多问题，只要社会在前进，我们自己或者他者就会激发出一些问题，而那些问题的答案似乎总不是确定的，即使是确定的，也需要一代代人来明确地回答，什么时刻是我们最有归属感的时刻，这个时刻寄托在哪些仪式上，这些都需要在教学实践中去总结。

中国的现代性似乎没有人真正地从全新的视角去观察，而是不断地用西方的社会学、文化学或人类学的概念去解析，这本身就会造成对中华文明和中国现代性的误解。中国本身日新月异的变化和社会实践就能够产生许多自己的文化学概念，应该可以替代西方的概念或理论，如果我们沿用西方的话语，就会不断造成西方研究视角脱离中国现实的问题，会加剧这种误解。马丁·雅克在《大国雄心——一个永不褪色的大国梦》中曾经说道："东方的现代性，既非常年轻又无比古老，这种自相矛盾的特质在中国、在上海和深圳等中国的城市，表现得淋漓尽致。"他又引用华东师范大学哲学教授高端泉的话："中国就像一个非常渴望长大成人的青少年。他能够看到目标，并希望尽快实现。他总是表现得比实际年龄要成熟，屡屡忘记自己的真实处境。"马丁·雅克认为中国的发展可以归纳为一种"时间压缩型社会"，过去和未来都被压缩在当下。欧洲200年的经验和历史在中国可能40年就走完了，一切都是急匆匆的，连中国人自己都无暇思考和回顾。而我们自身所感受的是我们拥有悠久的历史，但是因为快速的社会转型赋予了我们特殊的变革体验，中国经过市场经济锤炼过的新一代人已经拥有极大的灵活性和抗压能力，同过去因循守旧、保守不前的传统印象的中国人已经截然不同，我们的城镇化速度很快，经济快速增长的同时又有公平合理的分配制度，我们眼中的城市景观不断变化，各类新型消费方式和消费品在这个世界第二大经济体的市场中不断涌现，这种现代性如何才能准确地界定呢？这显然需要我们的理论界定和文化引导的思维都要同西方有不同的思维方式。中国人保持高度的集体主义精神的同时又催生了一种高度发达的实用主义和灵活机动的开拓勇气，这一切又如何解释呢？

中国的新型三四线城市虽然不像欧洲城市那么有历史积淀，但是却拥有激情和活力，有很多断舍离的精神。城市建设和地标以及基础设施可以在短时间内不断拆除、重建和更新，几年后故地重游可能就会旧貌换新颜，这种活力如果换一种方式去解读，也许可以更深入地理解中国故事。

我们在重建城市和社会，却很少意识到我们应该如何重建自己，我们自身很少问我跟别人有何差异。如果换一个角度去思考，是不是说我们不用去思考我们是谁，我们早已知道我们跟别人有何差异。但是同时我们又不能忽视，欧洲中心论的确在亚洲有着根深蒂固的影响：年轻人都想去欧洲旅行，努力地学习英文，看着好莱坞大片，追着美剧英剧，西方对东方的影响远远胜过东方对西方的影响，这是事实。但是我们仍然不能说我们是西方塑造的，尤其在中国，有很多"前现代性"的行为方式还保存在骨子里，我们并没有因为有如上的行为就放弃了我们原有的传统生活：中国人独有的家庭观念以及我们对母语力量的崇敬，深受美国教育的博士、硕士还有人迷信风水，刚刚开完国际会议又奔赴老家去祭祖。有人说汉语是我们的长城，虽然成为我们出去的障碍却也阻挡了别人入侵。我们的汉语很少受英语的影响，从科技发展的专有名词的翻译就可以看出汉语的独特力量，我们没有通过简单的音译拿过来就用，而是一定按照我们中国人对汉字语素的独特感情去重新构造一个个英语外来词。

在中国文科的硕士专业中，汉语国际教育专业硕士近十年招生不减，他们每个人都努力学习英语，但是每个青年都抱有将汉语和中华优秀文化传播出去的雄心，这一点也可以看到汉语和文化自信在中国人心灵深处的烙印有多么深。

《关于推动现代职业教育高质量发展的意见》出台后也引发了国际中文教育的大讨论，在很多预科培养和非汉语专业的培养基础上，很多汉语培训机构和各类长短期教学任务开始聚焦"中文+职业技能"的发展模式。

在"一带一路"建设中，随着诸多合作项目的深入推进，当地对既懂技术又懂中文的人才需求量很大，"中文+铁路""中文+工业""中文+建筑"等课程很受当地欢迎。这是经济贸易合作中语言人才成为基础需求的明显表现，这些"业务汉语"不仅仅是中外方合作的基础，更是中国力量的显现以及国家在对象国的经贸建设中处于一定主体地位后拉动语言和软实力交际的例证。这当中在短期内可能会遇到专业高效的跨文化交际能力的语言教师，也会遇到缺乏本土的国别化汉语教材，但是正是这种需求才能推动中文走向世界，这些目前的瓶颈也是未来国际中文教育发展的契机。

在这种经贸和语言同时发展的情势下，国内的一些职业技术大学的优秀师资也有了用武之地，他们熟知工艺流程和业务技术，只要经过语言教学和跨文化方面的训练，很快会发展出一批中文教学和职业技能培训能力俱佳的双师型教师。

职业技能汉语或业务汉语的学习策略不同于一般的中文学习者，他们具有明确的求职意向和职业发展动力，在学习态度和主动性上不同于一般的留学生，他们的学习过程要在特定的时期内伴随着职业体验进行，要快速掌握专业词汇和中文业务，这种语言培训将会在汉语认知学习中开启新的领域，将对职业汉语或专业汉语的学习过程提供全新的教学案例，同时对传统的国际中文教育的课程设置和课堂教学模式都会带来强大的冲击与反思。传统或通用普适性的中文教学中的问候、购物、租房等生存汉语的日常性在当地可能不再适用，或要求将普通交际性语料加工附着于职业场景中去。

电子商务、物理管理、机电一体化甚至计算机网络、导游等具体岗位的中文习得规律和教学设置需要通过实践去探索，这一过程也会改变中文教师传统的教学认知与理念。特定的工作场景或职业场景急需"学以致用"，实景教学操作将在多媒体技术和网络技术的辅助下发挥更大的作用，这些教学将重新改写语言技能的核心内容，从而带动中文职业生活走向海外本土，对中文语言的内部特征提取也会产生新的实践创新。

6.8 如何讲好国际学生的思政课

"人的全面发展"是马克思主义的基本原则之一。首先，人的劳动促进时代发展，时代进步对人的能力也提出了新的诉求，来华留学生培养需要适应新时代的需求——在具备科学文化知识的同时，养成良好的思想道德素质。其次，留学生来到中国，在学习和生活中不断建立新的社会关系，要引导其在个人价值与社会价值间寻找契合点。再次，留学生抱有一定的目的来华学习，在实践活动中还会产生新的需要，在教育教学过程中应重视促其发展的内在动力。最后，留学生是自由的人，具有自觉性、自愿性、自主性，在尊重个性发展的同时，强调其社会性，留学生的发展是全人类的全面发展的一部分。

6.8.1 以隐性课程理论为基础，实现从"融入"到"融合"

"隐性课程"是相对于显性课程的概念，其特性与《纲要》里让学生在校园生活中无时无刻"受到""认识"并"接受"思想政治教育的观念相契合。来华留学生的思政教育在语言障碍和文化差异的前提下，应是"浸润的"而非"灌输的"，在没有专门的思政课的现状下，应是"融入的"而非"生硬的"。形式和内容上的融入虽然能满足"课程"+"思政"的要求，但想要达到春风化雨、润物无声的思政育人效果，还要从融入的时机、场合、语言描述上下功夫，做到1+1>2的融合。

6.8.2 以建构主义教学理论为基础，构建来华留学生对中国之治的认同逻辑

建构主义（Constructivism）认为"教师课堂上的教学并非学生获取知识与技能的唯一途径，学生需要结合老师、同学的协助，养成自主学习的习惯，利用意义构建实现专业知识与技能的提高"[①]。在建构主义教学理论的指导下，教师以留学生为中心，展开有思政育人目的的教学活动，帮助学生在新知识与已有信息之间建立起联系。而最底层的信息尤为重要，只要建立起对中国文化最基本的理性认同逻辑，就能在留学生已有知识结构的基础上，吸收大环境中的"中国因子"，更易于构建起对其他思政内容的正确认知和理解。

6.8.3 以跨文化适应模式为基础，完成向跨越边界的转变

跨文化适应研究认为社会距离和心理距离是影响文化适应程度的两个重要因素，其中社会距离影响更大。留学生选择来华，理论上都对中国的语言和文化保持着一定程度的开放心态，有融入中国社会的意愿。课程思政不仅要帮助留学生实现跨文化适应，让其在中国顺利地完成学业，还要创造留学生走近中国人、走入中国社会的机会，缩小留学生与中国人群体的社会距离和心理距离，借助高等教育的人文精神实现文化的、社会的、哲学的多维度跨界转变。

教育部印发的《高等学校课程思政建设指导纲要》围绕全面提高人才培养能力这个核心点，详细阐述了建设的内容，包括习近平新时代中国特色社会主义思想、社会主义核心价值观、中华传统文化、法治教育、职业理想和职业道德教育五大项，结合来华留学生教育的特点和需求，根据对留学生的调研结果和日常教学观察，本书选取三个方面作为留学生课程思政的主要内容，即中华传统文化、社会主义核心价值观、中国当代国情和社会治理。

丰富的传统文化背后是一个民族的智慧结晶、思想精华，是帮助留学生形成理解中国的基本逻辑的最佳素材。"没有文明的继承和发展，没有文化的弘扬和繁荣，就没有中国梦的实现。"[②] 当代中国的发展得益于在历史长河中形成的具有中国本土特色的民族文化，引导来华留学生理解中国文化中讲仁爱、重民本、守诚信、崇正义、尚和合、求大同的思想精华及其承载的时代价值，帮助其了解中国社会主义核心价值观的历史和文化根源，让来华留学生在中华传统文化的浸润中成长为富有知华心、饱含友华情、充满中国智慧的国际青年。

在日常教育管理中通过引导来华留学生尊重中国风俗、遵守中国法律、遵守公共秩序，学会处理人与人、人与社会、人与自然的关系；引导来华留学生理解并践行职业精神和职业规范，培养爱岗敬业、无私奉献、诚实守信、开拓创新的品格和行为习惯；建立起

[①] 皮亚杰. 发生认识论原理［M］. 北京：商务印书馆，1981.
[②] 没有文化的弘扬和繁荣就没有中国梦的实现［N］. 光明日报，2014-06-06.

对中国人把国家、社会、公民的价值要求融为一体的价值观念的认同，并将社会主义核心价值观内化为精神追求、外化为自觉行动。

当下很多中国人在自媒体中总喜欢说"外国人看呆了"，以此来证明中国的日益强大。其实这种情结来源于百年前的民族屈辱史。当代来华留学生对中国的认知已从"文化现象"提升到"社会治理"的意识形态领域，以前因为担心"讲不好"就"不敢讲"的内容，我们现如今要"敢讲""必须讲"还要"讲得好"。"打不还手、骂不还口"的时代已成为过去，课程思政的改革理应跟上时代发展和中国外交态度转变的步伐。

近百年来，一大批人文学者对人类历史全新时代的出现做出过很多严肃的学术分析，"范式转换"的概念有广泛的接受度。人类在轴心时代后，无论第二轴心时代是否成立，我们已经迎来了一个真正的"全球对话的时代"，对话的方式是全方位的，经贸合作、科技产品、教育交流和市场消费等众多领域的对话正在进行着，无论这种对话是否友好，都记录了人类在意识形态上的变化。康德的名言"我们头顶的星空和心中的道德法则"一直是我们人类所敬畏的，每一代人都在解决我们行为自由的同时又思考着如何完成道德意志所要求的至善。

人类的生理基础是相同的，但是意识形态差异巨大，好在我们在连续性的时代变化中总会找到一个突变的转折点。我们的共识是，人类的最终进步一定是精神的突破，并不是科技的突破或武力的突破，如果精神出现了问题，我们还是会回到蛮荒时代，这一命题或哲学意义被今天的很多科幻巨作反复诠释着。新时代的要求是我们不忘初心，弘扬中华传统文化也许是我们在第一个轴心时代所汲取的更为深刻的力量。中国不必在新千年里成为世界的轴心，更不必在意识上反复强调我们一定是新轴心时代的发源国，因为新轴心时代的精神突破一定不是地域精神的突破，必然是具有全球性的。

附录1　北京第二外国语学院 2020—2021 年度第二学期期末考试试卷

（智慧汉语——中国文化解读）

经过课程学习和反思，请回答下列问题：

1. 到了高级汉语阶段，理解中国文化精神的必要性在哪里？（200字以上）

2. 在当代社会，有没有必要通过课程学习来了解一个外语目的语国家（对你们而言就是中国）的文化传统和哲学基础？（200字以上）

3. 如何理解生命的意义和价值？请结合你们民族或国家的传统文化教育来谈。（200字以上）

4. 中国传统文化中有"天下为公"的理念，类似的有"君子不可以不弘毅，任重而道远"等"济世情怀"，你如何理解这些问题？（200字以上）

5. 清华大学的校训和张载的四句名言对你的人生观念是否有影响？（200字以上）

附录2　北京第二外国语学院2021—2022年度第一学期期末考试试卷

（当代中国话语解读）

一、判断题。（每题2分，共20分）

1. 留学生只需要了解中国当下国情，不需要了解中国共产党历史。（　　）
2. 中国梦和美国梦、欧洲梦完全不同，无法借鉴和相互补充。（　　）
3. 中国能快速实现社会主义现代化强国的目标，不必分阶段进行。（　　）
4. 我们常用"人间正道是沧桑"比喻正义的事业要经过艰苦、长期的奋斗才能实现目标。（　　）
5. 北京大学曾是新文化运动的中心和五四运动策源地。（　　）
6. "尊重网络主权"与互联网领域有关，同"和平共处五项原则"没有关系。（　　）
7. 在新冠肺炎疫情的特殊背景下，我们可以采取地区性解决方案解决全球性问题。（　　）
8. 为了节约人力和物力资源，各地的脱贫攻坚战可以采取统一模式、统一规划。（　　）
9. 中国梦是当代中国人的梦想，跟古代传统文化没有关系。（　　）
10. 中国历来崇尚"以和为贵"，从来没有对外进行军事扩张和殖民掠夺。（　　）

二、填空题（每题1分，共30分）

历久弥坚　　一蹴而就　　非比寻常　　守望相助　　风华正茂
清零　　一贯　　契合　　奉行　　民心

1. 春节对于中国人来说，它的意义 _____ 。
2. 对外开放思想的产生不是 _____ 的，而是适应中国革命与建设的历史过程，伴随着中国革命斗争的深入发展而产生的。

3. 中国共产党在百年华诞之际宣布将始终坚守和践行初心使命。百年征程波澜壮阔，百年初心_____。

4. 实现中国梦，寄希望于_____的年轻一代。

5. 每逢台风来临时，当地居民都能发挥_____的精神，共同守护河堤的安全。

6. 通过一系列精准脱贫措施的有效落实，截至目前，绝对贫困人口全部_____。

7. 在国际事务中，我国政府_____主持公道。

8. 优秀传统文化要不断得到继承和弘扬，类似推己及人、和而不同的道德理念也高度_____了现代人际交往中的包容和理解原则。

9. 我们一直_____独立自主、互相尊重、和平发展的外交原则。

10. 为促进我们两国_____相通发挥积极作用。

绝对贫困　　民族区域自治　　他国主权完整　　中国声音　　民族精神
人类命运共同体　　社会生产力　　政治权利　　日新月异　　各界力量

11. 消除（　　）12. 构建（　　）

13. 弘扬（　　）14. 凝聚（　　）

15. 尊重（　　）16. 剥夺（　　）

17. （　　）制度 18. 解放和发展（　　）

19. 倾听（　　）20. （　　）的变化

语素填空题

21. 凝（　　）了中国人的力量

22 不能（　　）夺人类拥有梦想的权利

23 五四运动拉开了新民主主义革命的（　　）幕。

24 "仁者爱人""与人为善"这些思想和理念有着永不（　　）色的时代价值。

25 社会主义核心价值观必须同国家的历史文化相契（　　）。

26. 互联网大会落（　　）乌镇

27. 筑（　　）安全的屏障

28. 干（　　）他国内政

29. 造（　　）各国人民

30. 焕（　　）生机与活力

三、简答题（每道题6分，共30分）

1. 请简要回答中国国家主席习近平给北京大学留学生回信中对留学生的建议。

2. 中国扶贫攻坚中的"第一书记"是什么人，做了哪些事情？

3. 马克思主义与中国实际结合，先后形成了哪些重要思想？

4. 面对世纪疫情冲击,中国向非洲提供了哪些援助?

5. 社会主义核心价值观的主要内容。

四、论述题(每题 10 分,共 20 分)

1. 请结合本学期的学习,谈谈你对于习近平总书记在 2021 年给北京大学国际学生回信的理解。

2. 请你结合自己的理解说说"中国共产党为什么行"?

参考文献

［1］陈大远，金向阳，于贵文.OBE理念下留学生"高级阅读课"思政元素挖掘探析［J］.黑龙江教育（高教研究与评估），2021（10）：87-89.

［2］陈开举.后现代文化娱乐化批判［M］.北京：知识产权出版社，2018.

［3］陈丽.浅谈文化实践课在文化教学中的重要性［J］.文存阅刊，2019（25）：88.

［4］陈明敏，彭兴莲."一带一路"背景下我国对外文化投资：机遇、挑战及策略［J］.对外经贸实务，2019（8）：72.

［5］陈峥."课程思政"在对外汉语教学中的应用考察［J］.汉字文化，2020（17）：1-6.

［6］丁文阁.中外学生趋同化管理中思想政治教育主导性的强化路径［J］.北京教育（德育），2020（06）：25-28.

［7］伏云辉.来华留学生趋同化管理的实践与研究［J］.长春大学学报，2021，31（08）.

［8］巩雪，熊峰.来华留学生教育的对外投资驱动效应研究［J］，南京理工大学学报：社会科学版，2018（3）：74.

［9］谷媛媛，邱斌.来华留学教育与中国对外直接投资：基于"一带一路"沿线国家数据的实证研究［J］.国际贸易问题，2017（4）：52.

［10］关秋红.关于来华留学生思想教育工作的几点认识［J］.牡丹江大学学报，2008（09）：115-116.

［11］郭松民.郭松民答"进步文化"问：为什么必须旗帜鲜明地反对种族主义［EB/OL］.2020-10-29.https://www.szhgh.com/Articlelopinion/xuezhe/2020-10-29/251811.html.

［12］郭素红.在京高校留学生教育现状与发展方向［J］.北京教育：高教版，2019（3）.

［13］郭秀颖.课程思政视域下来华留学生的思政教育研究［J］.新课程研究，2021（18）：45-46.

［14］过国娇.在留学生教学中开展课程思政的教改探析：以"中国概论"课程为例［J］.文教资料，2019（06）：175-176.

［15］哈维.叛逆的城市：从城市权利到城市革命［M］.叶齐茂，倪晓晖，译.北京：商务印书馆，2014.

［16］何正英.趋同管理背景下来华留学生思想教育工作问题及对策［J］.学校党建与思想教育，2018（14）：78-79+82.

［17］侯林，周锦.论中国文化符号在企业对外投资中的运用［J］.云南社会科学. 2018（1）：64-68.

［18］解岩.理工类专业课程开展课程思政内涵及路径探析［J］.才智，2019（01）：68.

［19］金春花.加强来华留学生思想教育工作的思考与几点措施［J］.黑龙江教育：高教研究与评估版，2005（Z2）：90-92.

［20］莱纳斯.男人五十［M］.姜乙，译.北京：新星出版社，2008.

［21］老辰辰.来自豆瓣话题广场.春晚小品《同喜同乐》与国人的种族主义［EB/OL］.2018-02-20. https://www.douban.com/note/65784310.

［22］黎博雅.付出与隐忧：中国韩流粉丝境况研究：以某韩国男子偶像团体的微博粉丝为例［J］.深圳社会科学，2019（5）.

［23］李超群.课程思政理念下德育元素融入留学生中国文化课的研究［J］.现代职业教育，2021（41）：14-15.

［24］李慧琳，张营广.趋同管理背景下高校来华留学生思想教育问题探析［J］.思想教育研究，2014（11）：98-100.

［25］李慧子.中国哲学课何以在哈佛大学广受欢迎［J］.国际儒学论丛，2016（1）：235-238.

［26］李嘉珊，王伯港.新时代构建我国对外文化贸易新格局的有效策略［J］.国际贸易，2019（3）：73.

［27］李培峰."一带一路"背景下中华文化走出去：机遇、挑战与路径研究［J］.红河学院学报，2019（6）：41.

［28］李怡."课程思政"背景下高校来华留学生思想教育理念与方式探索［J］，科教导刊，2021（34）.

［29］李宇明.转变来华留学生教育的观念［J］.社会科学报，2016（8）.

［30］李智.中国国家形象：全球传播时代建构主义的解读［M］.北京：新华出版社，2011.

［31］梁凤华，叶信治.美国大学"生活—学习项目"的国际镜鉴［J］.扬州大学学报，2019（1）.

［32］梁珊珊，王国长．来华留学生中国文化类课程的开设现状及存在问题研究：以广州地区五所高校为例［J］．惠州学院学报，2020，40（02）：112-118．

［33］刘擎．2019西方思想年度述评（上篇·世界变局）［EB/OL］．2020-02-04．https://www.thepaper.cn/newsDetail_forward5686500．

［34］刘严欣，于淼．针对国际学生课程思政建设的实证研究［J］．教书育人（高教论坛），2021（36）：74-77．

［35］刘严欣．来华国际学生课程思政实施研究［D］．北京：北京第二外国语学院，2021．

［36］刘易斯．失去灵魂的卓越：哈佛是如何忘记教育宗旨的［M］．侯定凯，译．上海：华东师范大学出版社，2007：英文版序言．

［37］娄淑华，马超．新时代课程思政建设的焦点目标、难点问题及着力方向［J］．新疆师范大学学报：哲学社会科学版，2021（5）．

［38］陆道坤．课程思政推行中若干核心问题及解决思路：基于专业课程思政的探讨［J］．思想理论教育，2018（3）．

［39］马维娜．中西方时间价值取向的文化探源［J］．前沿，2011（6）．

［40］洪向华，肖纯柏．没有文化的弘扬和繁荣就没有中国梦的实现［N］．光明日报，2014-06-06．

［41］蒙象飞．中国国家形象与文化符号传播［M］．北京：五洲传播出版社，2017．

［42］聂娜．中国文化开放体制的研究脉络与进展［J］．山西农业大学学报，2017（8）：59．

［43］宁曼荣．英国大学价值观渗透教育及其借鉴［J］．黑龙江教育学院学报，2017，36（02）：83-85．

［44］牛百文．高校来华留学生课程思政建设与实践路径研究［J］．开封教育学院学报，2019，39（12）：212-214．

［45］皮亚杰．发生认识论原理［M］．北京：商务印书馆，1981．

［46］朴昌根，金秀子．论韩国人的家族中心主义价值观对韩国社会政治、经济、经营现代化的影响［J］．韩国研究论丛，2000（00）：21-33．

［47］苏霍姆林斯基．少年的教育和自我教育［M］．北京：北京出版社，1984：30．

［48］苏瑞．来华留学生思政进课堂教学改革探析：以新媒体教学在"中国概况"课程中的应用为例［J］．科教文汇（下旬刊），2019（10）：52-54．

［49］孙岚，魏建华．来华留学生志愿服务活动对培育和践行社会主义核心价值观的实效性研究［J］．中国多媒体与网络教学学报（上旬刊），2020．

［50］孙英春．跨文化传播学［M］．北京：北京大学出版社，2015．

［51］谭泽媛．课程思政的内涵探析与机制构建［J］．教育与职业，2020（22）．

[52] 图德. 太极虎韩国：一个不可能的国家［M］. 于至堂，江月，译. 重庆：重庆出版社，2015：251-253.

[53] 王春刚. 加强来华留学生思想道德教育的必要性及其途径［J］. 通化师范学院学报，2012，33（01）：93-96.

[54] 王维丽. "课程思政"元素融入对外汉语教学的思考［J］. 文教资料，2021（10）：101-102.

[55] 魏浩，陈开军. 国际人才流入对中国出口贸易影响的实证分析［J］. 中国人口科学，2015（4）：72.

[56] 温国强，关志伟，常文爽，等. CBE-CDIO理念下机电类专业留学生实践类课程构建：以"自动化生产线设计与调试"课程为例［J］. 实验技术与管理，2021，38（03）：214-218.

[57] 吴志强，课程思政的内涵和实施路径［J/OL］. 职业教育，https://www.enaea.edu.cn/other/yxcg/zhiyejiaoyu/2021-08-02/91203.html.

[58] 邢瑞雪. 来华留学生"中国文化"课程思政教学设计与研究：以挖掘课程思政元素为例［J］. 北京印刷学院学报，2021，29（08）：97-100.

[59] 雅克. 大国雄心［M］. 2版. 孙豫宁，张莉，刘曲，译. 北京：中信出版集团，2020.

[60] 杨瑞玲. 留学生"中国概况"课程文化隐喻教学探析［J］. 中国大学教学，2020（07）：47-49.

[61] 杨晓. 英国、美国、日本和新加坡四国高校公民教育的趋同探议［J］. 武夷学院学报，2017，36（04）.

[62] 杨昱华. "课程思政"在对外汉语教学中的探索与实践［J］. 教育观察，2019，8（13）：98-100.

[63] 于淼. 试论来华留学生教育从跨文化到跨越边界的转变［J］. 继续教育研究，2018（11）：129-132.

[64] 岳敏. 来华留学与中国对"一带一路"沿线国家直接投资的实证研究［D］. 北京：北京外国语大学，2018.

[65] 臧华. 基于产出导向法的高职公共英语课程思政实践探索：以《新技能英语高级教程2》第六单元为例［J］. 科教文汇（上旬刊），2021（09）：179-181.

[66] 翟国. 高校留学生群体思想政治教育策略研究［J］. 教育探索，2015（03）：115-117.

[67] 张慧敏，刘洪钟. 政治距离、文化差异与中国的对外贸易［J］. 国际经贸探索，2020（1）：33.

[68] 张梅，刘爱军，等. 网络文化视域下的意识形态［M］. 哈尔滨：东北林业大学

出版社，2011：60-65.

［69］张维为.对话斯蒂格利茨：被特朗普破坏的全球化，该恢复了［EB/OL］.2020-11-09.https://baijiahao.baidu.com/s?id=168283724774187564&ufr=spider&for=pc.

［70］张旭东.全球化时代的文化认同［M］.上海：上海人民出版社，2021.

［71］张宗利，王凤丽，王春刚.如何开展来华留学生的思想道德教育［J］.中国管理信息化，2013，16（11）：102-103.

［72］郑永年.中国的文明复兴［M］.北京：东方出版社，2018.

［73］中国教育统计年鉴.http://www.yearbookchina.com/navibooklist-n2017120244-1.html.

后　记

　　文化传播说到底也关乎教育主体的责任和教育伦理，这是笔者多年在面对国际学生的讲台上得出的教学体验。笔者始终坚信这种文化传播的路径是可以用逻辑证明的并清晰可见的，即使效果可能是一种"临场"的效应而无从测量，我们也要在国际教育的实施过程中进行这种文化传播。

　　受教育者作为信息伦理学中的"临场"参与，其作为客体有权利知道另一种文化的传播主体的主流话语到底是什么，这种传播主体所认同的"善"到底是什么。文化传播对于教师而言更像是一种"职责外义务"，一个教育主体的能动性实施多少"善"并没有确切的限定，所以教师要突破"职责外义务"帮助受教育者发挥主体积极性，提高师生双方在文化价值方面的敏感度。

　　汉语国际教育中的中国精神和优秀中华文化传播很难找到"指南""建议""标准"，虽然我们已经颁布了一些文化教学的大纲，但是教师作为文化传播主体同语言知识教授主体两重身份之间的文化敏感度总会有很大的差异。还有很多教师在文化"临场"中只讲授日常语言技能而摒弃文化传播内容，虽然都说自己肩负文化自觉和使命担当，其实这就是一种"不善"。

　　无论科技如何发达，未来世界人们仍将不断探寻理智、道德的极限和边界在哪里，似乎我们对语言学习和教学的元理论会有新的突破，但是如果我们远离文化传播，仅把文化当作教育之外的另一种生活体验或自然领悟，可能在汉语国际教育事业中也是一种倒退。

　　感谢李泉教授和郑承军副校长的热心鼓励和指导！他们不仅仅是汉语国际教育专业领域的领军者，更是这种文化传播中的指引者。他们在教育理念上会给我们这些一线教师很多激励，也会在教育管理或资源配置上给予我们宝贵的支持。感谢我的硕士研究生刘严欣等同学！他们在具体的慕课管理和教学实践中为本书提供了很多案例和语料来源，他们也在学习中和中外学生的跨文化交往中认真践行自己的专业理想。

  本书在文化学理论和教育学理论研究中还有很多遗漏和薄弱之处，一些见解也较为粗浅，诚挚希望国际中文教育的同仁们批评指正。

于淼
2022 年 6 月

图书在版编目（CIP）数据

文化传播进程中的来华国际学生教育研究 / 于淼著. -- 北京：旅游教育出版社，2022.5
ISBN 978-7-5637-4407-7

Ⅰ. ①文… Ⅱ. ①于… Ⅲ. ①留学生教育－研究－中国 Ⅳ. ①G648.9

中国版本图书馆CIP数据核字(2022)第079853号

文化传播进程中的来华国际学生教育研究
于 淼 著

责任编辑	何 玲
出版单位	旅游教育出版社
地　　址	北京市朝阳区定福庄南里 1 号
邮　　编	100024
发行电话	（010）65778403　65728372　65767462（传真）
本社网址	www.tepcb.com
E - mail	tepfx@163.com
排版单位	北京旅教文化传播有限公司
印刷单位	唐山玺诚印务有限公司
经销单位	新华书店
开　　本	787毫米×1092毫米　1/16
印　　张	14
字　　数	237 千字
版　　次	2022 年 5 月第 1 版
印　　次	2022 年 5 月第 1 次印刷
定　　价	69.00 元

（图书如有装订差错请与发行部联系）